ZANIEMÓWIENIE

JUSTYNA WYDRA

ZANIEMÓWIENIE

ZYSK I S-KA
WYDAWNICTWO

Copyright © by Justyna Wydra, 2018
All rights reserved

Redaktor
Paulina Wierzbicka

Projekt okładki i stron tytułowych
Anna M. Damasiewicz

Na okładce wykorzystano zdjęcia z Narodowego Archiwum Cyfrowego
(para) i ze strony staretychy.pl (tło).

Projekt typograficzny i łamanie
Grzegorz Kalisiak | *Pracownia Liternictwa i Grafiki*

Wydanie I

ISBN 978-83-8116-405-4

Zysk i S-ka Wydawnictwo
ul. Wielka 10, 61-774 Poznań
tel. 61 853 27 51, 61 853 27 67
Dział handlowy, tel./faks 61 855 06 90
sklep@zysk.com.pl
www.zysk.com.pl

Ciotka Hilda była siostrą mojej babki Trudy. Zaniemówiła w roku 1945, w wieku dwudziestu trzech lat. Równocześnie przestała też godać i już do końca swojego życia porozumiewała się wyłącznie po niemiecku. Ta książka przedstawia okoliczności, które sprawiły, że milczała i po polsku, i po śląsku.

Dla komfortu Czytelnika spolszczam większość dialogów, śląskim i niemieckim posługując się jedynie tam, gdzie uznaję to za niezbędne.

I

„Raz, dwa, trzy" — odliczył w myślach Willi Jenike, po czym ignorując wygodę metalowych schodków wagonu, krzyknął „hop!" i energicznie zeskoczył wprost z pokładu pociągu. Na peronie tyskiego dworca wylądował dość nieszczęśliwie, nierówno. Co prawda jakimś cudem, może dzięki szeroko rozłożonym rękom, utrzymał się na nogach, ale mocno odczuł skutki swoich kiepskich popisów akrobatycznych. Oj, zabolały go jeszcze nie całkiem przecież wyleczone żebra. Oj, jak zabolały... Syknął cicho, na moment chwycił się za prawy bok, ale dostrzegając kątem bystrego oka grupkę przypatrujących mu się z uwagą dziewcząt, zaraz się zmitygował, wyprostował na całą, prawda, że niezbyt imponującą, wysokość, z fantazją poprawił kraciasty kaszkiet i sprężystym krokiem ruszył przed siebie. Mijając rozchichotane panny, skinął im lekko głową, uchylając przy tym daszka czapki, po czym demonstracyjnie dziarsko wbiegł na wiodące ku centrum miejscowości schody dworca. Nadto dziarsko, skoro tym razem szpilą bólu przeszyte zostało jego prawe kolano. Nic to — Willi kontynuował wspinaczkę pozornie niewzruszony, z szerokim uśmiechem przyklejonym do swej po małpiemu sympatycznej twarzy. Brzydki chłopak, ale jakże uroczy! I jaki dzielny. A do tego w świetnym wprost humorze. Zupełnie niezrozumiale dobrym, biorąc po uwagę plan, jaki sprowadził go do tego całkiem mu obcego, niewielkiego śląskiego miasteczka. Tychy… Rodzinna miejscowość matki. Podobno warzą tu niezłe piwo! O, piwko by się przydało zmęczonemu drogą żołnierzowi. Pilotowi myśliwca, wojennemu bohaterowi i oficerowi Luftwaffe Wilhelmowi Jenikemu.

Niebawem dezerterowi, a potem pewno zdegradowanemu porucznikowi i poszukiwanemu przez żandarmerię zdrajcy Trzeciej Rzeszy. Wreszcie, z dużym prawdopodobieństwem, zwłokom nafaszerowanym ołowiem przez pluton egzekucyjny. Eee tam. Trupowi piwko na nic. Zatem napić się będzie trzeba, zanim skończy się zdrowotny urlop, a zacznie niezdrowa ciuciubabka ze służbami porządkowymi niemieckiego wojska. Zanim go znajdą, w trybie doraźnym osądzą i rozstrzelają za karę i dla przykładu innym, którym gdzieś z tyłu głowy zamajaczy być może myśl podobna do tej, z jaką w jednym z wojskowych szpitali na tyłach *Ostfrontu** ocknął się kilka tygodni wcześniej Willi Jenike. Otóż obudziwszy się wreszcie na dobre po wielu dniach pozostawania w stanie rozgorączkowanego, wypełnionego majakami i bredzeniem zawieszenia — ni to życia, ni to śmierci, ni to snu — Willi pomyślał, że ma dosyć tej cholernej, nieludzkiej wojny, dosyć wielokrotnych startów i lądowań, dosyć wysiłków wkładanych w to, by zabić

---

* Front wschodni (niem.). (Wszystkie przypisy pochodzą od Autorki).

jak najwięcej wrogów i by samemu nie dać się unicestwić. Dosyć, basta, *Schluss*! Czas się wycofać, czas się ewakuować! Ręce na miejscu? Tak jest! Nogi? Owszem, chociaż, cholerny świat, prawa, oby chwilowo, unieruchomiona. Tułów? Szlag by to trafił — wciśnięty w ciasny gorset gipsu. Szlachetna, choć szpetna gęba? Siostro! Siostrzyczko! Siooooostroooo!!!

Wezwana ochrypłym głosem ocaleńca pielęgniarka Helena Schadke zjawiła się szybko i z niejakim zdziwieniem, ale bez pytań podała mu kieszonkowe lusterko wydobyte spomiędzy fałd białego fartucha. Willi obrócił głowę nieznacznie w prawo, obrócił w lewo, przybliżył zwierciadełko do obandażowanego nosa, dotknął palcem opatrunku i zawył.

— Nie dotykać! — zakrzyknęła siostra Helena. — Złamany!

— Aaa, no fak, fszefrafam! — Ból nieco poplątał Jenikemu język, nie odebrał mu jednak trzeźwości myślenia i osądu. Odczuł więc najpierw swego rodzaju ulgę, że poza kilkoma, jak się wydawało odwracalnymi, uszkodzeniami jest cały, a potem falę ukontentowania, że oto pochylająca się nad nim siostrzyczka ma tak miłą buzię, tak ładnie jest zbudowana i jakże przyjemnie przy tym pachnie. Czyżby to… jaśmin?

Owszem, to był jaśmin, a raczej jaśminowe perfumy, których panna Schadke nie skąpiła sobie ani przed wejściem na salę chorych, ani przed spotkaniami z adoratorami. „Adoratorami", tak! Willi Jenike nie miał złudzeń co do wierności, a raczej niewierności pięknej Helenki. Na szczęście w pełni świadom przelotności relacji i tymczasowości swego pobytu w placówce leczniczej, nie odczuwał z tego tytułu zazdrości ani też nie żywił urazy i nie występował przed żadnym z kolegów w roli wyłącznego posiadacza Helenkowego ciała. Skoro dziewczę szczodrze sobą dysponowało, to i obdarowani korzystali sprawiedliwie — którego sobie na schadzkę upatrzyła, ten miał. No, Willi Jenike miewał trochę częściej od innych, w dodatku otrzymywał dobroci nie tylko od Helenki, ale i od jej w pierwszym kontakcie nieco bardziej powściągliwych koleżanek, a to z powodu bystrej inteligencji, otaczającego go nimbu wojennej chwały, ale przede wszystkim nieodpartego uroku osobistego, jakim obdzielić raczyła go jakaś dobra urodzinowa wróżka. Szczęście płci niewieściej, że owa wróżka zapomniała dołożyć Willemu urody! Radził sobie jednak nieźle i bez niej i oto mikrego wzrostu, brzydki z gęby porucznik Wilhelm Jenike, gdziekolwiek się pojawił, uzyskiwał sławę konesera kobiecości oraz nadzwyczaj sprawnego uwodziciela... Szczególnie dobrze radził sobie w zamieszaniu i atmosferze niepewności, jakie panowały na tyłach frontu.

Żegnaj, maleńki szpitaliku zagubiony gdzieś pośród łagodnych krajobrazów Besarabii... Żegnajcie, koledzy z sąsiednich łóżek, partnerzy od skata i pokera! Bywajcie, miłe dziewczęta z Helenką Schadke na czele! Bądźcie żywi i zdrowi i pilnujcie Żelaznego Krzyża, jaki za swoją ostatnią, prawie samobójczą misję otrzymali porucznik Jenike i jego wierny rumak, do cna rozbity messerschmitt Me 109. Samolot — a raczej to, co z niego zostało — rdzewieje teraz na bitewnych polach Ukrainy, porzucone odznaczenie może właśnie ze zdziwieniem dobywa ze szpitalnej szafki Helenka, a wyróżniony nim wojak zmierza co prawda wolnym, ale za to pewnym krokiem ku centrum śląskiego miasteczka, które tubylcy zwą z polska Tychami, a najeźdźcy czy raczej dumni Germanie z Tysiącletniej Rzeszy z niemiecka — Tichau. Czyżby nazwa miejscowości wywodziła się od słowa *der Teich*, czyli staw? Kto to wie, ponoć wody — stojącej i płynącej — w Tychach dostatek, jak wiele razy opowiadała małemu Willemu matka, Frida Jenike, z domu Tomala.

Dokąd wędruje jej syn? Otóż dorosły, niemal zdrowy Wilhelm Jenike — porucznik, choć po cywilnemu — zmierza ku centrum nieznanej sobie mieścinki, by tam w skromnej kamienicy z wypalanej cegły poznać i zaprzyjaźnić się z Karoliną Botor, z domu Tomala. Rodzoną siostrą Fridy, matką dwóch synów i trzech córek Botor. Wdową po Franciszku, co stracił głowę, gdy tąpnęło w murckowskiej* kopalni. Willi udaje się na spotkanie z ciotką, która, jak ma nadzieję, udzieli mu gościny na resztę zdrowotnego urlopu, a potem — kto wie, kto wie, ponoć Karolina głowę ma nie od parady! — pomoże zadekować się i bezpiecznie przeczekać do końca wojny... Ponurego końca, jak na podstawie własnej oceny sytuacji na *Ostfroncie* wnosił Willi.

Dlaczego po opuszczeniu murów lecznicy udał się młody człowiek na obcy sobie Śląsk, a nie do rodzinnego domu w mikrej robotniczej mieścince przycupniętej między Bochum i Dortmundem, czyli w samym sercu Zagłębia Ruhry? Przemysłowego serca Niemiec, czasu owego, czyli na wiosnę

---

* Murcki — południowa dzielnica Katowic. Znajdowała się tutaj najstarsza na Górnym Śląsku Kopalnia Węgla Kamiennego „Murcki", założona w 1769 roku.

roku 1943, zaciekle atakowanego przez samoloty brytyjskiego RAF-u? Nie, nie ze strachu przed bombami. Ooo, bynajmniej. Kto jak kto, ale Willi Jenike, pilot myśliwca, bombowców się nie bał. Nawet nie w pełni jeszcze wyleczony ze skutków ostatniego awaryjnego lądowania, a może raczej częściowo kontrolowanej lotniczej katastrofy, choćby i dziś mógłby wsiąść ponownie do dowolnej uskrzydlonej maszyny i wznieść się w powietrze, wysoko, ponad flotę nieprzyjaciela, by z tej perspektywy wodzić ją na pokuszenie śmiałymi ewolucjami, a potem na zatracenie atakiem dziobowym i pociskami wystrzeliwanymi z karabinów maszynowych ... Oczywiście, gdyby tylko zechciał. A przecież nie chciał! Nie chciał i także z tej przyczyny do domu się nie wybierał.

Drugi powód, dla jakiego porucznik Jenike postanowił swe ostatnie dni legalnie przeżywanej swobody spędzić pod dachem ciotki Botor, nazywał się Ottokar Jenike i był mężem Fridy, ojcem jednego syna żyjącego — Wilhelma, z racji nikczemnego wzrostu zwanego w rodzinie „Willim", oraz czterech synów martwych. W kolejności urodzenia: Wolfganga, Ernesta, Johana i Thomasa. W kolejności śmierci: dowódcy czołgu, „pancernego" Ernesta Jenikego, usmażonego wraz ze swą maszyną i swoimi ludźmi w okolicy miasta Dubno na Ukrainie pod koniec czerwca roku 1941; obermata Thomasa Jenikego, co to poszedł na dno w U-Boocie na Morzu Czarnym rok po starszym bracie; kaprala Johana Jenikego, zamrożonego na stalingradzki kamień w przeddzień Wigilii Bożego Narodzenia Anno Domini 1942; wreszcie wielkiego jak dąb, głupiego jak but, okrutnego jak wściekły pies pierworodnego

Wolfganga Jenikego, oficera Waffen SS. Najstarszy brat Willego podobno uległ nieszczęśliwemu wypadkowi, gdy hucznie świętował nadejście nowego, 1943 roku. Podobno podczas nieoficjalnego przyjęcia sylwestrowego w koszarach ćwiczebnych w samym Berlinie wypił zbyt wiele, podobno zbyt mocno wymachiwał służbową bronią. Podobno osobiście wyjątkowo pechowo się z niej postrzelił. Trzymając pistolet w prawej ręce, trafił w swą lewą skroń. Co oczywiście nie jest całkiem niemożliwe, więcej — jest bardziej niż prawdopodobne, skoro tę wersję wydarzeń zgodnie i gorliwie potwierdzali koledzy oraz podwładni untersturmführera Jenikego, a śledztwa nie przeprowadzono… Podobno wcale nie dlatego, że nie chciano grzebać w brzydkiej, przepełnionej fizycznym i psychicznym sadyzmem przeszłości zmarłego, nienawidzonego solidarnie przez wszystkich jego ludzi, co inteligentniejszych przełożonych, dziwki kręcące się wokół berlińskiego garnizonu, o jeńcach i więźniach cywilnych, którzy mieli wątpliwą przyjemność zetknąć się z Wolfim, nie wspominając…

List „z żalem donoszący" o zgonie najstarszego brata Willi Jenike odebrał osobiście, gdy akurat przebywał na krótkim świątecznym urlopie w domu rodzinnym. Przeczytał go obojgu siedzącym przy jadalnianym stole rodzicom. Matka z trudem wstała i słaniając się na nogach z nagłego osłabienia, mimo wszystko przeszła parę kroków, by objąć swego najmłodszego, jedynego pozostającego przy życiu potomka. Ojciec spojrzał z przesłoniętą alkoholową mgłą pogardą na tę scenę słabości, jaką co prawda wywołała żona, ale syn przecież się jej poddał, pocieszając Fridę i głaszcząc ją delikatnie niczym dziecko po włosach, szepcząc coś do matki i ocierając ukradkiem łzę toczącą się mu po policzku. Wolfgang nie był ukochanym bratem Wilhelma, można wręcz rzec, że najstarszy i najmłodszy Jenike pałali do siebie niechęcią, ale brat to brat! W dodatku ostatni…

Ojciec bąknął coś pod nosem o mięczakach i o tym, że oto stracił najlepszego ze swoich synów.

Na to Willi, w domyśle syn najgorszy, musiał zareagować. Powstrzymywał się od ponad dwóch tygodni, jakie urlopowany spędzał w domu rodziców, ponownie pod jednym dachem z nadużywającym alkoholu ojcem i stłamszoną przez niego cichą i pokorną matką. Zdawał sobie doskonale sprawę, że powinien milczeć, choćby tylko ze względu na Fridę. On pokrzyczy, pokłóci się z Ottokarem, oberwie od niego może z raz po uchu i wyjedzie z powrotem na front, a ona zostanie i to na niej skupi się cała złość męża… Niestety, Willi był sam, bez mądrego Ernesta, co zawsze umiał jednym celnym zdaniem rozładować ciężką atmosferę, wesołego Johana, zdolnego zamienić każdą sytuację w żart, i dobrego, pobożnego Thomasa, który zwykle brał na siebie drobne grzeszki i niesubordynacje najmłodszego brata i dostawał za nie od ojca po karku… Na Wolfiego Willi nigdy nie liczył, bo pierworodny syn Jeników znajdował radość raczej w sekundowaniu staremu niż w solidaryzowaniu się z resztą rodzeństwa. I to jego, tego sadystę, tego głupka, tego tępego nazistowskiego karierowicza ojciec nazwał najlepszym z nich wszystkich?! Krew w Willim zawrzała. Obelżywe słowa, podniesione głosy, wreszcie także pięści poszły w ruch.

Opamiętał się dopiero, kiedy ojciec wylądował na podłodze koło stołu bez ducha, z rozkrzyżowanymi na boki ramionami, na plecach. Oboje z matką poczęli go cucić, wołać po imieniu i mianem ojcowskim: ojciec, ojcze, tato!, wreszcie polewać wodą i lekko uderzać po twarzy. Odzyskawszy przytomność, Ottokar Jenike odezwał się do swego najmłodszego, ostatniego żyjącego syna w te słowa:

— Wynoś się z mojego domu i nie waż się tu wracać, póki ja żyję, zakało! — po czym wstał bez niczyjej pomocy i nie obróciwszy się ani razu, lekko zataczając się, wyszedł do ogrodu.

Co było robić? Willi czym prędzej upakował w podróżnym worku skromny frontowy dobytek, dopiął guziki zimowej kurty i pożegnawszy się serdecznie z rozpaczającą Fridą, obiecawszy pisać listy, ruszył przed siebie, drogą ku stacji kolejowej. Szedł z uniesioną wysoko głową, gwiżdżąc dla dodania sobie animuszu, próbując powstrzymać łzy, które znów wbrew woli napływały mu do oczu. Tuż przed zakrętem spojrzał po raz ostatni na szary budynek ukryty w głębi pobielonego śniegiem warzywnego ogrodu. Rodzinny dom, wzniesiony ojcowską ręką… Mimo że nie mieszkali w nim ludzie całkiem zgodni i w pełni ze sobą szczęśliwi, to tyle kryje się tu także dobrych wspomnień… Będzie się wzywać je na pomoc w ciężkiej chwili… Matka, ojciec wciąż żywi… Duchy braci… Echa dziecięcych zabaw… Pogłos rozmów przy stole… Żal, żal odchodzić… Cóż, kiedy trzeba! Willi wzruszył ramionami i poszedł dalej. Na dworcu zaopatrzył się w bilet do jednego z południowoniemieckich uzdrowisk, gdzie postanowił spędzić ostatnie dni świątecznego urlopu i przehulać resztkę żołdu.

Jak postanowił, tak zrobił, po czym w wyznaczonym dniu stawił się na powrót we własnej jednostce na Ukrainie. Znowu posłusznie i na rozkaz — zawsze z lekkim dreszczykiem przedbitewnego niepokoju oraz nieodmiennie sporą dozą entuzjazmu — siadał za sterami samolotu, by spoglądając na świat z góry, raz po raz razić z działka i karabinów a to wojska lotnicze Sowietów, a to ich oddziały lądowe, umocnienia czy prowizoryczne koszary. Czasem także szpitale, miasteczka, wioski, gdzie podobno kryli się partyzanci, nawet przemieszczające się wte i wewte kolumny cywili. Tak było! W ten oto sposób porucznik Willi Jenike wspomagał trud wojenny Trzeciej Rzeszy, którą kochał jako swój kraj ojczysty. Walkę z powietrza i powierzane mu zadania traktował zwyczajnie, jak coś oczywistego. Jak pracę, do której miał spory talent, a ponieważ również wiele chęci, wykonywał ją dobrze — skutecznie likwidując wroga, samemu nie dając się zabić. Nie licząc kilku pierwszych akcji bojowych, które przypłacił nerwowym rozstrojem żołądka, działał zwykle bezrefleksyjnie, przed oczami mając prędzej relaks, wyżerkę i wieczór w kantynie niż uśmiercanych z powietrznej perspektywy ludzi.

Tak było aż do ostatniej akcji bojowej, która skończyła się dla porucznika Jenikego utratą maszyny, poważnymi uszkodzeniami ciała i bodaj poważniejszym jeszcze uszczerbkiem na duchu. Wystartowali w pięciu. Zadanie: osłaniać przemarsz własnej piechoty przed ostrzałem jednostek Armii Czerwonej. Znaleźć i zniszczyć stanowiska karabinów maszynowych. Nie pierwszyzna dla doświadczonych pilotów. Teren był dość dokładnie rozpoznany, niespodzianek ponadstandardowo nieprzyjemnych nie przewidywano. Maszyny ruszyły z lotniska jedna za drugą, uniosły się na odpowiednią wysokość i dalej leciały w szyku bojowym — wprost na dobrze zamaskowane, odseparowane od siebie stanowiska obrony przeciwlotniczej, obsadzone nadzwyczaj skuteczną załogą.

Radzieckim początkowo los wyraźnie sprzyjał, Niemcom wręcz przeciwnie, skoro nie minęło wiele czasu, jak Wilhelm Jenike został sam na powietrznym placu boju. Dwa spośród czterech towarzyszących mu Me 109 spłonęły w locie, a trzeci, z martwym pilotem w środku, nurkował ku ziemi; ostatnia maszyna krztusiła się z przestrzelonego silnika i wykonywała zwrot ku bazie. Właściwie w obliczu tej sytuacji Willi powinien uczynić to samo, jednak zagrała w nim wściekła wprost przekora. Trzymał się więc stale blisko wrogich stanowisk przeciwlotniczych, na przemian to kryjąc się wysoko między chmurami, to wyłaniając się zza nich, by jedna po drugiej niszczyć zaciekle, acz szczęśliwie, niezbyt celnie ostrzeliwujące go armatki i przy okazji zabijać obsługującą je załogę. Gdy pozostał mu ostatni cel do zdjęcia, na ile mógł, skontrolował stan swojej maszyny i stwierdziwszy, że jest zadowalający, pocisków ma dość, a pilota w pełni sprawnego i nawet nie bardzo zmęczonego, postanowił się zabawić. Lotem nurkowym zszedł więc bardzo nisko, plując nieustannie ogniem tak, by dodatkowo przerazić załogę działa, po czym gwałtownie wzniósł się w powietrze. I jeszcze raz, i jeszcze, póki wróg odpowiadał. Wreszcie ostatni sowiecki żołnierz skapitulował, zerwał się na równe nogi i zaczął uciekać w stronę pobliskiego pagórka.

Willi za nim, wystrzeliwując ostatnie pociski z karabinów. I oto wróg dostał! Padł na kolana. Jeeeeeest! Trafiony zatopiony! Upadający w przód żołnierz zgubił czapkę. Rozsypały się uwolnione spod niej długie włosy. Obróciła w bok umierająca głowa. Pośród trawy mignęła zbielała twarz. Dziewczyna… Willi mocno przyciągnął ku sobie drążek steru. Uczynił to w ostatniej chwili. Samolot nieco się uniósł, akurat tyle, by nie zahaczyć podwoziem o zarastający wzgórze młody brzeziniak, a potem, wbrew woli pilota, zaczął znowu opadać. Jednak go trafili! Jenike przygotował się do lądowania. Usiłował wysunąć podwozie. Mechanizm nie działał! Spróbował więc wznieść się wyżej. Nic z tego. Na to, by wyskoczyć ze spadochronem, było zdecydowanie za nisko. Pozostawało jedynie lądowanie awaryjne, na brzuchu messerschmitta… Udało się to tylko częściowo. Z bojowego myśliwca zostały powyginane, połamane szczątki, w żadnym wypadku niekwalifikujące się do reperacji. Pilotujący samolot człowiek był w nieco tylko lepszym stanie, ale na swoje szczęście do naprawy się nadawał. Przybyli na miejsce katastrofy koledzy wyciągnęli nieprzytomnego z uszkodzonej kabiny powietrznego statku i odtransportowali do wspomnianego już szpitala wyrosłego za południowym skrajem teatru *Ostfrontu*.

Tam, nadal nieświadom swej sytuacji, ciężko ranny porucznik Jenike raz za razem kosił ogniem z obu karabinów Me 109 całe zagony, łany długowłosych istot odzianych w zgrzebne, niekształtne mundury sowieckiej piechoty. Ginące w ostatnim locie do ziemi obracały ku niemu twarze i umierały z oskarżycielskim wyrzutem w oczach. Brązowych, niebieskich, zielonych, szarych oczach osadzonych w niemieckich, francuskich, polskich, rosyjskich albo i ukraińskich twarzach kobiet, które Willi znał bardzo dobrze — z sąsiedztwa, ze szkół, z pierwszych młodzieńczych doświadczeń miłosnych — albo słabo — z przelotnych romansów, kina, teatru, kawiarń, sklepów czy ot, wymiany spojrzeń dwojga mijających się na ulicy przechodniów. Żadne z tych mordowanych damskich obliczy nie było mu jednak obce. I choćby nawet wydało się nieznane w pierwszym momencie, to w drugiej, trzeciej czy kolejnej pogrążonej w majakach chwili przekształcało się, zmieniało, ewoluowało, czasem przyjmując ostatecznie dziecięce rysy Zosieńki Feldman, która w szkole zajmowała ławkę tuż przed psotnym Willim, czasem spoglądając na Jenikego poważnym okiem nastoletniej Sabine Gauss, co jako pierwsza pozwoliła mu się pocałować, a czasem — i to było najgorsze — twardniało w ukochaną, pooraną głębokimi zmarszczkami twarz matki, Fridy Jenike z domu Tomala. Wtedy majaczący w gorączce porucznik Luftwaffe krzyczał, rzucał się w przepoconej pościeli i stawiał na nogi cały personel małego szpitalika. W końcu musiano unieruchomić go pasami, by nie zrobił dodatkowej krzywdy swemu i tak mocno uszkodzonemu ciału.

Matczyny trup nawiedzał Willego w malignie raz za razem, uparty, natarczywy, gotów dręczyć go wiecznie, aż do — no właśnie — śmierci? powrotu do życia? momentu, gdy syn w końcu zrozumie, że świat nie dzieli się na swoich i wrogów, zwycięzców i pokonanych, słusznych i niesłusznych, godnych życia i zasługujących na śmierć? Nie dzieli się na takich i owakich, bo świat w ogóle się nie dzieli! Ten sam świat zamieszkują tacy sami ludzie, kobiety i mężczyźni, Niemcy i Polacy, Rosjanie i Włosi, Francuzi i Grecy, ludzie... Nawet Żydzi! Nie podludzie, nie nadludzie — ludzie! A skoro tak, to jakim prawem jednych unicestwiasz, a innych chronisz? Bo co? Co ci zrobiła tamta sowiecka żołnierka? Czy pałasz do niej większą niechęcią niż, powiedzmy, do tłustego majora von Eberheima, twego zwierzchnika, który jakże chętnie wysyła podległych sobie ludzi na kolejne, coraz bardziej samobójcze misje, a sam siedzi na dupsku w oficerskiej kantynie i chleje, raz po raz wznosząc bałwochwalcze toasty na cześć swego Führera?

Willi nie odczuwał nienawiści do tych, z którymi przyszło mu walczyć. Po pierwsze, to były sprawy polityczne, a polityka mało go zajmowała. Po drugie, zbyt był ciekaw innych ludzi, by ich z góry przekreślać. Po trzecie wreszcie, owszem, czasem odczuwał złość, czasem, szczególnie gdy tracił bliskiego towarzysza broni, nawet potrzebę zemsty, ale nie nienawiść. Był wojskowym pilotem na wojennym froncie. Lubił latać i celnie strzelał, skutecznie unikając niebezpieczeństwa. Kazali, to wzbijał w górę swoją maszynę. Było polecenie, to eskortował bombowce. Gdy zachodziła potrzeba — strzelał do celu w powietrzu albo na ziemi. Nie zastanawiał się. Nie miał wątpliwości. Wykonywał rozkazy. Skoro jednak wreszcie ocknął się po raz pierwszy od wypadku, obolały, spowity gipsem i bandażami, ale przecież wciąż żywy i naraz w pełni przytomny, postanowił więcej rozkazów już nie wykonywać. Dosyć, basta, *Schluss!* Czas się wycofać, czas się ewakuować!

Spokojnie, najpierw leczenie, potem rehabilitacja, przy okazji niewielki romansik i kilka aferek miłosnych całkiem malutkich, wręcz, rzec można — jednorazowych, urlop zdrowotny i dopiero dezercja! Zadekować się gdzieś bezpiecznie i przeczekać cicho do końca wojny…

Piękna wizja, ale czy realna?

W poruczniku Jenike tliła się mała, maleńka nadzieja, że tak, nie miał jednak wielkich złudzeń. Do matki udać się nie mógł, bo choć Frida z pewnością ukryłaby swego ostatniego ocalałego syna, to przecież ojciec zabronił Willemu wracać. No i sąsiedzi donosiciele… Zatem rodzinny dom odpadał. Życie między obcymi tym bardziej. Niby czasy były takie, że wszędzie brakowało rąk do pracy, niby każdy bauer ucieszyłby się z dodatkowego parobka, a fabrykant z robotnika, ale z drugiej strony młody, sprawny mężczyzna bez papierów… Nie w tym kraju, nie w tych czasach, w których ściany mają uszy, okna oczy, a za każdym drzewem kryje się funkcjonariusz partii narodowosocjalistycznej! Co pozostawało? Dalsi krewni? Ottokar Jenike przybył do Zagłębia Ruhry z Austrii. O swoich korzeniach nie opowiadał, z nikim z rodziny nie utrzymywał kontaktu. Jedyne, co Willi wiedział, to to, że ojciec urodził się gdzieś pod Alpami. Mało, żeby szukać kontaktu. Zostają Tychy. Co prawda krewnych po kądzieli Willi także nie znał, ale przynajmniej matka z ciotką Karoliną regularnie do siebie pisywały. W tajemnicy przed Ottokarem na adres katolickiej parafii w Bochum dosyć często przyjeżdżały do Fridy przesyłki od pani Botor. Kreślone w pogardzanym *Wasserpolnischu*, języku ni to polskim, ni to niemieckim, a tak naprawdę gwarze śląskiej, listy od Karoliny Botor pozwalały matce utrzymywać choćby szczątkowy kontakt z miejscem urodzenia, rodziną i ojczystym językiem. Tego ostatniego po trochu i w sekrecie uczyła najmłodszego syna. Wilhelm Jenike, choć sam nigdy Górnego Śląska nie odwiedził, w razie potrzeby byłby w stanie porozumieć się z każdym z jego mieszkańców. Kiepsko, bo kiepsko, ale jednak coś tam poradził godać… Nic więc w tym dziwnego, że na miejsce swego dobrowolnego zesłania wybrał ostatecznie matczyne Tychy.

Szedł sobie przeto w dół głównej ulicy tej ni to wsi, ni to miasteczka wolnym krokiem, rozkoszując się późnowiosennym słońcem i z przyjemnością rozglądając wokół. Kierował się w dół Adolf Hitler Straße*, pamiętając, że gdzieś przy drugim końcu traktu mieszka ciotka Karolina. Była sobota, przyjemne, sielsko spokojne popołudnie. Mijani przez Willego ludzie poruszali się podobnie jak on, raczej powoli, noga za nogą, wystawiając ku słońcu twarze cieszące się z łagodnej pieszczoty jego promieni. Matki popychały wózki z niemowlętami. Starki, wystrojone w ludowe śląskie stroje, podążały ku górującej nad okolicą wieży kościoła św. Marii Magdaleny. Zakochani siedzieli na ławeczkach wśród zieleni, niezbyt przytomni, zgodnie wpatrzeni w jedno miejsce poza czasem i przestrzenią. Bujali w namiętnych miłosnych obłokach, zachowując rzecz jasna przyzwoity fizyczny dystans w rzeczywistości — żadnych objęć, publicznych pocałunków czy pieszczot. Takie rzeczy tylko w tajemnicy, najlepiej po ciemku.

---

* Przed 1939 rokiem była to ulica Damrotha, po wojnie — Damrota.

W końcu to porządne, katolickie miasteczko! Nic sobie z tego nie robili urlopowani żołnierze w niedopiętych mundurach, którzy wystawali przy knajpkach na skrzyżowaniach ulic i wypatrywali chichoczących panien, gotowych spędzić z nimi wieczór w kinie albo na potańcówce w browarnianym kasynie czy restauracji miejscowego obiektu sportowego, szumnie zwanego Stadionem.

Sielsko-anielsko.

Nagle w ten nierzeczywisty, przepełniony spokojem krajobraz wdarły się pierwsze dźwięki *Pieśni sztandaru*, hymnu Hitlerjugend autorstwa Baldura von Schiracha, wyśpiewywanego kiepską niemczyzną to zbyt cienkich, to zbyt grubych głosów maszerujących podrostków:

Nasz sztandar łopocze przed nami.
Naprzód, naprzód! Dźwięcznie grają fanfary.
Naprzód, naprzód! Młodzież nie zna niebezpieczeństwa,
Ojczyzno — ty zawsze będziesz w blasku chwały,
Choćby przyszło nam za ciebie zginąć…*

„Oj tak, przyjdzie wam za nią zginąć, smarkacze" — pomyślał Wilhelm Jenike i obejrzał się za małym oddziałem nastolatków przebranych w brunatne koszule, pasujące do nich czapki, absurdalne krótkie spodenki i krawaty… „Pajacyki Himmlera. Podrygujące trupki" — Willi wzruszył ramionami

---

* Tłumaczenie pochodzi z książki Szymona Wrzesińskiego pt. *Tajemnice III Rzeszy. Hitlerjugend na Śląsku*, Zakrzewo 2011.

i już, już miał ruszyć dalej swoją drogą, gdy usłyszał zbyt szybko narastający, ostrzegawczy dźwięk rowerowego dzwonka, a zaraz potem poczuł silny wstrząs i ból. Coś uderzyło go z wielką siłą w prawy bok. Porucznikowi wojsk lotniczych najpierw pociemniało w oczach, potem zakręciło się w głowie, wreszcie nogi się pod nim ugięły i osunął się na bruk ulicy imienia wodza Tysiącletniej Rzeszy. Nim stracił przytomność, odnotował jeszcze przerażone spojrzenie pochylającej się nad nim dziewczyny.

II

Hilda Widera porzuciła rower na podwórzu, zzuła buty i prędko weszła do domu przy ulicy Horsta Wessela*. Nim jednak pokazała się ojcu i matce, zatrzymała się jeszcze przed wielkim lustrem w sieni. Przygładziła nieco zburzone wiatrem włosy, poprawiła ubranie, zrobiła kilka głębszych wdechów i pożałowała, że nie potrafi zmazać z twarzy nazbyt wyraźnych rumieńców. Co zrobić — taka uroda! Jasna cera nie sprzyja dyskrecji. Od razu widać, że coś się stało! Eh, zrzuci to na karb zbyt szybkiej jazdy. Mama będzie pewnie gderać, że nie przystoi dziewczynie i kto to widział, tak w sukience i z gołą głową... Dobrze, że tatuś już wrócił z Browaru. Wieloletnie wdychanie słodkoalkoholowych oparów fermentującego piwa uczyniło z Joachima Widery człowieka łagodnego, nader zgodliwego i konsekwentnie przywołującego do zgody innych. Panbóczek czuwa nad Hildą, skoro tato przyszedł z pracy przed nią! Weszła zatem odważnie do kuchni i aż uśmiechnęła się na dobrze znany jej widok.

---

* Dziś jest to ulica Sienkiewicza.

Oto Waleska Widera, obfita w biuście i biodrach, kobieta urodziwa i rumiana, a teraz wręcz czerwona od gorąca, w błękitnopasiastej domowej kiecce, fartuchu i białej chustce na głowie pochyla się nad garnkami. Coś tam w nich miesza, coś próbuje, co chwilę dosypuje a to soli, a to pieprzu, a to innej przyprawy. Niesforny kosmyk włosów raz za razem wymyka się spod matczynej chustki i przez moment delikatnie drażni się ze skórą czoła Waleski. Ignorowany opada, celując w intensywnie niebieskie oko… Wreszcie mamulka Hildy go zauważa, odgarnia gestem umączonej ręki, układa usta w niesymetryczny dzióbek i dmucha. Dmucha mocno, w górę, jakby zdawało jej się, iż sama siła płuc wystarczy, by przywołać włosy do porządku, z powrotem pod chustkę. Oczywiście, to się nie udaje, a kosmyk opada ponownie na czoło i niżej, w kierunku oka, więc Waleska unosi oprószoną mąką dłoń i dmucha… Znad starego, po wielokroć przeczytanego numeru „Gościa Niedzielnego" żoninym zabiegom z czułością przygląda się Achim Widera. Wąsaty ojciec Hildy siedzi przy stole bez butów, skarpet, kapelusza i marynarki. Nogi wyciągnął daleko przed siebie; odpoczywa po ciężkim dniu, czekając na posiłek, i wyraźnie cieszy się spokojem tego sobotniego popołudnia, które pomaga mu się wyciszyć po niechcianych zdarzeniach, jakich był świadkiem. Oto bowiem właśnie dziś, na oczach wracającego z Browaru Joachima, miejscowe Gestapo ponownie aresztowało Rudolfa Zarębę, przedwojennego kierownika tyskiej szkoły, człowieka przedobrego, który wiele zrobił dla miejscowej społeczności. Zabrali go ponoć do Auschwitz. Trzeba będzie znowu interweniować, zebrać środki i dać w łapę temu i owemu…

Trzeba będzie, ale to już nie dziś, nie teraz. Teraz, zaraz będzie łobiod!

Hilda ucałowała ojca na powitanie, skinęła głową matce, wdziała drugi fartuch i także stanęła przy kuchni z zamiarem pomocy przy gotowaniu posiłku. Przegoniona umączonym gestem, sięgnęła do kredensu po sztućce i naczynia, które poleciła pięknie rozstawić na stole nadbiegającej z ogrodu młodszej siostrze, jedenastoletniej Trudce. Uznawszy, że póki co wypełniła domowe obowiązki, Hilda usiadła koło ojca i wzięła do ręki napoczętą wczoraj powieść z zamiarem kontynuowania lektury. *Der Schatz im Silbersee** Karola Maya nie był może najadekwatniejszą książką dla dwudziestojednolatki, ale był po niemiecku, w którym to języku Hilda starała się wprawiać z powodów czysto praktycznych. Książkę przyniósł do domu czternastoletni Jasiek i spędzał nad nią każdą wolną chwilę, wydając z siebie na zmianę „ochy" i „achy". Aż zaintrygował starszą siostrę…

Właśnie. Jasiek. Wypadałoby porozmawiać o nim z rodzicami.

Hilda już-już miała poruszyć temat, gdy ojciec pierwszy przerwał zgodne milczenie:

---

* Niem. *Skarb w Srebrnym Jeziorze*, powieść przygodowa dziejąca się w realiach Dzikiego Zachodu z roku 1894. Występują w niej wódz Apaczów Winnetou oraz jego biały przyjaciel Old Shatterhand.

— Jak tam dzisiaj było u Stabika, córciu? Dużo klientów przy sobocie?

— Dużo, ale tatulku! To już nie jest sklep pana Augustyna. Nad drzwiami stoi teraz „Karl Peters". Pracuję u pana Petersa.

— Ja wiem, Hilda, ja wiem, ja tylko tak, rozumiesz, z przyzwyczajenia mówię... Poza tym stary Stabik ciągle siedzi w kantorku, prawda?

— Siedzi. Dzisiaj też był. Rozliczał papiery.

— Ten jego niby-niemiecki zięć nie ma do tego głowy. Do ludzi też za bardzo głowy nie ma. Bez ciebie, córuś, bez teścia i żony to on by niczego nikomu nie sprzedał. Burkliwy taki jest, zerka zawsze nieszczerze, spod oka, no i zbyt się obnosi z tą swoją niemieckością. Pomyśleć tylko, że jeszcze parę lat temu to on był zwykły Karol Pająk, a teraz wielki mi Karl Peters!

— Cicho, nie gadaj! — Matka odwróciła się do ojca ze złym spojrzeniem. — Ściany mają uszy — dodała złowróżbnie.

Co prawda, to prawda. Szpicle, których się ostatnimi laty namnożyło niczym karaluchów, mieli brzydki zwyczaj podsłuchiwania mieszkańców Tychów w ich własnych domach.

— Eee, nikogo nie ma! — krzyknęła Trudka, która zdążyła wychylić się z okna, zlustrować dokładnie ogródek i nawet rzucić okiem na prowadzącą ku domowi ścieżkę, by sprawdzić, czy nie zbliża się może *Herr* Gampig — szkolny nauczyciel, a równocześnie kierownik wydziału w miejscowej grupie NSDAP.

— Cicho! — powtórzyła tylko matka i wróciła do mieszania zupy chochlą.

— Ja wiem, że ty nie znosisz pana Petersa, tato, i nawet rozumiem, bo on faktycznie jest mrukliwy i ciężko go rozgryźć. Ale to dobry człowiek. — Tu Hilda zniżyła głos i nachyliła się lekko ku ojcu. Owiał ją mocno wyczuwalny zapach fermentującego piwa. — Nie mogę ci nic więcej powiedzieć, ale Niemcem to on jest na pokaz.

— Hilda! Ty mi się w żadne podejrzane sprawy nie mieszaj! — Waleska Widera miała doprawdy doskonały słuch. — Czasy takie… niebezpieczne. Cicho bądźcie oboje. Siadajcie do stołu. Trudka, wołaj Jaśka.

— Trudka, zostań. Jaśka nie ma w domu, mamo.

— Jak to nie ma? Jak to nie ma! Skaranie boskie z tym chłopakiem, ciągle gdzieś lata.

— Ja go chyba spotkałam, kiedy wracałam z pracy. Nie przyjrzałam się dokładnie, bo coś mi przeszkodziło, ale… — Hilda zawiesiła głos, zaczerwieniła się mimowolnie i spuściła wzrok, bo oboje rodzice przyglądali jej się uważnie, czekając na ciąg dalszy.

— Gdzie go widziałaś, Hilduś? — Ojciec, świadomy burzy, jaka właśnie budzi się w głowie żony, dotknął lekko dłoni najstarszej córki, chcąc dodać jej odwagi.

— A ja wiem, ja wiem! — wypaliła podskakująca z niecierpliwości Trudka. — Ja wiem! On poleciał na zebranie Hitlerjugend! — dodała triumfalnie.

— O Jezusie, Maryjo przenajświętsza, to pieron jeden! Przecież mu wyraźnie zabroniłam chodzić z tymi łobuzami! — Waleska, niepomna własnych ostrzeżeń, każde kolejne słowo wykrzykiwała głośniej.

— Cicho, babo. — Tym razem głosem rozsądku okazał się Achim. — Ja mu pozwoliłem iść.

Waleska z Hildą spojrzały po sobie oniemiałe. Jak to — Joachim pozwolił Jaśkowi? Jak to — tata? Śląski powstaniec? Jak to tak? Przedłużające się i coraz cięższe milczenie przerwała Trudka:

— Tatuś, ale przecież mówiłeś, że niczego dobrego się nie nauczy u tych małych hitlerów...

— Mówiłem, co mówiłem i miałem rację! Ale widzicie, dziouchy, czasy są takie. Co chwila ktoś mnie naciska, a to kierownik w Browarze, a to ten pieruński Otto, co smali cholewki do naszej Rosy... Pytałem księdza Osyry. Uradziliśmy, żeby już Jasiek przystał do tych harcerzyków. Czego go tam nauczą na sobotnich zbiórkach, to mu nasz proboszcz na mszy z głowy wybije.

„Pytałem księdza Osyry". Ojciec Hildy rzadko nie wiedział, co powinien zrobić. Jak miał problem, to, o ile nie dało się go od razu rozwiązać, dumał. Siadał przy stole, ćmiąc po trochu fajkę, szedł na długi spacer, czasem hen, do samych Paprocan*, albo choć na kufel piwa do browarnianego kasyna. Trunku nie pił, dosyć mu bowiem było oparów alkoholu, w jakich codziennie pracował, zamawiał go jedynie dla fasonu, a wychodząc z szynku, obdarowywał nietkniętym napitkiem

---

* Jezioro Paprocańskie, Jezioro Paprocany, czasem po prostu: Paprocany. Sztuczny zbiornik wodny powstały pod koniec XVIII wieku na potrzeby Huty Paprockiej, leżący na terenie dzisiejszych Tychów i otoczony pozostałościami Puszczy Pszczyńskiej.

jakiegoś bezrobotnego biedaka. Tak czy siak, podumawszy w cichej bądź gwarnej samotności, Achim wracał zwykle do domowej rzeczywistości z gotowym rozwiązaniem. Jeśli nie, radził się Waleski. Kiedy i żoninej głowy nie stało, wspinał się na niewielkie wzniesienie w samym sercu Tychów, gdzie mieści się kościół św. Marii Magdaleny i pukał do drzwi zakrystii, w której rezydował proboszcz Jan Osyra. Mądry ów kapłan w trudnych wojennych latach udzielał swym parafianom nie tylko posługi duchowej, lecz także całkiem realnej pomocy w sprawach przyziemnych, biorąc na swe sumienie rozstrzygnięcie takich spraw jak ta, czy pozwolić, czy też nie pozwolić dziecku uczestniczyć w praktykach bezbożnych organizacji nazistowskich. On także doradził niegdyś Widerom, by zgodnie z oczekiwaniami niemieckiej administracji wypełnili narodowościową ankietę kwalifikującą do odpowiedniej grupy volkslisty. Zresztą nie tylko im. W dziesięciotysięcznym miasteczku, leżącym w samym sercu ziemi pszczyńskiej, które zapisało piękną kartę zarówno w śląskich powstaniach, jak i w trakcie plebiscytu — w marcu 1921 roku za przyłączeniem Górnego Śląska do Polski głosowało czterech na pięciu tyszan! — mieszkali teraz według danych urzędowych głównie zadeklarowani Niemcy. Co prawda większość, jak Widerowie, należała do grupy trzeciej (częściowo spolonizowani autochtoni i Polacy niemieckiego pochodzenia), ale jednak…

Hilda w pierwszej chwili nie mogła tego zrozumieć. Ileż to razy słyszała z ust ojca i jego kolegów barwne opowieści o powstańczych walkach! O polskiej i niemieckiej agitacji przed głosowaniem — dlaczego warto za Polską, dlaczego powinno się za Niemcami? O tym, jak 28 sierpnia 1922 roku, w dniu narodzin jej i Rosy, równo o dziewiątej rano do Tychów przybył Naczelnik Państwa Józef Piłsudski. O tym, że ojciec, zasłużony bojowiec, był w komitecie witającym Marszałka i przez to nie wiedział nawet, iż ukochana, niespełna rok wcześniej poślubiona Waleska rodzi mu właśnie bliźniacze córki… Tak, Hilda nie pojmowała, dlaczego ojciec na gwałt szuka w pamięci i dokumentach wszelkich śladów, które świadczyć mogą dla odmiany o niemieckości rodziny. Nie rozumiała i nie akceptowała, pytała go więc z płaczem:

— Tato, ale jak to tak? Wczoraj Polaki, dzisiaj Niemce? To kim my w końcu jesteśmy?

— Ślązakami, Hildziu, Ślązakami. To jest nasza ziemia. Tu się urodziliśmy, tu mieszkamy i tu chcemy zostać. A że nikt za nami nie stoi, że czas nam nie sprzyja, to musimy być chociaż sprytni!

Przed nazistowską komisją weryfikacyjną stawili się więc w komplecie — pracownik byłego Książęcego Browaru* Joachim Widera z żoną Waleską oraz czwórka ich dzieci: dorosłe bliźniaczki Hilda i Rosa, dwunastoletni wówczas, jedyny syn Jan, z niemiecka: Hans, i najmłodsza, hołubiona w domu Gertruda, zwana Trudką. Po weryfikacji (wywiad, dostarczone dokumenty, badania eugeniczne) wraz z milionem innych

---

* Browar Książęcy — największy w Polsce browar przemysłowy, dziś należy do Kompanii Piwowarskiej. Powstał na początku XVII wieku i od tego czasu pracuje nieprzerwanie, zmieniając jedynie nazwy i właścicieli. W okresie, o którym tu mowa, działał pod nadzorem władz okupacyjnych.

Ślązaków Widerowie zakwalifikowani zostali do *Eingedeutsche*. Spolszczonych autochtonów. Co, jak się nad tym głębiej zastanowić, było przecież prawdą...

Im więcej dni mijało od tamtych wydarzeń, tym lepiej Hilda rozumiała, dlaczego ojciec pozwolił wpisać ich na tę niemiecką listę narodowościową. Widziała przecież, co spotyka tych, którzy odmówili, albo tych, których komisja zweryfikowała negatywnie. Pozbawianie pracy, wyrzucanie z domu, aresztowania, wreszcie wywózki do Generalnej Guberni albo najstraszniejsze — do obozów koncentracyjnych... Nazwa miejscowości Auschwitz, czyli Oświęcim, stanowiła memento losu zbuntowanego Ślązaka. W Tychach przed rokiem 1939 — poza rodziną dentysty, doktora Richtera, którą dwa lata po wkroczeniu Niemców przesiedlono do getta w Będzinie — nie mieszkali inni Żydzi. KL Auschwitz był tu więc przede wszystkim obozem, gdzie lądowali ci spośród krewnych i sąsiadów, którzy uparcie trzymali się swej polskości. Albo ci, co próbowali uchylać się od służby w niemieckim wojsku. Atmosferę tamtych dni dobrze oddaje krążący wówczas wśród Ślązaków wierszyk:

Jeśli się nie podpiszesz*,
twoja wina — zaraz cię poślą do Oświęcimia;
a gdy się podpiszesz, ty stary ośle,
zaraz cię Hitler na Ostfront pośle.

---

* Na volksliście.

Tak, zdecydowanie czasy nastały takie, że Ślązak, jeśli chciał przetrwać, musiał postępować bardzo roztropnie. Stąd zgoda na to, by Jasiek zasilił lokalny oddzialik HJ, ostatecznie nie wydała się kobietom Widerów czymś bardzo dziwnym ani godnym potępienia. Może chociaż Otto Gampig przestanie je wreszcie nachodzić?

Marne szanse. Młodemu nauczycielowi z tyskiej szkoły i aktywnemu działaczowi partyjnemu w jednej osobie wyraźnie wpadła w oko Rosa Widera. „Czasem cieszę się, że nie jestem tak piękna jak ona!" — pomyślała Hilda, a głośno zapytała znad parującego talerza żuru:

— A gdzie jest Rosa? Miała dziś wcześniej wrócić?

— Miała. Nawet spotkałem ją po drodze — odezwał się Joachim. — Gnała z powrotem do szpitala. Podobno przywieziono im jakiegoś połamańca z wypadku. Biedak. Ktoś wjechał w niego rowerem…

Hilda zerwała się od stołu bez słowa i krztusząc się zupą, wybiegła na dwór.

III

Sobotnie popołudnie wciąż w najlepsze rozkoszowało się wiosennym słońcem, gdy czternastoletni Berek Sroka, pedałując nieśpiesznie, wracał do domu na tyskiej Glince*, z którego sprytnie umknął z samego rana, porwawszy matce uprzednio bochen upieczonego wieczorem chleba. Cichutko, na paluszkach przemknął przez kuchnię i sień, zabrał buty, torbę i wędkę, wsiadł na rower i ile sił w nogach pognał w stronę Paprocan. Po drodze zatrzymał się tylko raz i na moment, w sprawdzonym miejscu, gdzie nakopał tłuściutkich dżdżownic i oto resztę tego przepięknego dnia spędził beztrosko nad stawem. Zarzucił wędkę, rozłożył się na słońcu i zwyczajem domorosłych filozofów oddał się w samotności rozmyślaniom nad ludźmi, życiem i światem, podjadając od czasu do czasu kulki z chleba, dzielone sprawiedliwie między siebie i nadpływające kaczki. Nie żałował ani psikusa zrobionego matce, ani tego, że znowu skazał ojca na samotną pracę w polu. Wypieszczony, wykochany jedynak dobrze wiedział,

---

* Dziś dzielnica, dawniej przysiółek Tychów.

że oboje rodzice machną ręką na jego niesubordynację. Jeśli czegokolwiek było mu żal, to może tylko tego, że musi te swoje ryby łowić samotnie, choć wolałby w towarzystwie Józka Botora i Jaśka od Widerów. Z Józkiem byli dalszymi kuzynami po łojcach, z Jaśkiem kolegami ze szkolnej ławki. Szkoda, że ich tu nie ma! No ale — sobota. I Józek, i Jasiek polecieli pewnie na zbiórkę Hitlerjugend.

Berek, choć w odpowiednim wieku, w spotkaniach HJ uczestniczyć nie musiał, więcej — nawet nie powinien! Przypuszczał, że na jego widok dowódca nakazałby chłopakom zrobić „w tył zwrot i odmaszerować!", a jemu, Berkowi, pogroziłby palcem. I to w najlepszym wypadku. Młody Sroka miał bowiem zarówno w narodowosocjalistycznej szkole, jak i w innych okupacyjnych organizacjach opinię tego karlusa, co mo ipi, innymi słowy, co nie jest całkiem normalny. Bo niby uczy się nie najgorzej, stawia się wszędzie na czas, niby zawsze pierwszy rwie się do czynu, zna na pamięć właściwe pieśni, wykazuje się godną wielkoniemieckiego młodzieńca czujnością, ale… Kto to widział salutować przełożonemu w mundurku od góry do dołu utytłanym w krowim łajnie? Zapytany o przyczyny żałosnego stanu przepisowego odzienia delikwent bez drgnienia powieki odpowiada, że „napadli mnie komuniści, *mein Führer!*". Jacy? „Nie widziałem, oczy mi przesłonili czerwoną szmatą!". Za co się ochoczo nie weźmie, to radośnie skoci. Jak coś zaśpiewa, to na cały głos i tak fałszywie, aż uszy więdną. I te niekończące się donosy… Że przysłany z głębi Rzeszy nauczyciel przysypia na lekcjach i że nie przykłada się do rachunków, bo sobie z nimi niezbyt radzi, a przecież każde niemieckie dziecko powinno umieć sprawnie liczyć! Że miejscowy *Ortsgruppenleiter* grzmi o poświęceniu dla ojczyzny, a sam nie chce oddać zapasowego futra na Pomoc Zimową. Że szef straży obywatelskiej jest na bakier z prawdziwie germańską moralnością, bo… Ciii, dziecko, nie kończ! Tak, w oczach niemieckiej administracji miasteczka Tychy młody Bernard Sroka był jednostką niewygodną. Ciekawski niczym ptak, od którego jego przodek wziął nazwisko, paplał bez umiaru o sprawach, o których albo się milczało, albo mówiło szeptem, do ludzi zaufanych.

Dlatego Berka Srokę widziano na zbiórkach Hitlerjugend nader niechętnie, raz po raz dawano mu wręcz nieformalnie do zrozumienia, że jest całkowicie wolny od obowiązku uczestniczenia w nich. Skoro tak, to tak! W tygodniu Berek czuł się zwolniony ze szkolnych zajęć pozalekcyjnych, w soboty pakował wędkę, wskakiwał na rower i jechał nad wodę, w niedziele zaś karnie stawiał się w kościele, wdziewał komżę i służył do mszy jako ministrant. Dziwne, ale ksiądz nie mógł się go nachwalić. Taki bystry chłopak! Tak pięknie śpiewa! No i dyskretny jest — w razie potrzeby można mu powierzyć bardzo odpowiedzialne sprawy; tu przewóz wielce tajemniczej i z całą pewnością nielegalnej paczki, tam przekazanie wiadomości dla chłopców z lasu… W dodatku Bernard Sroka sporo widzi, a co zobaczy, to zapamiętuje i dobrze wie, komu to przekazać.

Tak jak teraz. Berek jest już niemal u celu. Zaraz wyjedzie zza zakrętu, a jego oczom ukaże się dobrze znana chałupka z warzywnym ogrodem od frontu, kurnikiem i królikarnią z boku, a od tyłu sadem oraz sporym kawałkiem pola. Za chwilę chłopak dotrze do rodzinnego domu i jakby nigdy nic pozdrowi ojca, matkę, podrapie za uchem psa Łatka i usiądzie przy stole, czekając kolacji. Za moment... Ale co to? Co to za zamieszanie u sąsiadów? Czyżby odwiedził ich nauczyciel, *Herr* Gampig? Ale czemu w mundurze i w towarzystwie żołnierzy z pszczyńskiego garnizonu? Chłopak zsiadł z roweru, cisnął go w pobliskie krzaki wraz z wędką i torbą ze świeżo złowionymi rybami, a sam, skulony wpół, szybko obiegł chatę Hachułów, by zajrzeć do środka od tylnego ganku.

Młody gospodarz Stefan Hachuła siedział przy stole wyprostowany niemal na baczność, milczący, wpatrzony czujnie w twarz Ottona Gampiga. Nauczyciel też siedział, ale był dla odmiany wyraźnie rozluźniony, niepokojąco uśmiechnięty. Wyciągnięte przed siebie nogi skrzyżował w kostkach, ręce założył, a w prawej trzymał zapalonego papierosa, którym co jakiś czas z lubością się zaciągał. Berek Sroka znał ten wyraz pozornej dobroci i życzliwości, który pojawiał się na grubo ciosanym obliczu *Herr* Gampiga, gdy ten na przykład przyłapał któregoś ze swych uczniów na ściąganiu... Nie wróżył Hachułom niczego dobrego. Oni widać też zdawali sobie z tego sprawę, bo na czoło Stefka wystąpiły grube krople potu, Marta zaś trzęsła się niczym osika, stojąc pod ścianą na tle regału po brzegi wypełnionego książkami, po bokach mając dwóch umundurowanych drabów. Każdy z nich celował lufą karabinu wprost w pokaźny brzuch kobiety.

— No, Hachuła. — Gampig zgasił peta wprost na sosnowym blacie stołu, pozostawiając w nim osmalony krater. — Twierdzicie więc, że niczego przed Trzecią Rzeszą nie ukrywacie i nie działacie na szkodę wielkiego narodu niemieckiego?

— Nie, panie *Leiter**. Gdzie — na szkodę? Żona w ciąży, a ja za dwa tygodnie mam się zgłosić do wojska. Gdzieżbym co działał. Ja jestem spokojny człowiek, niepolityczny...

— Łżesz, Hachuła! Łżesz jak pies! — wrzasnął kierownik organizacyjny NSDAP, porzucając ostatnie pozory życzliwości. Wstał i wyprostował się na całą, doprawdy imponującą wysokość. Gestem prawej ręki nakazał Stefkowi Hachule pozostać przy stole, a lewą dłonią wskazał swej obstawie Martę. Wartownicy chwycili opierającą się kobietę pod ramiona i wyprowadzili do drugiej izby. Obu mężczyzn i Berka dobiegł stamtąd najpierw jej głośny protest, potem płacz, wreszcie suchy odgłos wymierzonego z dużą siłą policzka i dźwięk upadającego ciała... Stefan zerwał się na równe nogi i rzucił w stronę drzwi dzielących pomieszczenia domu. Gampig jednym ruchem stopy podciął go, a przewróconego, drobnego i niepozornego Hachułę chwycił za kołnierz i zawlókł z powrotem na środek dziennego pokoju. Wymierzywszy mu na zimno kilka kopniaków, pochylił się nad jęczącym Stefkiem i wysyczał mu do ucha:

— Minuta. Tyle masz czasu na przypomnienie sobie, gdzie schowałeś wykaz byłych polskich bojowników. Dobrze wiem,

---

* Kierownik (niem.).

że go masz, tylko nie chce mi się tu robić rewizji. Jeśli mi go za sześćdziesiąt sekund nie przekażesz, ja przekażę moim ludziom, żeby usunęli z tego świata twoją żonkę i bachora, rozumiesz mnie, Hachuła?!

Stefek rozumiał aż za dobrze. Obaj, młody Sroka zza okna i Otto Gampig, na powrót siedzący spokojnie przy stole z kolejnym dymiącym papierosem w niedźwiedziej łapie, obserwowali, jak Hachuła czołga się powoli w stronę regału, jak podciąga się w górę na rękach, niepewnie wstaje i sięga ku najwyższej półce. Zdjął z niej stareńkie polskie wydanie *Żywotów świętych*. Książka była pokaźna i ciężka. Nie utrzymała się w osłabłej od bólu i zdenerwowania, drżącej ręce Hachuły. Upadła z hukiem, a spomiędzy jej kart wysunęła się gruba koperta wypełniona urzędowymi papierami. Zrezygnowany Stefan schylił się po nią i podał swemu prześladowcy. Gampig zajrzał do środka. Zadowolony rozciągnął mięsiste wargi w triumfalnym uśmiechu. Przywołał przybocznych i dla odmiany wskazał im teraz Stefka. Wywlekanemu z chaty rzekł na odchodnym:

— I po co było kłamać, Hachuła? Tylko naraziłeś na nieprzyjemności siebie i żonę.

— Moja żona… Co z nią… — wychrypiał półprzytomnie aresztowany.

— Spokojnie, przyślę do niej lekarza. W końcu jesteśmy cywilizowanymi ludźmi! Twoja Marta na pewno wyśle ci kartkę do Auschwitz, nie martw się, Hachuła!

Berek Sroka nie czekał na ciąg dalszy. Chyłkiem wycofał się w stronę porzuconego roweru, wsiadł na niego i co sił w nogach okrężną drogą popedałował do centrum, w kierunku składziku starego Stabika. Ignorując napis „Geschlossen"*, zapukał mocno do drzwi. Zziajanemu chłopakowi otworzył sam Karl Peters. Widząc niepokój malujący się na spoconej twarzy młodego Sroki, o nic go nie pytał, tylko szybko wpuścił do środka wraz z rowerem, po czym, zlustrowawszy uważnie otoczenie, na powrót dokładnie zamknął sklep. Dopiero w jego mrocznym wnętrzu zagadnął Berka:

— Co tam?

— Hachuła. Aresztowany. Nauczyciel. Dokumenty. Powstańcy.

— Gampig przejął spis weteranów?

— Tak!

Peters zamyślił się na moment. Papiery, które przechowywał Stefek Hachuła, cudownie zniknęły z budynku miejscowego magistratu w tym samym dniu września 1939 roku, w którym z okolicy wycofały się polskie wojska. Lista dawnych powstańców była równocześnie spisem tych, którym z tytułu udziału w walkach lat 1919–1921 oraz propolskiej działalności plebiscytowej przyznano państwowe odznaczenia, czasem także drobne renty… W Tychach takich aktywistów było sporo, zbyt wielu, by wszystkich aresztować i ukarać bez szkody dla miejscowej gospodarki. Zresztą większość odgrywała obecnie rolę przykładnych obywateli wielkoniemieckiej Rzeszy. Władze zdawały sobie jednak sprawę z tego, że najaktywniejsi, wciąż politycznie i zbrojnie czynni byli śląscy powstańcy, o ile nie

---

* Zamknięte (niem.).

zostali od razu aresztowani i wywiezieni wraz z rodzinami, zdążyli uciec do Generalnej Guberni. Ci, co zostali na miejscu, to były ich zdaniem pionki, niewarte uwagi, zresztą pozornie niesprawiające problemów. Szkoda było tych ludzi ruszać, lepiej posłać ich do roboty, a najlepiej — do Wehrmachtu… O co zatem mogło chodzić Gampigowi? Dziwne… Na wszelki wypadek Karl Peters polecił Berkowi ostrzec kilku tyszan, których ewentualnie, jak przewidywał, mogłyby z tytułu ujawnienia listy spotkać nieprzyjemności, a sam udał się do szpitala, by wezwać pomoc do Marty Hachuły.

Całkiem niepotrzebnie, bowiem, jak obiecał, zadbał już o to sam Gampig.

Dobrodusznie, służbowym samochodem zawiózł do domu na Glince doktora Kruschego oraz pielęgniarkę Rosę Widerę, a skoro oboje zgodnie stwierdzili, że Martę należy natychmiast przewieźć do szpitala, zaoferował swoją pomoc także w drodze powrotnej, ignorując nawet fakt, że krwawiąca spomiędzy nóg Hachułowa może zabrudzić mu tapicerkę. Otto gotów był się poświęcić. Raz, że zaraz odda auto do czyszczenia; dwa, że zyskał okazję, by nieco dłużej pobyć ze swoją wybranką; trzy, że jak mniemał, bezpiecznie ukryty w jego kieszeni tkwił ostateczny argument, dzięki któremu Rosa powie mu „tak"!

Dowodów na to, że stary Widera był śląskim powstańcem, że działał na szkodę niemieckiego narodu i że czerpał z tego tytułu korzyści majątkowe za czasów polskiej administracji, Gampig szukał od dosyć dawna. Ściślej od momentu, w którym uświadomił sobie, że jego afekt do ślicznej córki Joachima pozostaje niewystarczająco odwzajemniony. Napotkana na ulicy Rosa niby to uśmiechała się mile do młodego, na swój grubo ciosany sposób przystojnego nauczyciela, pozornie była zawsze uprzejma, zagadnięta odpowiadała bez niechęci, parę razy dała się zaprosić a to na lody, a to na tańce do restauracji przy Stadionie, ale… Całować się nie pozwalała, o czymś więcej nawet nie wspominając. Poważniejsze tematy zbywała żartem. Próbę wręczenia biżuteryjnego drobiazgu udaremniła, wymawiając się rodzicielskim nadzorem. „Nie mogę, bo ojciec…" Faktycznie, Otto Gampig nie był oczekiwanym gościem w domu Widerów i aż nadto zdawał sobie z tego sprawę. Jasiek i Trudka czmychali precz, gdy tylko sylwetka nielubianego nauczyciela zamajaczyła im na horyzoncie. Hilda, brzydsza bliźniacza siostra Rosy, ewidentnie Ottona ignorowała… Może zazdrosna? Kto to odgadnie, co kryje się w głowie nieładnej dziewczyny? Rodzice… Cóż, matka była wobec zalotnika córki otwarcie niegrzeczna, no ale matka to matka, zatem tak czy inaczej należał jej się szacunek od potencjalnego zięcia. Joachim Widera dla odmiany niby chętnie z Gampigiem rozmawiał, gościł go zawsze świeżym piwem z miejscowego Browaru i bez końca snuł nudne opowieści z czasów, w których jako młody kapral wędrował po Europie z armią Kajzera. „Kapral, rozumiesz, chłopcze, kapral. Jak nasz *Führer…*" Otto wyczuwał w zachowaniu Widery fałsz. Nie podobały mu się ani wojenne historie starego, w których swych nieśląskich przełożonych, a nawet i *Kameraden** odmalowywał Joachim jako głupców, złodziei i opojów, ani powtarzalne

---

* Kolegów, towarzyszy broni (niem.).

niczym refren aluzje do wodza, ani tym bardziej wymowne milczenie Joachima na wszelkie inne tematy. O powojennym statusie tego kawałka Śląska, o aktualnej polityce i sytuacji międzynarodowej, o żydowsko-bolszewickim zagrożeniu, rychłym zwycięstwie ani nawet o przyszłości swej pięknej córki Achim Widera nie życzył sobie rozmawiać z Ottonem Gampigiem. Wszelkie nawiązania do Rosy ucinał zwykle machnięciem ręki i stwierdzeniem, że „jest dorosła, niech sama decyduje!". A przecież Rosa twierdziła, że nie może, bo ojciec…

Skoro tych dwoje tak mocno było ze sobą związanych, chcąc dotrzeć do Rosy, trzeba podejść ją przez ojca. W Tychach, jak i w każdym innym regionie Rzeszy, donosicieli nie brakowało. Ten i ów coś zasugerował, ten i tamten coś dorzucił. Półsłówka, pojedyncze uwagi, niedomówienia. Wyczulone ucho Gampiga wyłapało w tym informacyjnym poszumie kwestię zasadniczą. Koniec kariery wojskowej Joachima Widery zbiegł się z początkiem jego powstańczej aktywności! Ojciec Rosy działał więc na niemiecką szkodę! Ach, gdyby tak mieć na to papiery… Dla Ślązaka tego typu życiorys — służba u Kajzera, propolska działalność na początku lat dwudziestych, a potem trzecia, a czasem nawet druga grupa volkslisty — nie był niczym niezwyczajnym. Ba, wielu powstańczych synów służyło i ginęło na chwałę wielkoniemieckiego Wehrmachtu, ostatnio także SS, do którego zaczęto niedawno wcielać siłą, z uwagi na wysokie straty na froncie i niedobór ochotników. Mając w ręku dowody obciążające Achima, Otto może nie zyskałby od razu pewności co do przychylności jego córki,

ale zawsze byłby o krok bliżej. Rzecz oczywista, bez powodu z tych papierów użytku by nie zrobił, jednak dobrze będzie o nich wspomnieć podczas oświadczyn. Prosząc Rosę o rękę, może dorzucić kilka dodatkowych słów na swoją korzyść: „...no i wiesz, jako moja małżonka nie będziesz musiała dłużej martwić się o ojca. Nikt nie będzie grzebał w przeszłości teścia partyjnego działacza, zwłaszcza że działacz ów osobiście dokumenty obciążające ojca żony dobrze zabezpieczył...".
Prosząc Rosę o rękę? Tak! Nauczyciel tyskiej szkoły i kierownik wydziału miejscowej grupy NSDAP *Herr* Otto Gampig, mówiąc kolokwialnie, wpadł na całego. Nie on pierwszy uległ czarowi przepastnych niczym górskie jeziora, intensywnie błękitnych oczu Rosy Widery. Nie on jeden kładł się wieczorem z wizją jej rozpuszczonych blond włosów wijących się w niesfornych lokach wokół głowy. Nie tylko jemu zasnąć przeszkadzała słodka perspektywa gładkiej skóry i kształtnego ciała, które na co dzień zaledwie nieśmiało zarysowywało się pod pielęgniarskim fartuchem albo skromną sukienką. Zaryzykować można by wręcz twierdzenie, że wszyscy, absolutnie wszyscy tyscy mężczyźni — od szkolnych smarkaczy, co im jeszcze nawet mleko pod nosem nie obeschło, aż po starego pana Stabika — kochali się w Rosie. Z tym że o ile większość z nich — w każdym razie tych zbyt młodych, zbyt starych i szczęśliwie żonatych — platonicznie, o tyle kilku całkiem cieleśnie, gorąco, wręcz lubieżnie. Otto, doceniwszy z jednej strony powaby fizyczne, z drugiej wysoki stopień trudności wyznaczonego sobie zadania, postanowił zdobyć sobie Rosę na własność. Jeśli nie miłością, to choćby szantażem.

Ustalenie, który z tych farbowanych obywateli niemieckich ukrywa interesujące go dokumenty, nie przyszło Gampigowi łatwo. Stefek Hachuła był tu z pozoru najmniej podejrzany. Mówił prawdę — nigdy nie angażował się w sprawy wątpliwe, bez oporów wypełnił narodowościową ankietę, problemów nie robił. Choć niby za polskich czasów zdradzał jakieś ambicje, niby uczył się na urzędnika, to jednak, gdy nastało nowe, karnie wrócił na odziedziczone po rodzicach pole, zakasał rękawy i został rolnikiem. Ożenił się co prawda z Polką bez niemieckich korzeni, ale zapisał się do partii, na zebrania NSDAP chadzał regularnie, do kościoła wcale, a powołanie do Wehrmachtu przyjął bez skargi. Wydawał się człowiekiem idealnie na te czasy. Robił, co mu nakazano, i nie dyskutował. Żył, starając się nie rzucać w oczy. Pewnie dlatego właśnie jemu polskie podziemie powierzyło na przechowanie listę śląskich powstańców. Stefek schował papiery do książki, książkę odstawił na półkę i prawie o niej zapomniał. Niestety, ciężarną Martę nachodził czasem wzniosły nastrój. Lubiła sobie wówczas poczytać na głos jakiś uduchowiony tekst. Zwykle ustęp z Biblii, ale pechowo akurat po *Żywoty świętych* sięgnęła w czasie odwiedzin żony Stefkowego kuzyna. Wyjątkowej szui i donosicielki...

Co dla jednych jest nieszczęściem, bywa szczęściem dla innych. Odwiózłszy do szpitala mdlejącą Hachułową w towarzystwie milczącego lekarza i nie mniej posępnej Rosy, Otto wybrał się na samotną wycieczkę do Puszczy Pszczyńskiej. Porzuciwszy służbowy wóz u ujścia ścieżki, pieszo ruszył między drzewa. Gdy odszedł wystarczająco daleko, rozejrzał się bacznie i upewnił, że nikt go nie śledzi, nikt za nim nie idzie i nikt go nie podgląda, po czym zza mundurowej kurty wyjął kopertę zabraną z domu Stefana Hachuły. Pierwszy, drugi, trzeci kwestionariusz… Otto bardzo słabo znał polski, ale imię i nazwisko swego przyszłego teścia rozszyfrował bezbłędnie. „Joachim Krzysztof Widera, syn Teofila i Barbary z domu Kluska, urodzony… Stopień służbowy, odznaczenia, renta w wysokości…" Wybrany formularz został wyjęty spomiędzy innych, starannie złożony w czworo, po czym bezpiecznie umieszczony w kieszeni mundurowej bluzy. Pozostałą zawartość koperty Gampig wsadził z powrotem za pazuchę. Dane te, nieszczególnie istotne, z czego młody *Leiter* doskonale zdawał sobie sprawę, trafić miały do właściwych organów… Ludzie, których owe papiery obciążały, w większości albo w porę czmychnęli, albo od dawna nie żyli, niektórzy przebywali w obozach albo na froncie, albo też ze wszystkich sił starali się udowodnić swoją przydatność Tysiącletniej Rzeszy. Kto by ich tam ruszał bez potrzeby?

Zresztą to nieważne. Ottona to nie obchodzi. Jego obchodzi tylko Rosa i to, że właśnie zbliżał się do sukcesu…

IV

— Poruczniku Jenike? Panie poruczniku?

Willi na moment uchylił powieki, po czym na powrót mocno je zacisnął i znowu otworzył. Przygotowując się do zmiany pozycji z leżącej na siedzącą, nieco oderwał od podłoża plecy, krzyknął, zaskoczony idącą od prawego boku falą bólu, i lekko popchnięty na łóżko kobiecą ręką, posłusznie opadł w zmięte gniazdo pościeli. Bojąc się dalszych nieprzyjemności, pozostał tak, wpatrując się bezrozumnie w najpiękniejsze, najbardziej błękitne oczy, jakie w życiu widział.

— Siostra Rosa — wyszeptał miłośnie, dobywając z zakamarków nie do końca rozbudzonej pamięci skojarzenia wiążące się z imieniem owej boskiej istoty. „Ja to mam szczęście, no! — pomyślał. — Co szpital, to lepsze pielęgniarki! Taka Rosa to na przykład mistrzostwo świata. Ta buzia, te włosy! A biuścik, a nóżki! Uśmiech anioła, cera róży, oczy…"

— Panie poruczniku, ma pan gościa!

Przyjemnie szemrzący głos nieziemskiego zjawiska w kobiecym ciele przywołał go z powrotem do rzeczywistości, do szpitalnej sali, przepoconego łóżka, gipsów, bandaży i odstręczającego zapachu środka do dezynfekcji. Oprzytomniały już całkiem Willi uważniej przyjrzał się Rosie. Na pięknej buzi malowało się wyraźne zdenerwowanie. Zresztą słychać je było także w głosie dziewczyny.

— Tak? — spytał, sam nie wiedząc o co, Willi.

Rosa skinęła ręką, a wtedy wolno, niechętnie, z głębi sali podeszła w ich stronę druga panna.

— Moja siostra, Hilda. Przyszła… — Tu dziewczyny wymieniły szybkie spojrzenia. — Przyszła pana przeprosić. No — westchnęła Rosa — to ja znikam, muszę sprawdzić, co tam u Hachułowej. Straciła mnóstwo krwi. A ty, Hilduś, nie męcz za długo pana porucznika. Ma odpoczywać. Aha, nie wolno panu na razie wstawać! — Otulone białym fartuchem cudne zjawisko zamknęło za sobą drzwi szpitalnej sali.

Wilhelm Jenike został sam na sam z Hildą Widerą. Oboje milczeli dłuższą chwilę, przyglądając się sobie wzajemnie.

„Brzydki — pomyślała Hilda. — Jaki on jednak jest brzydki i do tego beznadziejny. Patrzy na Rosę tak, jak dziecko gapi się na ciastko z kremem. Wszyscy oni jednacy!"

Pędząc co tchu ku szpitalowi, Hilda wyobrażała sobie Bóg wie co. Romantyczna z natury myślała, że oto wbiegnie do środka, rzuci się z pokorą do łoża cierpiącego młodzieńca i zalewając się łzami rozpaczy, gorąco go przeprosi, na co on wspaniałomyślnie powie, żeby wstała, powie, że na nią nie sposób się gniewać i tak oto zacznie się wreszcie jej pierwsza w życiu miłosna przygoda…

Głupia Hilda. Głupia, naiwna dziewczyna.

„Blondynka, oczy niebieskie, nawet przyjemna twarz, nieco zbyt zarumieniona, ciut za pulchna jak na mój gust, ale gdyby trochę zmieniła ten odpychający wyraz twarzy, gdyby spuściła odrobinę nos… Mogłaby nawet uchodzić za ciekawą, a już na pewno przyjemną. Widać rodzinne podobieństwo, chociaż do siostry jej daleko. Oj, jak daleko!"

Willi nieświadomie lekko pokręcił głową.

Odbierając słusznie jego zachowanie jako wyraz dezaprobaty, Hilda zamknęła w pięści obie dłonie i zacisnęła usta w wąską kreskę, czym całkiem niecelowo jeszcze odjęła sobie uroku.

— Przyszłam, by pana przeprosić, poruczniku, za to, że wjechałam w pana rowerem. — Słowa z trudem wydobywały się spomiędzy ściśniętych warg. Nie mogąc ich żadną miarą rozluźnić, Hilda prychnęła z irytacją, mocno unosząc brwi i przewracając oczami. Wyglądało to tak, jakby uważała, że wypadek tak naprawdę spowodował on, Willi!

— Ach, tak? To pani we mnie wjechała i na powrót połamała moje ledwo co zrośnięte żebra?

— Tak, to ja, ale…

— Czy często uprawia pani sabotaż?

— Sabotaż?!

— Wjeżdżając w jednego z najskuteczniejszych pilotów myśliwskich Trzeciej Rzeszy, wpłynęła pani znacząco na obniżenie siły bojowej niemieckiej armii. Czy jest pani świadoma…

— Ja… Ja nie zrobiłam tego celowo! Śpieszyłam się! Poza tym jechałam po właściwej stronie ulicy, zgodnie z przepisami.

A pan nie dość, że szedł pod prąd, to jeszcze nie patrzył przed siebie! Tak że to wszystko właściwie pana wina!

— Moja wina! Moja wina. Patrzcie ją, jaka wyszczekana! Patrzcie, jaka bezczelna. Hej, zobaczymy, czyja to będzie wina, jak przyjdzie policja…

— Wezwie pan policję? — Oczy Hildy zrobiły się nagle wielkie jak spodki, a wargi, przed chwilą jeszcze ściśnięte w wąską kreskę, ułożyły się w kształt drżącego z niepokoju serca.

Głupi Willi. Mógł jej odpuścić, przeprosić za niesmaczne żarty i byłoby po sprawie. Hilda by mu pewnie zaraz wybaczyła, bo choć szybko wpadała w złość, to równie szybko jej mijało. Rosa by się na niego wcale nie pogniewała i miałby zapewnione sympatyczne towarzystwo obu panien Widera przynajmniej do końca pobytu w tyskim szpitalu. Mogłoby tak być, gdyby Willi okazał się rozsądniejszy. Tyle że coś go niestety podkusiło, żeby brnąć w tę, zważywszy na sytuację polityczną, wcale nieśmieszną komedię, odrzekł więc Hildzie:

— Tak. Poproszę doktora Kruschego o wezwanie posterunkowego. Zada pani kilka pytań, przeprowadzi śledztwo i…

Hilda Widera dalej już nie słuchała. Bez słowa pożegnania wybiegła ze szpitalnej sali. Leżącego bezsilnie w pościeli Willego dobiegł nierówny stukot jej obcasów, bębniących najpierw o posadzkę korytarza, a potem o schody, i głośny, niepohamowany płacz dziewczyny.

— Co pan powiedział mojej siostrze?! — W drzwiach ukazała się jasna głowa Rosy. — Co pan jej zrobił?!

— Nic, ja tylko… chciałem… to miało być zabawne…

— Bardzo, bardzo zabawne! Doprowadzić Hildę do płaczu! Pan jest… Pan jest… Pan jest niegrzeczny! Pan jest nieokrzesany!

Trzaśnięcie drzwiami. Willi został sam.

Wróciwszy do sali obok, Rosa podała Marcie Hachule zastrzyk ze środkiem uspokajającym. Niedoszła młoda matka chwytała ją na zmianę to za jeden, to za drugi rękaw fartucha, pytając w kółko:

— Co z moim dzieckiem? Co z moim mężem? Co z dzieckiem? Co z mężem? Powiedz mi, powiedz prawdę!

— Ciii, cichuteńko, pani Hachułowa, wszystko będzie dobrze — kłamała Rosa. Stefan Hachuła może i wróci kiedyś do domu, bo nie takie cuda widywał już ten śląski światek, ale dziecko… Nie było już dziecka. Spłynęło uniesione obfitym potokiem krwi Marty.

V

KOLEJNE DNI porucznika Jenikego mijały monotonnie, raczej samotnie. Niewielki tyski szpitalik nie dostarczał rannemu wielu rozrywek. Towarzystwa wyraźnie brakowało, jako że ośrodek dysponował zaledwie kilkoma łóżkami, z których zajęte były tylko dwa. Na parterze mieścił co prawda przychodnię dla mieszkańców, gdzie jedyny lekarz i zarazem kierownik instytucji, doktor Helmut Krusche, trzy razy w tygodniu przyjmował pacjentów umówionych, a w nagłych przypadkach także tych nieumówionych, ale rezydującemu na pierwszym piętrze budynku Willemu świadomość ta była na nic, skoro nakazano mu leżeć. Nie mógł zatem odwiedzić także cierpiącej po sąsiedzku Hachułowej, zresztą o czym miałby rozmawiać łamanym śląskim z kobietą, która właśnie straciła dziecko, a kto wie — może i męża... Doktor Krusche niezbyt przejmował się swym mało interesującym — pod kątem medycznym — pacjentem, w trakcie obchodu zwyczajowo zalecając mu jedynie dalszy odpoczynek. Trzy siostry zakonne, które stanowiły większość pięcioosobowego personelu placówki, pobożnie milczały podczas wykonywania codziennych czynności opiekuńczych. Rosa, jedyna cywilna pielęgniarka, wcale Willego nie odwiedzała. Porucznik Jenike mógł od czasu do czasu liczyć tylko na towarzystwo szpitalnego palacza i złotej rączki, niejakiego Groschka, z którym grywał w karty. Czynił to jednak niechętnie, ponieważ palacz Groschek, choć, było nie było, zatrudniony „w medycynie", to wyraźnie lekce sobie ważył zalecenia higieniczno-sanitarne. Łaził w brudnych, wysmarowanych rozmaitymi substancjami łachmanach, mył się zdecydowanie zbyt rzadko i wcale nie dbał o zęby, ilekroć zatem otworzył usta, wydobywał się z nich paskudny zapach gnicia. A gadać Groschek niestety przy grze lubił... Umawiał się więc z nim młody Wilhelm Jenike jedynie z powodu najwyższej, podszytej odczuciem skrajnej izolacji nudy.

Zwykle Willi wolał spać, bo żołnierzowi snu nigdy dość, wylegiwać się z oczami wgapionymi w powieść pożyczoną z nader skromnego szpitalnego księgozbioru, w sufit albo w niebo za oknem, ewentualnie rozmyślać nad swoim dalszym losem. Co prawda chwilowo, dzięki słabości własnych żeber i interwencji Hildy Widery, niewesoła perspektywa dezercji została odroczona (ponownie rannemu przysługiwał dodatkowy urlop dla poratowania zdrowia), jednak Willi wiedział, że moment, w którym będzie musiał uczynić ten nieodwołalny krok, w końcu nadejdzie. Czy ktoś mu wówczas pomoże? Czy ciotka Karolina, na którą tak liczył, zdecyduje się zaryzykować własny spokój i bezpieczeństwo dla nieznanego przecież siostrzeńca? Zapytany przez jedną z zakonnic o to, czy trzeba kogoś powiadomić o jego pobycie w szpitalu, Willi zaprzeczył. Wybierając Tychy na miejsce spędzenia urlopu, porucznik Jenike nie poinformował Karoliny Botor, że przyjeżdża. Nie chciał listownie tłumaczyć się ciotce z powodów, dla których właśnie teraz zdecydował się ją odwiedzić. Ani to bezpieczne, ani proste… W szpitalu także nie zamierzał omawiać delikatnego tematu. Wolał trzymać się planu i porozmawiać z Botorami za zamkniętymi drzwiami domu przy ulicy Adolfa Hitlera. Tymczasem głównie spał, budził się, próbując odpędzić nawracające koszmary, w których kosił całe zastępy, całe armie kobiet odzianych w mundury krasnoarmiejców, i znowu zasypiał. Jadł i pił, wołał na pomoc zakonnicę z kaczką, wkładał ręce pod głowę i wyobrażał sobie różne warianty własnego umierania. Czasem od przepracowania w obozie koncentracyjnym, czasem wskutek bicia, a najczęściej od kul przed plutonem egzekucyjnym. Może to i lepszy sposób niż śmiertelny lot ku ziemi w rozpadającym się na strzępy samolocie? Albo odbierający oddech strach przed zapowiadającymi mękę językami ognia wolno ogarniającego kabinę pilota?

Zwykły temat rozmyślań porzucał jedynie, gdy w otwartych drzwiach szpitalnej sali mignęła mu jasna postać niedostępnej Rosy. Jej widok bynajmniej nie poprawiał mu nastroju, wręcz przeciwnie, dodatkowo wpędzał w melancholię. Widząc na horyzoncie siostrę Widerę, Willi jeszcze mocniej uświadamiał sobie, jaki jest tu samotny i jaki żałosny ze swym poczuciem humoru, które dotąd wydawało mu się przednie, a faktycznie musiało być wątpliwej jakości, skoro udało mu się za jednym zamachem zrazić do siebie dwie dziewczyny. Jenike dziwił się swojej sytuacji, tym bardziej że do niedawna jego cięty, ostry język usposabiał panny raczej życzliwie. Jeśli nawet nie otwierał dla niego od razu ich ud, to serca i usta do uśmiechu — na pewno. Choćby i początkowo boczyły się, kiedy wic okazywał się za mało jak na damski gust wyrafinowany, to wystarczyło kilka słodszych słówek na zgodę i już! Miód-malina i obiecująca znajomość nawiązana. Z sekretarką, bileterką, sprzedawczynią w sklepie albo siostrzyczką w szpitalu. Helenką, Christiną czy Rosą... A nie, z Rosą nie, bo Hilda! I tak marząc o piękniejszej pannie Widera, chcąc nie chcąc, przywoływał w pamięci brzydszą, w kółko analizując spowodowany przez nią wypadek, wpatrujące się w niego przerażone niebieskie oczy, potem niefortunną pyskówkę, drżące sercokształtne usta, płacz, ucieczkę Hildy, wściekłą reakcję Rosy i znowu — wypadek, oczy, kiepski żart, strach Hildy, złość Rosy... Raz za razem dochodził do wniosku, że aby zyskać cień szansy na zawarcie bliższej znajomości ze śliczną pielęgniareczką, trzeba będzie najpierw przeprosić się z jej siostrą.

 W tym celu oraz po to, by nie oszaleć z samotności, nudy i niewesołych, a natrętnych wizji końca krótkiego życia dekownika, należało możliwie szybko opuścić miejscowy medyczny przybytek. W trzecim tygodniu przymusowego nieróbstwa Willi zagadnął o to Kruschego podczas porannego obchodu.

 — A tak, pan. — Wyraźnie zmęczony doktor jakby dopiero teraz uświadomił sobie, że Wilhelm Jenike nadal jest obywatelem szpitalnego świata. — Tak, myślę, że możemy już pana wypisać, to się nawet dobrze składa... Panno Widera!

Rosa, wywołana przez lekarza, pojawiła się w drzwiach sali chorych z na poły obrażoną miną.

— Proszę zdjąć gips panu... panu... porucznikowi Jenikemu. — Krusche odsapnął, odczytawszy stopień oraz nazwisko pacjenta na przytwierdzonej do łóżka karcie zdrowia. — Proszę wybaczyć roztargnienie, poruczniku. Cała noc przy chorym. Ile pan u nas leży? Ponad dwa tygodnie? Zatem zdecydowanie możemy pana uwolnić. Siostro!

— Tak, panie doktorze, już usuwam opatrunki.

— To dobrze, moje dziecko, to dobrze. Zdejmij je do końca, sprawdź, jak się rzeczy mają, a ja zaraz wrócę, tylko zajrzę do operowanego.

W reakcji na ostatnie słowa doktora Kruschego odrętwiała dotąd z niechęci twarz Rosy na moment się zmieniła. Przypatrującemu się jej intensywnie Willemu nie umknął nagły skurcz, który przemknął przez oblicze dziewczyny.

„Leży tam jej kochaś czy jak?" — pomyślał Willi Jenike.

Jednak nie o miłość tu chodziło, a raczej o wielki szacunek i poczucie winy. Niezbyt uprawnione co prawda, ale jednak. Rosa martwiła się, że nie dopełniła obowiązku wobec swego byłego nauczyciela.

VI

Rudolf Zaręba, przedwojenny kierownik miejscowej szkoły — z urodzenia syn cieszyńskiego krawca, z wyboru tyski nauczyciel — był postacią powszechnie znaną i lubianą przez mieszkańców miasta. Weteran Wielkiej Wojny, w której brał udział w mundurze austriackim, w roku 1918 wstąpił do tworzącej się armii generała Hallera. W ramach sił porządkowych uczestniczył w przygotowaniach plebiscytowych, po demobilizacji wrócił do pierwotnego fachu. Początkowo uczył dzieci na Zaolziu, potem w Rychwałdzie koło Bugumina, w Miasteczku Śląskim i wreszcie, w roku 1932, trafił do Tychów na prestiżowe stanowisko kierownicze. Współobywatele cenili go za zaangażowanie zarówno w sprawy związane z nauczaniem dzieci, jak i za konsekwencję we wspieraniu dorosłych mieszkańców miasteczka. Kierownik Zaręba spełniał się w działaniu — czy to skutecznie pozyskując środki na remont i rozbudowę szkoły powszechnej, czy to organizując cykliczne odczyty i pogadanki otwarte dla każdego chętnego tyszanina, czy to pomagając temu i owemu mniej rzutkiemu współmieszkańcowi w sprawach urzędowych, finansowych, a czasem, gdy zaszła potrzeba, także prawnych. Tworzył więc Rudolf Zaręba pisma w imieniu, zwracał się do odpowiednich organów z odwołaniami, wertował kodeksy, wyszukiwał sposoby uzyskania zapomóg. Wszystko to czynił nieodpłatnie, zawsze cierpliwie i z uśmiechem na twarzy. Mijany na ulicy każdemu okazywał szacunek, kłaniając się uprzejmie i uchylając kapelusza z jednakowym entuzjazmem, niezależnie, czy spotykał *Herr* dyrektora handlowego Książęcego Browaru, księdza Osyrę, sprzątaczkę czy swego ucznia. Uwielbiały go dzieci, wysoko cenili ich rodzice, a znali wszyscy mieszkańcy Tychów. Ślązacy, Polacy, Niemcy — bez różnicy. Rudolf Zaręba powszechnie wzbudzał pozytywne uczucia.

    Nic więc dziwnego, że na wieść o tym, iż były już kierownik szkoły, aresztowany przez nowe władze jako wróg narodu niemieckiego, od razu w październiku 1939 roku trafił do Dachau, tyszanie postanowili działać. Zebrali się solidarnie sąsiedzi Polacy, Niemcy i Ślązacy, podumali, z dna komód wyjęli pieniądze odłożone na czarną godzinę, dotarli do kogo trzeba, napisali odpowiednie odwołania, zapłacili nieformalny podatek od uwolnienia i w kwietniu roku 1940 wydostali Rudolfa Zarębę z paszczy Trzeciej Rzeszy. Powróciwszy szczęśliwie w jednym kawałku do domu, Zaręba zamknął się w nim na dłuższy czas, odchorował traumatyczne przeżycia, po czym wyszedł i zdecydowanie odmówił wpisania się na volkslistę. Stracił dom, żonę z dziećmi musiał wywieźć do krewnych w Generalnej Guberni, ale jego samego jakoś przez trzy lata udawało się tyszanom ochronić. Pracę dostał w gospodarstwie miejscowego, choć deklarującego pełną niemieckość rolnika

Szota (teraz: Schotta), gdzie miał co jeść, na czym spać i zbytnio się nie przemęczał, zbierając we własnym tempie dojrzewające na drzewach owoce, sortując je i pomagając gospodyni przygotowywać przetwory na zimę. W wolnych chwilach *pro publico bono* udzielał dzieciom korepetycji z rachunków, w których mało biegły był jego okupacyjny następca, nadal pisał pisma, analizował przepisy i służył wszelką pomocą każdemu, kto go o to poprosił. Tak to trwało, aż wreszcie o blisko pięćdziesięcioletnim weteranie austriackiej armii przypomniał sobie Wehrmacht. Po klęsce stalingradzkiej nadszedł ciężki czas dla każdego, kto miał nadzieję się wymigać od służby w wojsku. Komisje rekrutacyjne szeroko rozsunęły macki, powołując do szeregów roczniki coraz młodsze i coraz starsze. Powoli zaczynał się liczyć każdy. Nawet ktoś wcześniej wysoce politycznie niepożądany, jak na przykład taki Rudolf Zaręba. Zdrowy chłop, przeszkolony i doświadczony wojennie, może służyć. Że nie chce dostąpić zaszczytu zostania Niemcem? Nie chce? To zechce! A jak nie zechce, to wróci, skąd przyszedł. Do obozu! Na reedukację!

Zaręba nie chciał. Głęboko nie chciał. Z serca i głowy czuł się może aż za bardzo Polakiem. Bogiem a prawdą dawno powinien był opuścić granice Rzeszy i za żoną, za dziećmi wyjechać do Generalnej Guberni. Tylko że jakoś nie potrafił. Zżył się z Tychami, miał tu kilku sprawdzonych przyjaciół, wiele ważnych, a niedokończonych spraw, tylu ludziom mógł jeszcze pomóc!

Cóż. Totalitaryzm nie zważa na głupie sentymenty i nie ma litości dla słabych własnym dobrem. Dlatego też w pewną pogodną wiosenną sobotę pod drzwi restauracji Teofila Strzeleckiego przy Adolf Hitler Straße podjechał policyjny samochód. Wysiadło z niego dwóch cywili w niepasujących do słonecznej aury długich prochowcach i nasuniętych głęboko na uszy kapeluszach. Weszli do knajpy, ale zagadnięci przez właściciela odmówili przydzielenia stolika czy zaserwowania sobie piwa na początek. Chcieli, by wskazano im Ernesta Schotta, który, wedle słów własnej żony, miło spędza czas w restauracji w towarzystwie poszukiwanego, szkodliwego społecznie propolskiego elementu. Faktycznie, gospodarz Schott wychylał już trzecie tego dnia piwo, rozmawiając ze swym nie mniej spragnionym pracownikiem, niejakim Rudolfem Zarębą. Zlokalizowawszy obydwu, cywile w kapeluszach wyciągnęli z kieszeni płaszczy broń, odbezpieczyli ją i tak przygotowani dosiedli się do interesującego ich stolika. Środki bezpieczeństwa były zupełnie zbędne. Rudolf Zaręba nie zamierzał się bronić ani sprawiać komukolwiek problemu. Tym bardziej panu Strzeleckiemu albo swemu serdecznemu przyjacielowi, Erniemu Schottowi! Zresztą spodziewał się, że w końcu po niego przyjdą… Udał się więc bez oporów z przyjezdnymi, wsiadł z nimi do samochodu i odjechał. Dokąd? Podobno do Auschwitz.

Świadkiem sceny rozgrywającej się przed restauracją Teofila Strzeleckiego był wracający z pracy w dawnym Książęcym Browarze* Joachim Widera. Ojciec Hildy i Rosy zamierzał

---

* Od 3 września 1939 roku noszącym nazwę Fürstliche Brauerei A.G. In Tichau.

przed powrotem do domu zajrzeć na moment do Strzeleckiego, by odsprzedać mu kilka butelek świeżego napitku, który otrzymał tego dnia w ramach należnej premii, ale widok, jaki ukazał się jego oczom, zatrzymał go w miejscu. Oto Gestapo zabiera Rudolfa Zarębę. Oto sąsiedzi, proste chopy — rolnicy, górnicy z Murcek, robotnicy z papierni w Czułowie — wylegli na ulicę i stoją na rozstawionych nogach, z założonymi rękami i w groźnym milczeniu koło samochodu. Oto aresztowany na moment unosi rękę i uspokajającym gestem stara się ostudzić gorące głowy. „Spokojnie — mówi ręka kierownika Zaręby. — Spokojnie. Nie warto, nie trzeba robić zamieszania. Ja wiem, dokąd i za co idę…" Nieniepokojeni przez nikogo gestapowcy wsiedli więc do wozu wraz z aresztowanym. Odjechali. Ludzie postali, popatrzyli po sobie, powzruszali ramionami i zaczęli się powoli rozchodzić z powrotem do swoich zajęć.

— Swoją drogą to istny chichot losu — wysapał gruby, jowialny z wyglądu i obycia restaurator Strzelecki. — Żeby z mojej knajpy… U mnie ćwiczył chór „Harmonia", tutaj spotykał się „Sokół"*, u mnie się głosowało za Polską w plebiscycie… A teraz Gestapo wchodzi jak do siebie!

---

* Chór mieszany „Harmonia" został założony w Tychach w roku 1910. W dwudziestoleciu międzywojennym kontynuował działalność śpiewaczą. W roku 1912 część chórzystów powołała do życia sekcję gimnastyczną, która była nieformalnym, zakonspirowany tyskim gniazdem „Sokoła", organizacji promującej sport i zdrowy tryb życia. Jednym z deklarowanych celów Towarzystwa Gimnastycznego „Sokół" było podtrzymywanie i rozwijanie polskiej świadomości narodowej.

— Nie ma co gadać po próżnicy, Teofil — odrzekł mu na to Achim Widera. — Zamiast gadać, coś z tym trzeba zrobić, pra?
— Z tym Zarębą?
— Ja. Przecież jego tam zamęczą w tym obozie.
— Coś by trzeba... Czekaj Achim, moja ślubna ma krewniaka w policji w Paprocanach. Piąta woda po kisielu, ale wiesz, swój chłop, chociaż w Sipo*. Coś mi ostatnio wspominał, że ma wejście do Auschwitz i jakby co... Tylko wiesz, nie każdego i nie za darmo.
— Rozumie się. Pogadaj z nim, niech się wywie, co i jak, a ja...
— Achim, ty jesteś pewien, że chcesz się w to mieszać?
— Muszę.
— No wiem.

Rodzina Joachima była jedną z tych, które najwięcej zawdzięczały kierownikowi Zarębie. To on niegdyś wystarał się o pracę przy fermentacyjnych kadziach w Książęcym Browarze dla długotrwale bezrobotnego, zrozpaczonego swoją sytuacją Achima. To on dostrzegł talent Widerowych bliźniaczek i do skutku nalegał, by Joachim z Waleską pozwolili się dalej kształcić Rosie i Hildzie. To dzięki jego namowom i nieustającemu dopingowi pierwsza z panien Widera ukończyła szkołę pielęgniarską, druga zaś handlową. Obie chciały się jeszcze uczyć, Rosa marzyła o studiach medycznych, cóż,

---

* Sicherheitspolizei (w skrócie Sipo, pol. Policja Bezpieczeństwa) — stosowane w III Rzeszy określenie połączonych Gestapo i Kripo.

kiedy wojna... Może za kilka lat... Na razie miały pracę, były finansowo niezależne od ojca, a nawet dokładały się do domowego budżetu.

Tak, Achim Widera czuł się w obowiązku, by podjąć próbę wyratowania Zaręby z opresji. Wolałby się co prawda nie wychylać, pozostając nadal w bezpiecznym cieniu, jaki chronił go przed kłopotami od początku wojny. Niestety, tym razem nie mógł przymknąć oczu na to, co wyprawiał niemiecki okupant. Zaczął więc działać po swojemu — powoli i za radą żony ostrożnie. Za pośrednictwem Strzeleckiego skontaktował się z policjantem Lipinskim, który przekazał Achimowi szczegóły dotyczące kosztów wydostania więźnia z obozu. Lojalnie uprzedził, że do sumy, jaką życzy sobie za to otrzymać skorumpowany pracownik obsługi KL Auschwitz, dorzuci jeszcze swoją dolę „za fatygę". Z trudem, bo z trudem, ale przy aktywnej pomocy Strzeleckiego i Schotta zebrał Widera wymaganą sumę. Teraz należało pomyśleć o tym, dokąd przewieźć uwolnionego, bo przecież do Tychów wrócić nie mógł... Tu nieoceniona okazała się własna córka. Hilda wtajemniczyła w sprawę Karla Petersa, a on, wykorzystując swoje kanały w Armii Krajowej, zorganizował dla Zaręby miejsce w leśniczówce w pszczyńskich lasach, do której odbitego miał zaprowadzić świetnie znający teren młody Sroka. W charakterze środka transportu Widera zamierzał użyć browarnianej ciężarówki, którą dostarczano tyskie piwo między innymi obsłudze oświęcimskiego obozu. Kierowca, któremu zwykle powierzano to odpowiedzialne zadanie, choć sam nie zdecydował się brać udziału w akcji, to zgodził się umówionego dnia nagle zaniemóc i wyznaczyć Achima na swoje zastępstwo. Do ojca i Berka Sroki w charakterze fachowej siły medycznej na wszelki wypadek dołączyć miała Rosa. Wzięła sobie z tego powodu dzień wolny w szpitalu.

Niestety, jej grafik zażyczył sobie sprawdzić Otto Gampig. Doktor Krusche, choć niechętnie, udzielił *Leiterowi* Gampigowi żądanych informacji. Urodzony w rodzinie niemieckich osadników spod Łodzi doktor powinien być właściwie wdzięcznym, najwierniejszym wyznawcą obecnej władzy, która uznając go za czystego Niemca, po wkroczeniu do Tychów awansowała go, powierzając mu rolę dyrektora miejscowego szpitala, podniosła pensję i przydzieliła willę po rodzinie żydowskiego dentysty Richtera. Mimo tych wszystkich dobrodziejstw Krusche nie znosił nazistów. Także z powodu losu, jaki dotknął jego wieloletniego współpracownika, przyjaciela i partnera szachowego, Wilhelma Richtera właśnie. Więc choć nie odmówił przenosin do opuszczonego domu dentysty, dyrektor Krusche żadnej satysfakcji ani tym bardziej wdzięczności z tego tytułu nie czuł. Na ile się dało, unikał kontaktu z lokalnymi przedstawicielami NSDAP, młodego Gampiga zaś szczególnie nie lubił — jako osobnika mimo wykształcenia prymitywnego, a przy tym okrutnego i gotowego docierać po trupach do wyznaczonych celów. Zagadnięty o Rosę Widerę, dyrektor szpitala wyjątkowo niechętnie udostępnił więc do wglądu rozpiskę jej dyżurów.

Otto ucieszył się, widząc, że dziewczyna ma wolne akurat w najbliższy wtorek, kiedy on chciałby zabrać szkolną dziatwę na jednodniową pieszą wycieczkę po górach Beskidu.

Pojadą, o ile wybierze się z nimi Rosa. Przyda mu się pomoc i oczywiście — towarzystwo! No i będzie okazja, by wreszcie z nią spokojnie, poważnie porozmawiać… Chcąc namówić ukochaną na wyjazd, złożył jej niespodziewaną domową wizytę. Rosa początkowo próbowała się wykręcić, wymawiając się bliżej niesprecyzowanymi obowiązkami domowymi, ale ojciec, który przysłuchiwał się rozmowie młodych, nieoczekiwanie poparł Ottona. „Zabiorę ze sobą Hildę, powiesz siostrze wcześniej co i jak, a ty jedź z nim, córuś. Nie będziecie tam sami, tylko z bandą bajtli, to raz. A dwa, to nawet lepiej, że będziesz z nim, a nie z nami. Przynajmniej ten wścibski synek nie będzie za nami węszył, jakby coś poszło nie tak".

Co było robić? Rosa Widera, bocząc się odrobinę na ojca i czując niczym zwierzyna wystawiona na przynętę, bez dyskusji pojechała jednak na szkolną wycieczkę i nawet nieźle się bawiła pośród tyskiej dzieciarni, starannie przy tym unikając *tête-à-tête* z Gampigiem. Choć prosto nie było. Otto, od którego Rosa starała się stale odgradzać co najmniej kilkorgiem dzieci, rzucał w jej stronę spojrzenia mówiące o wszystkim tym, czego powiedzieć z oczywistych, krzyczących i tłoczących się wokół Rosy smarkatych powodów, nie mógł. Na przemian uśmiechał się więc do niej zachęcająco oraz wpatrywał w nią z czułością, zachwytem albo tęsknotą. Im bliżej było powrotu do Tychów, tym bardziej młody nauczyciel smutniał i tym większy wyrzut czyniły Rosie jego oczy, ona zaś łapała się na tym, iż nieco wbrew sobie odczuwa żal, że umyślnie sprawia mu przykrość. Gdy więc podczas pożegnania Gampig poprosił, by w kolejną sobotę wybrała się z nim na dancing do restauracji przy miejskim Stadionie, od razu się zgodziła. Wolała nie zastanawiać się nad tym, czy za jej decyzją nie stoi coś więcej niż tylko wyrzuty sumienia. Starając się odpędzić od siebie myśl, że ten Otto to jednak całkiem przystojny, właściwie bardzo atrakcyjny mężczyzna i że ciepło jej się robi w brzuchu pod wpływem jego spojrzenia, zmierzająca z dworca do domu Rosa skupiła się na rozważaniach dotyczących przebiegu ojcowskiej akcji. Ciekawe, czy wszystko się udało zgodnie z planem? Czy pan Zaręba jest już bezpieczny w leśniczówce skrytej w głębokim lesie? Oby tak!

Nadzieje Rosy rozwiał podrostek od Sroków z Glinki, zmierzający w jej stronę szybkim krokiem. Widząc ją, Berek zamachał i jeszcze przyśpieszył, a gdy znalazł się obok, szeptem podziękował Panbóczkowi i poprosił pannę Widerę, by czym prędzej udała się do szpitala, gdzie niecierpliwie czeka na nią doktor Krusche.

VII

Co poszło nie tak podczas zuchwałej akcji uwolnienia Rudolfa Zaręby? Do pewnego momentu wszystko przebiegało zgodnie z planem. W chwili gdy Rosa Widera wsiadała do pociągu w towarzystwie nauczyciela Gampiga i kilkunastu tyskich bajtli, do drzwi jej rodzinnego domu zastukał Berek Sroka. Młodego Srokę, który sam przecież pod byle pretekstem wykręcił się od udziału w wycieczce w Beskidy, zdziwiło, że otwiera mu Trudka.

— A ty czego w domu siedzisz, frelko?

— Chora jestem! Za dużo wypiłam wczoraj zimnej wody, to i gardło mnie dzisiaj boli! A ty do kogo? Jasiek pojechał...

— Ja do waszego ojca. Jest?

— Nie. Fater przecież w pracy. Mamulka jest. I Hilda. Chcesz wejść?

— Tak.

— No to właź. Tylko te buciory zdejmij, bo nam podłogę zabrudzisz.

— Dobra, Trudka, dobra. Zdejmę buty.

Podobała mu się ta smarkata siostra Jaśka. Bezczelna i pyskata. Żywe srebro. Fajna. Kto to wie? Może wyrośnie na ładną pannę? Taką jak jej siostra Rosa. Albo mniej ładną, jak...
— Panna Hilda.
— Szczyńść Boże, Berku.
— Szczyńść Boże.
— Ojciec powinien zaraz być. Mleka się napijesz?

Mleka!? Berek wolałby kieliszek czegoś mocniejszego dla kurażu... Trochę się bał na myśl o akcji. Był jednak dobrze wychowany i świadom, jakby to wyglądało, gdyby czternastolatek zażyczył sobie wódki, kiwnął zatem tylko głową i rzekł:
— Tak, chętnie.

Zaproszono go do kuchni, wręczono kubek z chłodnym napojem i posadzono naprzeciw pociągającej nosem, kaszlącej Trudki. Podczas gdy dzieciaki stroiły do siebie głupie miny, Hilda w sąsiednim pokoju chowała do torby rzeczy, które zostawiła jej Rosa. Opatrunki, środek dezynfekujący, ampułkę z morfiną... Na myśl o tym, że może będzie musiała ich użyć, cierpła Hildzie skóra. No, ale nic. Ledwo się spakowała i dwa razy sprawdziła, czy niczego nie zapomniała, a już od strony drogi zabrzmiał klakson browarnianej ciężarówki. Za kierownicą siedział Achim, więc jego najstarsza córka pośpiesznie wybiegła z domu, zabierając ze sobą młodego Srokę.

Osamotniona Trudka siadła na okiennym parapecie z wielką chustką przy cieknącym nosie i obserwowała, jak za horyzontem znika znajomy wóz, uwożąc w dal ojca, siostrę i tego zwariowanego Berka Srokę...

— Wiesz co i jak, Hilda? — Achim rzucił córce szybkie spojrzenie znad kierownicy. Prowadził tak, jak żył — powoli i ostrożnie, skupiony na drodze, świadom wagi ładunku, jaki wiezie w tę stronę, oraz odpowiedzialności za człowieka, którego ma zabrać z powrotem. Napełnione piwem butelki pobrzękiwały z cicha na pace ciężarówki, a w głowie Joachima raz po raz uruchamiały się dzwonki alarmowe kolejnych wyobrażonych zagrożeń...

— Tyle co mi Rosa powiedziała. Ale... Tatuś?

— Co tam?

— Wolałabym... Mam nadzieję, że pan Zaręba będzie cały i zdrów.

— Ja też, Hildziu, ja też. Berek?

— Tak, panie Widera?

— Dobrze znasz drogę?

— No pewnie. Z powrotem pojedziemy nie na Bieruń, tylko na Brzeszcze, dalej na Kobiór i w las koło takiej kapliczki z Maryjką...

— Daj spokój.... Ty mi tego nie mów, bo mi to teraz niepotrzebne, tylko potem pamiętaj. A na razie cisza, dzieciaki, dajcie mi prowadzić.

— Tak tato.

— Tak, panie Widera.

Jechali więc dalej w ciszy. Dotarłszy do Auschwitz, zgodnie z instrukcjami żandarma Lipinskiego skierowali się ku głównej bramie obozu, za którą już czekał na nich umówiony człowiek z obsługi z kilkoma więźniami. Gdy ojciec witał się z Niemcem, a ubrani w pasiaste piżamy milczący więźniowie zamieniali pełne butelki piwa na puste, Hilda z trwogą spoglądała na obozowy krajobraz. Bramy, zapory, drut kolczasty, wieże, na których stali uzbrojeni po zęby mundurowi, ceglane i drewniane baraki. Pojedyncze plamy zieleni — drzewa, trawniki, nie wiadomo przez kogo i po co pielęgnowane kwiatowe rabaty, nawet donośne ptasie trele nie ukryją prawdy. Tego, że w KL Auschwitz niepodzielnie panuje terror i rozpacz, z której kpi prześmiewcze hasło: „Arbeit macht frei"*. Wiatr od dalekich pól niesie obrzydliwy zapach… Czuć jakby spalenizną, popiołem, może nadmiernie rozgrzanym tłuszczem? Hilda starała się oddychać oszczędnie, bo od tej woni zbierało jej się na wymioty. Chciała też, ale nie potrafiła powstrzymać się od spoglądania na ludzi. Ponurych albo przeciwnie, sztucznie wesołych esesmanów z psami. Wyglądali, jakby stale pozostawali na mniejszym lub większym rauszu. Patrzyła też na innych ludzi. Przyglądała się grupce podobnych staruszkom kobiet, które stały w chwiejnym szyku przed wrzeszczącą strażniczką. Snującym się bez celu za rozdzielającym sektory obozu płotem albo nieruchomo uczepionym drutu, wzajemnie wpatrzonym w nią mężczyznom. Byli nieprawdopodobnie wychudzeni, łysi, o zapadłych, pokrytych dawno niegolonym zarostem twarzach. Nienaturalnie wielkie oczy potwierdzały, jak ogromny cierpią głód. Żadnych dzieci Hilda nie zauważyła. Czy jest tu gdzieś pan Zaręba? Jak teraz wygląda on, nazbyt korpulentny, zawsze zadbany blondyn, elegancki nawet w przebraniu parobka,

---

* „Praca czyni wolnym" (niem.).

odprasowany, ze starannie ułożoną nad czołem grzywką? Hilda z Berkiem szukali go wzrokiem, ale w żadnej z twarzy oświęcimskich żywych trupów nie rozpoznali swego dawnego nauczyciela.

Przeładunek się skończył, świeże piwo polało do spragnionych od upalnej pogody gardeł esesmanów. Na dany znak Achim powrócił do szoferki auta, wycofał i przejechał z powrotem przez bramę, nad którą widniał slogan o pracy, która czyni wolnym... Gdy pozostawili go za sobą, Hilda wyraźnie odetchnęła, czując, że znika kula przerażenia, blokująca dotąd jej struny głosowe.

— Co teraz, tato?

— Mamy jechać w prawo, na skrzyżowaniu znowu w prawo aż do lasu. Tam będzie czekał na nas Linde.

— Nie boisz się, że to jakiś pieruński podstęp?

— Ja, mom stracha, córuś, mom. Lepiej będzie, jak razem z Berkiem wysiądziecie i schowacie się w krzakach, a ja będę z nim gadał.

— Dałeś mu już pieniądze?

— Nie. I dlatego mam nadzieję, że nas nie oszuka.

— A Hachuła, panie Widera? — wtrącił się milczący dotąd młody Sroka. — Uda się coś dla niego zrobić?

— Pytałem. Jego ślubna może mu wysyłać paczki.

— Ale...

— Berek! Zapytałem. Nic więcej dla Stefka zrobić nie mogę.

— Dobrze, panie Achim.

Gdy wjechali w oświęcimskie lasy, Hilda z Berkiem faktycznie wysiedli i ukryli się w przydrożnych krzakach. Czekali chyba z godzinę, nim ujrzeli na powrót ciężarówkę z Joachimem za kierownicą. Stary Widera był blady i wyraźnie zdenerwowany. Choć starał się to ukryć, Hilda widziała, jak bardzo drżą mu ręce. Gestem nakazał obojgu szybko wsiadać.

— Którędy mam jechać, Berek?

— Chwilę prosto i zaraz pokażę, jak dalej.

— Tato… Co się stało? Gdzie jest pan Zaręba?

— Wszystko ci powiem, Hilda, jak zjedziemy tym Niemcom z oczu. — Mówiąc te słowa, Joachim jakby nigdy nic uchylił nieco kapelusza, kłaniając się tym samym mijanemu oddziałowi wojskowemu. Piechurzy Wehrmachtu zareagowali entuzjastycznymi gwizdami i głośnymi okrzykami na widok ciężarówki, która obiecywała mieć na pace jakże pożądany trunek.

Jednak przestrzeń bagażowa samochodu była wolna od piwa. Kryła jedynie wielką liczbę pustych butelek i jednego, strasznie pobitego człowieka.

— To jest… To jest pan Rudolf?! — wyszeptała zszokowana Hilda, gdy na leśnym postoju ojciec wpuścił ją na tył auta. Czerwone, spuchnięte od uderzeń oblicze nieszczęśnika miało tak zniekształcone rysy, że przypominało raczej mięso na bitki niż czyjąkolwiek twarz.

— On sam.

— A kto mu to zrobił?

— Ten chachor, co nam go sprzedał! Uparł się, że to jedyny sposób. Pobił Zarębę prawie na śmierć, potem powiedział swoim kamratom, że więzień faktycznie nie żyje i tak skreślił go z ewidencji. Żeby mu się wszystko zgadzało w papierach, podmienił dokumenty z jakimś innym nieszczęśnikiem i proszę — poznajcie Pawła Wiśniaka. Z Warszawy. Zajrzyj tam do niego, Hilda, zobacz, czy możesz mu pomóc. Wołaj, jak będziesz czegoś potrzebowała. Ja muszę zapalić.

Ćmiąc cygareta, Achim Widera skinął na młodego Srokę.

— Słuchaj, Berek. W takim stanie to my go nie możemy pewnie zawieźć do tych tam konspiratorów, co?

— Na moje oko to on nie wyżyje, jak nie trafi do szpitala, panie Widera.

— Na moje może nie wyżyć, nawet i wtedy, kiedy go zawieziemy do Kruschego…

Także według Hildy Rudolf Zaręba powinien jak najszybciej znaleźć się pod fachową opieką lekarską. Obejrzała go, jak potrafiła, zmacała kości mimo bolesnych protestów wydobywających się spomiędzy rozbitych warg rannego, ale jedyne, co mogła zrobić, to podać mu morfinę. Tak też uczyniła, po czym szybko zeskoczyła z przyczepy i pobiegła w las, by zwymiotować. Och, jak żałowała, że na jej miejscu nie ma Rosy! Siostra wiedziałaby, co zrobić…

VIII

— Panno Roso, jak dobrze, że już pani jest! — Doktor Helmut Krusche z radości aż ucałował obie ręce swojej ulubionej pracownicy. Rosa delikatnie wycofała dłonie spoza zasięgu warg szefa, lekko zmieszana, bo nie przepadała za tego typu poufałością, ale niezbyt zaskoczona i nawet nierozgniewana zachowaniem dyrektora. Tłumaczyła to sobie wyjątkowo nerwową sytuacją. Doktor Krusche należał do grupy całkowicie nieinteresownych admiratorów jej urody. W swym uwielbieniu nigdy nie przekraczał granic przyzwoitości, zresztą traktował ją zwykle z iście ojcowskim uważaniem i troską. Poza tym, o czym Rosa przekonała się już nie raz, od pięknej buzi bardziej cenił jej zimną krew i pielęgniarskie umiejętności. Tyski szpitalik, jako niewielki i położony z dala od wojennych burz, nieczęsto stawał się areną poważnych medycznych zabiegów, jeśli już jednak pojawił się w nim pacjent, na którym należało wykonać operację, Helmut Krusche zawsze życzył sobie, by asystowała mu panna Widera. Przy stole zabiegowym tych dwoje działało jak świetnie zestrojona maszyna. Rozumieli się bez słów, pracując szybko, sprawnie, w najwyższym skupieniu i niemal całkowitej ciszy.

Tak było i tym razem. Dyrektor Krusche zwlekał, czekając właśnie na nią. Rosa błyskawicznie się więc umyła, przebrała, na moment zajrzała do pacjenta i łkającej przy jego łóżku własnej siostry, po czym z pomocą jednej z zakonnic przystąpiła do przygotowywania sali operacyjnej. Dezynfekując narzędzia chirurgiczne, karała się równocześnie w myślach za to, że pozwoliła Hildzie jechać do Oświęcimia zamiast siebie. Pan Rudolf był w naprawdę kiepskim stanie. Słaby, zmaltretowany, z silnie powiększoną, grożącą pęknięciem śledzioną, którą trzeba było natychmiast usunąć. Kto wie, czy przeżyje operację? Może gdyby od razu za obozową bramą dostał odpowiednią pomoc, miałby teraz większe szanse… Że też Rosa nie umiała postawić się ojcu i temu Gampigowi! Jeszcze się z nim na tańce umówiła. Z drugiej strony, śledziony nie da się zaopatrzyć bandażem, więc tak czy inaczej dla dawnego nauczyciela panien Widera nie było innej nadziei, jak tylko trafić w fachowe ręce chirurga…

Teoretycznie nie bardzo wymagająca procedura medyczna przeciągała się ponad miarę, jako że co i rusz pojawiały się nowe ogniska wewnętrznych podkrwawień. Nadgorliwy esesman naprawdę paskudnie potraktował tego, którego za pieniądze podjął się ocalić. Rutyna w okrucieństwie?

Cztery godziny przy operacyjnym stole, kolejne cztery spędzone na czuwaniu przy Zarębie. Wszyscy troje — dyrektor Krusche i obie panny Widera — byli wykończeni. Ranek zastał ich ledwie żywych z troski i niewyspania, w dodatku niepewnych powodzenia podjętych przez lekarsko-pielęgniarski duet zabiegów. Rudolf Zaręba wciąż pozostawał nieprzytomny, gorączkował, chociaż przed samym świtem temperatura nieco spadła. Dobry objaw. Wezwana do sąsiedniej sali, gdzie leżał pechowy lotnik, Rosa cicho wstała z krzesła, obrzuciła serdecznym spojrzeniem starającą się zmusić do czuwania siostrę, zerknęła też na pana Zarębę. Niewiele było widać spod warstwy bandaży, jakimi także ze względów bezpieczeństwa przysłoniła jego twarz. Cóż, przypadkowy odwiedzający nie powinien się dopatrzyć w zamazanych opuchlizną rysach niejakiego Pawła Wiśniaka podobieństwa do powszechnie znanego, byłego kierownika tyskiej szkoły powszechnej.

Uwolniwszy porucznika Jenikego z gipsu, Rosa wróciła do Zaręby, a właściwie do Hildy, którą stanowczo należało wygonić ze szpitala. Siostra miała zadzwonić do sklepu Stabika, by wziąć dzień wolnego, zajrzeć do ojca do Browaru, a na koniec solidnie się wyspać. Obie dziewczęta niepokoiły się, czy w nocnych ciemnościach tato wystarczająco dokładnie usunął ślady krwi, którymi ranny Rudolf Zaręba obficie naznaczył ciężarówkę. Ponaglana przez siostrę Hilda zgodnie z jej podpowiedzią skorzystała ze szpitalnego telefonu. Uzyskawszy jednodniowy urlop od obowiązków zawodowych, szybko się doprowadziła do jako takiego ładu i zbiegła na parter. Odchylając z podziwu godną siłą bądź co bądź ciężkie skrzydło szpitalnych drzwi, niemal trafiła nim w Willego Jenikego, stojącego przed budynkiem i próbującego zapalić papierosa. Lotnik, nie śpiesząc się widać nadmiernie z powrotem do zewnętrznego świata, w wejściu do tyskiej lecznicy bez większych sukcesów, ale za to uparcie siłował się z niesprawną zapalniczką.

— To znowu pan? — prychnęła na jego widok Hilda. — Naprawdę, powinien pan bardziej uważać. Mogłam znowu pana uderzyć!

— I uczynić tym samym kolejny zamach na zdolność bojową niemieckiej armii? Panno Hildo…

— Śpieszę się, poruczniku.

— Wiem, widzę. — Willi omiótł pełnym dezaprobaty spojrzeniem nieporządną postać Hildy. Włosy w nieładzie, twarz poszarzała, oczy zaczerwienione i ubranie… Bluzka wyłazi jej ze spódnicy, buty ma brudne, odzież zgniecioną, nieświeżą. Tamtego poranka Hilda Widera z pewnością nie prezentowała się najlepiej. W dodatku patrzyła tak, jakby gotowa była przepędzić dzielnego lotnika miotłą, grabiami bądź jakimkolwiek innym, wystarczająco nieprzyjemnym sprzętem. Obojętnie jakim, byle dalej. Poza zasięg własnego wzroku.

Mimo to Willi zaryzykował i chwycił ją za przedramię:

— Panno Hildo, chciałem panią przeprosić. Mój żart był nieśmieszny. Nie miałem zamiaru pani przestraszyć.

— Rozumiem, przeprosiny przyjęte, a teraz proszę… Proszę mnie puścić! — Dziewczyna wzdrygnęła się i wyrwała rękę, a potem, jakby zawstydzona własną dzikością, dodała tonem usprawiedliwienia: — Nie mam czasu, muszę iść. Żegnam pana!

— Aha! I chciałem jeszcze dodać, że ja się na panią wcale nie gniewam za to, że wjechała pani we mnie rowerem! Wręcz przeciwnie, jestem wdzięczny…

Za co wdzięczny był jej ten dziwny żołnierzyk, tego już Hilda nie usłyszała, zdążyła bowiem znacznie się oddalić od szpitala. Osamotniony Willi wzruszył ramionami i wsadził rękę w kieszeń. Wymacawszy tam porzuconą uprzednio wojskową zapalniczkę Zippo, raz jeszcze spróbował oddać się tytoniowemu nałogowi. Tym razem mechanizm zadziałał i ukazał się płomień, którym porucznik Jenike czym prędzej poczęstował swego papierosa. Wciągnąwszy w płuca solidną porcję smakowitego dymu, lotnik uniósł głowę, zmrużył zaskoczone ostrością porannego słońca oczy i spojrzał w dal. W głębi ulicy znikała nieco zbyt korpulentna kobieca postać. Szła szybko, lekko podskakując, jakby próbowała dodatkowo pogonić własne, nie dość żwawe członki. Już niemal skryła się za niewielkim łukiem drogi, gdy nagle stanęła, obróciła się i spojrzała w stronę szpitala. Willi pomachał jej i lekko skłonił głowę. Hilda zrobiła w tył zwrot i ruszyła dalej. Tym razem biegiem.

IX

Niestety, nawet gdyby biegła całą drogę, Hilda i tak dotarłaby zbyt późno na wyłożony elegancką brukową kostką dziedziniec firmy Fürstliche Brauerei A.G. In Tichau. Pilnujący bramy stary Zawada dobrze znał dzieci Joachima Widery, bez żadnych pytań wpuścił więc za bramę zdyszane dziewczę, które zamiast do budynku z piwnicą fermentacyjną, gdzie pracował jej ojciec, pobiegło czym prędzej ku parkingowi dla browarnianych ciężarówek. Z odległości swej strażniczej budki Ignac Zawada obserwował, jak dotarłszy na miejsce, Hilda bierze kilka głębokich wdechów, po czym skrada się ostrożnie od jednego do drugiego samochodu, zagląda pod plandekę, wycofuje się i idzie dalej. Wreszcie widać znajduje auto, którego szukała, bo wdrapuje się do wnętrza przedostatniej ciężarówki i pozostaje tam dosyć długo. Wszystko to wygląda co najmniej podejrzanie, ale Ignac nie zamierza nikogo informować o manewrach jednej z Achimowych bliźniaczek. Stary stróż nie ma w zwyczaju wtykania nosa w nie swoje sprawy. Oczywiście o ile nikt nie próbuje wynieść piwa z terenu Browaru! Hilda tego nie robi, zatem Zawada zostawia swoje obserwacje dla siebie. Ciekawi go co prawda powód, dla którego panna Widera okazuje zainteresowanie temu samemu samochodowi, którym wcześniej interesował się łysy jak kolano, za to wąsaty *Herr* Heidenreich, dyrektor handlowy browarów i szef tyskiego oddziału Narodowosocjalistycznej Ludowej Opieki Społecznej, ale… Czasy takie, że o ile nie zamierza się czerpać ze swojej wiedzy korzyści — a Ignac nie zamierza — to lepiej nic nie widzieć, niczego nie słyszeć i z nikim o tym nie gadać!

Skoro tak, to Zawada nie informuje ani *Herr Direktora* o tym, gdzie rano węszyła Hilda Widera, ani jej ojca o tym, że dokładnie w tym samym miejscu, tyle że ubiegłego wieczoru, kręcił się Hubert Heidenreich. Traf sprawił, że poprzedniego dnia dyrektor handlowy bardzo zasiedział się w pracy. Tak pochłonęła go zaległa papierkowa robota, że nawet nie zauważył, iż niebezpiecznie zbliżyła się pora kolacji. Spojrzawszy machinalnie na zegarek, uświadomił sobie, że jeszcze dziesięć minut i będzie spóźniony. Szanowna małżonka, *Frau* Helga Heidenreich, nie toleruje niepunktualności! Dyrektor jak oparzony wyskoczył ze swego kantorka, porzucił w nieładzie piętrzące się na biurku papiery, w pośpiechu zamknął na klucz drzwi biura, zbiegł po kilku schodkach w dół ceglanego budynku dyrekcji i już był na dziedzińcu. A tam…

Cofnął się odrobinę w cień klatki schodowej, widząc podjeżdżającą ciężarówkę. Któż to wraca z trasy o tej godzinie? Czyżby to Widera? Ten zawsze lekko zawiany typ pracujący przy fermentacji? Kto mu dał samochód? Gdzie nim jeździł? Heidenreich już-już miał podejść do Achima i zarzucić go gradem pytań, ale coś w zachowaniu pracownika Browaru kazało dyrektorowi handlowemu pozostać w ukryciu i obserwować. Oto wygramoliwszy się z szoferki, wyglądający zaskakująco trzeźwo Widera rozgląda się ostrożnie wokół, po czym uspokojony panującymi wokół ciszą i bezruchem, sięga po torbę, z której wystają... coś jakby... szmaty? Idzie na tył auta. Wchodzi na pakę. Jakiś czas tam pozostaje, ukryty przed wzrokiem obserwatora. Dyrektor nic więc nie widzi, słyszy jedynie pobrzękiwanie przesuwanych butelek. Wreszcie Widera na powrót wychyla się zza materiału plandeki, znów się rozgląda i zeskakuje na dziedziniec. Przewiesza przez ramię swoją torbę, głęboko wciska ręce w kieszenie i spuściwszy głowę, wyraźnie zmęczonym krokiem rusza w stronę bramy zakładu.

Herr Heidenreich zapomina o czekającej z kolacją żonie. Wraca na górę i z szuflady biurka zabiera latarkę. Zagląda pod plandekę tego samego samochodu, który przed chwilą opuścił Achim. Wciąga głęboko powietrze. W ciężarówce czuć piwem — to oczywista — ale także... Czyżby to słodkawy, nieco metaliczny zapach krwi przebijał się spod silnego aromatu użytego tu przed chwilą spirytusu? Dyrektor przyświeca sobie latarką, przesuwając z miejsca na miejsce kolejne kontenery z pustymi butelkami. Szuka plam. Wszystko z pozoru wygląda czysto, ślady domniemanej zbrodni dokładnie usunięto, Heidenreich zgrzyta więc ze złości zębami i sam sobie wręcza w myślach naganę za głupotę, nie dość zdecydowaną reakcję i dodatkowo spóźnienie na wieczorny posiłek. Zdenerwowany kopie ostatni pojemnik ze szkłem i aż wydaje z siebie głośne, pełne satysfakcji: „Ha!". Ha! Tu cię mam, bratku!

Drogę kopniętego kontenera znaczy ciemnawa smużka. Hubert Heidenreich zamacza w niej palec. Przemógłszy obrzydzenie, wysuwa język. Kosztuje. Krew, na pewno krew! Na twarz *Herr Direktora* wypływa szeroki uśmiech. Jego dobrego humoru nie gaszą nawet pretensje Helgi. Hubert pobłażliwie i bez zdenerwowania wysłuchuje utyskiwań żony. Zachowując stoicki spokój, wyraża żal, że oto przez niego przypalono wyborną wieprzową pieczeń, wygotowano wodę spod kartofli, a kapusta? Kapusty wcale nie da się zjeść! *Herr* Heidenreich idzie więc tego wieczoru spać z niedopieszczonym podniebieniem, ale i tak całkiem szczęśliwy. Wreszcie! Nareszcie udało mu się wyśledzić spisek tych podstępnych *die Schlesier!* Tych pseudo-Niemców! Tych zakamuflowanych Polaków! Rano pogada o tym z Ottonem Gampigiem. *Leiter* Gampig ma dosyć zapału i młodzieńczej energii, by pociągnąć temat dalej.

Następnego dnia dokładnie w chwili, gdy przerażona Hilda na gwałt próbowała usunąć z browarnianej ciężarówki resztki krwi, *Herr* Heidenreich pukał do pokoju kierownika szkoły. Siedzący za rozległym biurkiem, które specjalnie kazał sprowadzić dla siebie z rodzinnego Monachium, Otto Gampig zaprosił interesanta do środka krótkim: „Wejść!". Dyrektor w tyskim Browarze zastał go obracającego w dłoniach urzędową kopertę. Dosłownie przed paroma minutami przyniesiono list z Auschwitz, w którym suchymi, pozbawionymi zbędnych ozdobników słowami zawiadamiano o śmierci niejakiego

Rudolfa Zaręby, poprzednika Ottona na kierowniczym stanowisku. Gampig z niechęcią spojrzał na przybyłego. Raz, że łysy *Direktor* przeszkodził mu w układaniu przemówienia, jakie w związku ze zgonem Zaręby zamierzał wygłosić przed uczniami; dwa, że Otto nie znosił tego sensacjonisty Heidenreicha, który w kółko tylko węszył i odkrywał spiski wyłącznie tam, gdzie ich nie było, pozostając kompletnie ślepym na zdarzenia naprawdę wymagające zbadania. Nie spodziewając się większych rewelacji, Otto słuchał więc swego podekscytowanego gościa wyjątkowo nieuważnie i obojętnie. Symulując pocieranie świeżo ogolonego podbródka wielką dłonią, młody *Leiter* starał się dyskretnie zamaskować ziewanie. „Browar, ciężarówka, polscy bandyci, wrogowie narodu… Widera". Widera?!

— *Herr* Heidenreich, czy byłby pan z łaski swojej tak uprzejmy i powtórzył ostatnie zdanie?

— Czy pan jest głuchy, Gampig? Mówię przecież wyraźnie: z niewiadomych przyczyn tamtą podejrzaną ciężarówkę prowadził wczoraj Widera.

— Nie tym tonem, Heidenreich! Nie tym tonem! — warknął ostrzegawczo Gampig, po czym, jakby nigdy nic, kolejnym swym słowom nadał ponownie pozór przesłodzonej uprzejmości. — Co pan znalazł w naczepie, panie dyrektorze handlowy?

— Krew! Niewiele, bo większość Widera zdążył wytrzeć, ale…

— Czy sprawdził pan, jakie było przeznaczenie transportu piwa?

— Tak jest. Obóz w Auschwitz, *Herr Leiter*.

— Obóz w Auschwitz… — Otto wyraźnie się zamyślił, spoglądając przy tym na trzymaną wciąż w ręku kopertę. — Dobrze, Heidenreich. W imieniu partii i narodu dziękuję panu za czujność i obywatelską postawę godną prawdziwego Niemca! — Tu Gampig wstał, wyszedł zza biurka i gestem zasugerował, że to już koniec wizyty.

— Zaraz, zaraz. Panie Gampig, chciałbym mieć pewność, że coś z tym zrobimy!

— Zrobimy, naturalnie, że zrobimy. Ja zrobię. W odpowiednim czasie, rzecz jasna. Przyjrzę się sprawie bardzo uważnie, obiecuję panu. A pana — rzekł Otto, otwierając szeroko drzwi przed nieco skonfundowanym dyrektorem handlowym — pana proszę o najwyższą dyskrecję i niepodejmowanie żadnych działań bez mojej wiedzy.

— Ale…

— Pod groźbą poważnych konsekwencji, Heidenreich!

Zamiast pożegnania młody Gampig pogroził swemu niemal dwa razy starszemu rozmówcy palcem, demonstrując mu przy tym w uśmiechu komplet zdrowych zębów. Niby więc żartował, ale Hubert Heidenreich dobrze wiedział, że powinien natychmiast przestać interesować się Joachimem Widerą. Co też jako człowiek rozsądny uczynił.

X

„Czy ten idiota Jarosz znowu zasnął?" — Poirytowany do granic możliwości Gampig tak mocno nacisnął trzymaną w ręku kredę, że ta w końcu ukruszyła się o tablicę, na której nauczyciel przeprowadzał skomplikowane matematyczne obliczenia. Skomplikowane, dodajmy, tak dla uczniów, jak i dla niego samego. Oj, nie lubił się Otto z rachunkami! Oj nie... W dodatku tego dnia godziny lekcyjne wydawały mu się jeszcze dłuższe niż zawsze, jako że głową był już w położonym po sąsiedzku budynku szpitala.

Wreszcie, ku zadowoleniu wszystkich zgromadzonych w szkole, woźny Jarosz ocknął się i wprawił w ruch mosiężny dzwonek. Głośne „dzyń-dzyń-dzyń" rozległo się wokół, oznajmiając koniec zajęć. Dzieciarnia zareagowała nadspodziewanie spokojnie. Po wymęczonej panującym od wielu dni gorącem i solidnie wynudzonej bandzie smarkaczy można by oczekiwać nagłego zerwania się z ławek i dzikiego pędu ku drzwiom wyjściowym. Tymczasem uczniowie Gampiga wstawali cicho, nader ostrożnie, tak by przypadkiem nie potrącić krzesła czy ławki, skrupulatnie pakowali tornistry, po kolei stawali na baczność przed *Herr Leiterem*, pozdrawiając go gestem wyciągniętej w górę ręki i dopiero po dostrzeżeniu aprobaty w jego wzroku odchodzili. Otto uśmiechnął się do siebie pod nosem. Proszę, jak wytresował tę chaotyczną bandę małych Polaczków! Wyznawał pogląd, że każdy, nawet najbardziej zniemczony Ślązak hoduje w sobie Słowianina, który wylezie na wierzch natychmiast, gdy mu się na to pozwoli. Tak jak teraz. Donośny śmiech, nawoływania i docinki upewniły Ottona, że tyska dzieciarnia, opuściwszy mury szkolnego budynku, poczuła się wolna od jego kurateli. Wyjątkowo wcale go to nie zirytowało, wręcz przeciwnie, był zadowolony, mogąc wreszcie zrealizować swój plan.

Kiwnąwszy niedbale ręką Jaroszowi, Gampig skierował kroki w stronę szpitala. Było mu gorąco w wysokich butach, krawacie i przepisowo zapiętym mundurze członka NSDAP, z ulgą przekroczył więc progi medycznego przybytku. Budynek szpitala miał grube ściany, co czyniło jego wnętrze odpornym na panujące na zewnątrz temperatury. Nie rozglądając się zanadto wokół, Otto szybko wspiął się na pierwsze piętro. Tam z niesionej pod pachą teczki wyjął pistolet parabellum. Sprawdziwszy stan broni, rozejrzał się wokół, po czym zajrzał do pierwszej sali chorych. Rezydowała w niej jedna pacjentka. Na widok Gampiga Marta Hachuła zbladła, wstała z łóżka, wydała z siebie bliżej nieokreślony dźwięk i tyłem wycofała się pod okno. Potrąciła nogą przystawiony do niego taboret, wywołując hałas. Otto ostrzegawczo wymierzył do niej z pistoletu, czym wprawił kobietę w nerwowe drgawki, i kładąc palec na usta, nakazał jej być cicho, a po chwili ruszył dalej.

Druga sala chorych była pusta. W trzeciej *Leiter* Gampig zastał milczącą siostrę z zakonu elżbietanek, pochylającą się troskliwie nad szczelnie owiniętym bandażami chorym. Ponaglona zakonnica pokornie wyszła, Otto nie miał jednak wątpliwości, dokąd się udała. Zyskał więc zaledwie kilka chwil, zanim to babsko wróci w towarzystwie Kruschego!

 Otto Gampig miał szczęście. Siostra Kryspina co prawda faktycznie natychmiast ruszyła na poszukiwania doktora, ale spotkało ją rozczarowanie, ponieważ okazało się, że wymęczony całonocnym czuwaniem medyk poszedł do domu, by zażyć kilkugodzinnej drzemki. Rosy Widery, o której Kryspina wiedziała, że łączy ją coś z tym młodym nazistowskim działaczem, także już w szpitalu nie było. Z tych samych powodów co doktor Krusche córka Achima i Waleski wyszła tego dnia wcześniej. Nie wiedząc, do kogo jeszcze mogłaby się zwrócić, zakonnica nie uczyniła nic i z nikim nie podzieliła się swoim kłopotem, więc wizyta, jaką niemiecki kierownik tyskiej szkoły złożył swemu polskiemu poprzednikowi, miała pozostać tajemnicą zarówno dla Rosy, jak i jej szefa.

 Nieświadom komfortu swej sytuacji, Otto postanowił działać szybko. Bez ceregieli przyłożył więc lufę parabellum do miejsca, gdzie, jak mniemał, znajdowała się skroń mumiopodobnego człowieka. Chory był przytomny, zatem Gampig zadał mu proste, konkretne pytanie:

 — Nazwisko?!

 Spomiędzy bandaży dobyły się jedynie niewyraźne świsty. Gdy *Leiter* mocniej się pochylił, usłyszał wypowiadane z trudem niemieckie liczebniki:

— Eins… Fünf… Acht…
Ottona nie interesowały obozowe numery leżącego.

— Nazwisko! — powtórzył gniewnie, a gdy ranny nie reagował, nadal wymieniając tylko kolejne cyfry, ścisnął go mocno za bok, odbezpieczając równocześnie trzymany w drugiej ręce pistolet. Jęczącemu z bólu przesylabizował raz jeszcze swoje pytanie — Naz-wis-ko.

— Zaręęęęęba. Rudolf Zaręba — wycharczał torturowany.

Widząc zbierającą się pod grubym opatrunkiem krew, Gampig z obrzydzeniem wycofał dłoń uciskającą dotąd lewą stronę tułowia niechętnego rozmówcy.

— Otto Gampig. Bardzo miło mi było poznać szanownego poprzednika. Kłaniam się.

Leiter był niezwykle zadowolony z efektów swojej małej akcji. Najpierw zdobył papiery obciążające starego Widerę, a teraz to! Nieboszczyk, którego w cudowny sposób ożywiło tyskie piwo serwowane przez… kogóż by innego, jak nie Joachima Widerę we własnej osobie! Kocha go czy nie kocha, prześliczna Rosa nie oprze się sile jego argumentów. Wychodząc ze szpitala, Otto skręcił nie w lewo, w stronę szkoły, lecz w prawo, do dworca. Zamierzał dziś jeszcze udać się do katowickiego jubilera, by wybrać zaręczynowy pierścionek, który wypatrzył już jakiś czas temu. Wcześniej się jednak wahał — warto wydawać niemałe w końcu pieniądze bez pewności, czy panna powie „tak"? Cóż, dzisiaj jego szanse znacząco wzrosły…

*

Odczekawszy, aż znienawidzony prześladowca zniknie z pola widzenia, Marta Hachuła wślizgnęła się do sali, z której przed chwilą wyszedł Gampig. Pochyliła się nad chorym. Ciężko oddychał. Hachułowa dotknęła przesiąkniętego krwią bandaża, potem z matczyną niemal troską pogłaskała rannego po głowie.

— Wszystko będzie dobrze, zaraz przyprowadzę pielęgniarkę. To pan, panie Zaręba?

Mężczyzna w bandażach obrócił nieznacznie głowę w tę stronę łóżka, po której stała Marta, i kiwnął nią ledwo dostrzegalnie.

— Czyli jednak. Wyciągnęli pana! A Staszka nie… Jestem Marta Hachuła. W tym samym dniu, w którym przyjechali po pana, zabrali do Auschwitz mojego męża. Nie spotkał go pan tam gdzie?

Znowu słabiutki ruch głową. Tym razem przeczący.

— Szkoda. Miałam nadzieję… Już, już idę po siostrę — dodała, widząc, iż chory zaczyna być niespokojny. Oddychał z coraz większym trudem i rzucał jej błagalne spojrzenia spod bandaży.

— A Staszka stary Widera zostawił… Zostawił go tam… Mojego Staszka… — mamrotała do siebie Marta, idąc ku dyżurce siostrzyczek.

XI

Donośne pukanie oderwało Karolinę Botor od maszyny. Odkąd jeszcze w latach trzydziestych w murckowskiej kopalni tragicznie zginął jej mąż, świętej pamięci Franciszek, Karolina dorabiała szyciem do skromnej renty po nim. Radziła sobie z tym wcale sprawnie, skoro samiusieńkiej udało jej się wykierować na ludzi czworo dzieci. Dobrze wydała za mąż i wysłała w świat trzy córki, dorosłego syna udało jej się szczęśliwie ochronić przed wojskiem i załatwić mu posadę gajowego w jednej z pszczyńskich leśniczówek. O ich przyszłość, mimo niepewnych przecież wojennych czasów, była w miarę spokojna. Cóż złego może spotkać w Breslau jej Ingę, żonę urzędnika w magistracie? Albo Joannę, która za swym małżonkiem wywędrowała nawet dalej, bo do samej Ameryki? Czy mieszkającą niedaleko, bo w Starym Bieruniu, Ankę, rolniczkę z powołania, szczęśliwą na teściowych hektarach? No, jej ślubnemu to akurat nie udało się wywinąć od służby w Wehrmachcie, więc gdy on walczył w Grecji, Anula zmuszona była uprawiać ziemię i hodować żywiznę sama, jedynie z pomocą rodziców swego chopa, ale radziła sobie z tymi zadaniami tak sprawnie jak jej matka z szyciem. W efekcie w domu Karoliny nigdy nie brakowało chleba ani mleka. Mięsa dzikich zwierząt okazyjnie dostarczał matce pierworodny Paweł, a ryb z okolicznych stawów najmłodszy Józek. Jedyne dziecko, o które życiowo zaradna wdowa Botor naprawdę się martwiła.

Karolina patrzyła na swego ukochanego syneczka i za każdym razem jej czułe matczyne serce ściskała zimna ręka strachu. Nie wiedzieć właściwie czemu, bo Józek zapowiadał się przecież dobrze. Jak na te swoje szesnaście lat był rosły i silny po ojcu, a po niej przystojny. „Blondyn, długa czaszka, od razu widać, że stuprocentowy nordyk. Czysty rasowo! Czeka go świetlana przyszłość w szeregach SS!" Może to słowa *Herr* Hillera, miejscowego szefa Hitlerjugend, tak niepokoiły Karolinę? Bo przecież nie sam Józek — rozsądny, poukładany i nad wiek odpowiedzialny. Choć nie musiał, bo matka tego nie wymagała, najął się jako pomocnik u stolarza Kwaśnioka, gdzie uczył się zawodu i co nieco nawet zarabiał, wspomagając trochę domowy budżet. Co prawda bez wielkiej ochoty, ale za to karnie realizował każde zadanie, jakie przed młodzieżą Rzeszy stawiała niemiecka władza. Sumiennie służył do mszy. O ile Karolinie było wiadomo, nie mieszał się w żadne podejrzane ani niebezpieczne sprawy, chociaż fakt, spędzał sporo czasu z Berkiem od Sroków, no ale w końcu — rodzina. Siódma woda po kisielu, jednak zawsze rodzina…

— Eh… — westchnęła na głos Botorowa i podniosła się ze stołka, by otworzyć niecierpliwemu gościowi, który trzeci już chyba raz zapukał do drzwi.

— Szczyńść Boże. Nazywam się Wilhelm Jenike, jestem…

— Wszelki duch Pana Boga chwali! Syn Fridy! Wchodź, chłopcze! Prędko, bo przeciąg!

Energicznie zagarnięty za próg mieszkania Willi natychmiast utonął w solidnym uścisku ramion ciotki. Okazana mu serdeczność była tak wielka, że musiał gwałtownie wciągnąć powietrze, by nie krzyknąć z bólu. Nie uszło to uwadze gospodyni:

— Co ci Willuś? Jesteś ranny albo…

— Już nie, już dobrze, ale prawda, że miałem wypadek. Zderzyłem się z rowerem.

— Aaa! — krzyknęła Karolina. — Więc to ty! Józek mi coś wspominał, że córka starego Widery wjechała na niemieckiego lotnika, ale nie przyszło mi do głowy, że to o ciebie chodzi. Zresztą, matka Ślązaczka, ojciec Austriak, jaki tam z ciebie Niemiec! Byłeś u nas w szpitalu?

Zaskoczony donośnością dźwięków, jakie z prędkością karabinu maszynowego wydawała z siebie siostra matki, Willi postanowił dla zachowania równowagi odzywać się jak najmniej, kiwnął więc tylko głową, że tak, leżał w tyskim szpitalu. Miał nadzieję, że jego słowna powściągliwość podziała na ciotkę wyciszająco. Całkowicie się pomylił.

— Ile cię tam ten Krusche trzymał? Prawie trzy tygodnie? I nic nie dałeś znać? Nie posłałeś po mnie? Mogłeś poprosić Rosę… Poznałeś Rosę? To siostra Hildy, pielęgniarka, musiałeś ją spotkać! Spotkałeś? I co? Gryfno frelka, ja? A ty, Willuś, to w ogóle godasz po naszemu? Frida cię uczyła? O to fajno, zawsze dobrze znać mowę łojców. Matek. No dobra, ale nie migaj mi się tutaj, tylko powiedz wreszcie, czemuś nic nie dał znać ze szpitala? Pewno cię tam kiepsko karmili, co? A ja bym ci zupy nagotowała, klusek, przy niedzieli to nawet mięso by się trafiło. Józek by ci rybkę upiekł. Taki z ciebie chudzina, choć niby porucznik, kto to widział! No i twoja matka. Pisałeś do niej?

— Nie.

— To ja już, zaraz, gdzie mam papier… List wyślemy, że szczęśliwie dojechałeś…

— Wolałbym nie informować matki, że tu jestem.

Na te słowa zatrzymał się wreszcie potok ciocinej wymowy. Karolina siedziała przy stole naprzeciw swego siostrzeńca i patrzyła na niego w milczeniu, szybko mrugając. Wobec przeciągającej się niezręcznie ciszy Willi poczuł się w obowiązku kontynuować i od razu uczciwie wyłożyć karty na stół:

— Mama nie ma pojęcia, że byłem ranny ani że mam urlop, ani że nie zamierzam wracać do wojska.

— Jak to, co ty mówisz, synek?!

— No… lepiej, żeby mama nie wiedziała, gdzie mnie szukać, skoro będę musiał się ukrywać.

— Ty się chcesz tutaj u mnie przed armią chować, Willi?

— Właśnie… Przykro mi, że się poznajemy w takich okolicznościach, ale… przyjechałem, bo chciałem prosić ciotkę o pomoc. Mama zawsze powtarza, że ciotka jest mądra kobieta, że zaradna… Pomyślałem, że może i mnie coś ciocia poradzi. Do domu nie mogę jechać, bo mnie ojciec wygnał. Wszyscy bracia zginęli, zostałem sam i nie mam nikogo innego, do kogo mógłbym pójść, ale jeśli nie da rady, to trudno.

Zabiorę się precz, tylko proszę, żeby ta rozmowa została między nami. Jak to w rodzinie.

Willi Jenike już-już miał podnieść się z krzesła i faktycznie pójść precz, ale go Botorowa zatrzymała niecierpliwym gestem.

— Daj pomyśleć, Willuś, daj pomyśleć. Pewno, że nie wyrzucę za drzwi ostatniego syna mojej Fridy, i pewnie, że spróbuję ci pomóc, tylko muszę się zastanowić co i jak. Ile masz jeszcze urlopu?

— Trochę ponad dwa tygodnie. No, prawie trzy.

— To na ten czas zostaniesz tutaj, a potem się zobaczy.

Ciotka wstała, wzięła się pod boki i pokręciła głową:

— Ej, mężczyźni. Najpierw się wyrywacie z domu na wojnę, a potem wracacie z podkulonym ogonem i tylko „babo, ratuj!". Mój świętej pamięci Franciszek to samo. Wpierw ze śpiewem na ustach szedł się bić za Kajzera, a jak przyszedł nazod, to ino płakał, bo mu wspomnienia spać nie dawały. Ty też kiepsko sypiasz, co? Takie masz oczy podkrążone… A może byś co zjadł? Mam świeży chleb, to ci nakroję z serem, a ty opowiadaj mi o matce, bo dawno nie pisała, o tym nicponiu twoim ojcu i o braciach. Że nie żyją biedaki, to wiem, ale mało, bo przez tę pieruńską cenzurę to w liście niewiele można napisać…

Karolina szykowała posiłek, a Willi jadł i opowiadał. Potem ona wróciła do szycia, a on usiadł w rogu, tuż obok kuchennego pieca z kotem na kolanach i głaszcząc błogo mruczące stworzenie, ciekawie i ze wzruszeniem, któremu sam się dziwił, dyskretnie przyglądał się wnętrzu i samej ciotce. Mieszkanie, do którego trafił, było spore jak na warunki tutejszych kamienic, bo aż trzyizbowe. Położone na pierwszym piętrze kilkurodzinnego domu, dysponowało *Wasserklosettem* na korytarzu i bieżącą wodą w kuchennym kranie. Willi był zaskoczony, bo słyszał, że tu, na wschodzie Rzeszy bywa z tym różnie... Druga niespodzianka to wystrój kuchnio-jadalnio-pracowni krawieckiej, w której przebywali we trójkę: on, ciotka i przymilny ponad zwykłą miarę kot. Kotka, jak wyjaśniła mu Karolina. Niby to czarny od węgla Śląsk, a jednak w pomieszczeniu dominowały jasne kolory, dające poczucie świeżości, wręcz sterylności wnętrza. Podłoga z rozbielonych sosnowych desek, pomalowane na biało i zdobione delikatnie błękitnym wzorkiem ściany, kremowy stół, krzesła, kredens i szafeczki dźwigające białą zastawę. Białe kafle kuchennego pieca, biały obrus na stole, białe *gardiny* w oknach... Białe makatki, wyszywane niebieską nitką w scenki rodzajowe i ludowe mądrości: *Miłość i zgoda — domu ozdoba*; *Soli i chleba w kuchni potrzeba*; *Myj się zimną wodą, będziesz piękną i młodą*. „Jak u matki" — pomyślał Willi i poczuł pod powiekami podejrzaną, całkiem niemęską wilgoć. By ją przepędzić, skupił się na moment na łaszącej się kotce, jedynym smoliście czarnym akcencie kuchennego obrazka. Pozwolił rozbawionemu stworzeniu przypuścić kilka ataków na swoje ręce i odpowiedział, łaskocząc podeszwy kocich łapek. Zapanowawszy w ten sposób nad tęsknotą, skierował uwagę na pogrążoną w pracy gospodynię.

    Karolina Botor była i zarazem nie była podobna do siostry. W rysach twarzy widać rodzinne podobieństwo — ten sam nos, zarys podbródka, kształt ust, ale chyba tylko tyle. W przeciwieństwie do ciotki Karoliny matka Willego to kobietka niziutka i drobna. Nawet przy swoim najmłodszym synu, który bynajmniej do olbrzymów nie należy, wygląda niemal jak dziewczynka. Ani trochę nie znać po niej, że siłami natury wydała na świat siedmioro dzieci, z czego dwie córki niestety zmarły od chorób we wczesnym dzieciństwie, czterech synów zaś w dorosłości. Od wojny. I to ten smutek, te dolegliwości życia, dramat matki, ale i ciężki los żony Ottokara Jenikego, pieniacza i pijaka, mocno widać po Fridzie. Chodzi ona zwykle, ostrożnie stawiając stopy, skulona i ponad potrzebę pochylona, jakby jakaś niewidzialna ręka na trwale przycisnęła ją do ziemi. Spogląda nieśmiało, w reakcji na każdy głośniejszy odgłos trwożnie rozglądając się dokoła. Sama wydaje z siebie niewiele dźwięków. Mówi powoli, cicho i oszczędnie, płacze sporo, ale też bez głosu i tylko wtedy, gdy myśli, że nikt jej nie widzi. Właściwie wcale się nie śmieje i całą sobą mówi światu: „przepraszam, że jeszcze tu jestem". Tak, pokorna wobec okoliczności i losu Frida jest całkowitym zaprzeczeniem triumfująco matriarchalnej Karoliny. Wdowa Botor to już na pierwszy rzut oka kobieta, która nie da sobie w kaszę dmuchać. Żywotna, ruchliwa, głośna, ze skłonnością do gadulstwa. Szybko myśli, mówi może nawet szybciej, czego Willi zdążył doświadczyć już przy samym powitaniu. Wkrótce miał się przekonać, że wszystko, czego dobrego dowiedział się o ciotce od matki, było prawdą. Karolina Botor ma łeb na karku, a dla rodziny gotowa jest działać nawet wbrew swemu sumieniu i zasadom bezpieczeństwa. Czy to afiszując się z przyjaznymi uczuciami wobec to tej, to innej klientki, żony nazistowskiego dygnitarza, której wstawiennictwo pozwoliło przywdziać pierworodnemu synowi krawcowej Botor mundur gajowego zamiast munduru szeregowca Wehrmachtu, czy to polecając temuż samemu synowi opiekę nad świeżo poznanym kuzynem, który z bliżej niewyjaśnionych przyczyn postanowił porzucić karierę wojskowego lotnika i zostać pacyfistą…

Z tego, że dalej walczyć nie pozwalają mu senne szeregi ginących z jego ręki czerwonoarmistek o dziwnie znajomych twarzach, Willi Jenike nie był w stanie zwierzyć się ani ciotce, ani Pawłowi, ani nawet Józkowi, choć temu ostatniemu może powiedziałby najprędzej… Cóż, nim się zdecydował, znalazł kogoś innego, komu zdradził swój mały sekret…

Józek, którego akurat majster Kwaśniok puścił przed fajrantem, wrócił do domu wczesnym popołudniem. Zamiast jak zawsze już od progu zaatakować miskę z zupą, młodszy Botor musiał wsiąść na rower i pognać po starszego — Pawła, tego dnia nadzorującego zwózkę drewna z pszczyńskich lasów do tartaku w Wilkowyjach. Wezwany przez matkę, Paweł Botor załadował na otwartą pakę służbowej ciężarówki Józka i jego pojazd, szybko podpisał kierownikowi tartaku stosowne dokumenty i pojechał do Tychów. Nakarmieni przez Karolinę bracia usiedli do rodzinnej narady z nowo poznanym kuzynem. Wspólnie ustalili, co następuje: kolejne dni do końca legalnego urlopu od wojska, jakie zostały Willemu Jenikemu, spędzi on w domu ciotki w centrum Tychów. Następnie, odprowadzony przez teatralnie głośno płaczącą Karolinę, wsiądzie w pociąg jadący w kierunku frontu. Wyskoczy z niego za Katowicami, gdzie w umówionym miejscu odbierze go Paweł i odwiezie z powrotem — do siebie, do leśniczówki skrytej w ustronnej części tutejszej puszczy, gęsto porastającej tereny między Tychami a Pszczyną. Paweł jest póki co kawalerem, na placówce mieszka sam, toteż przez jakiś czas może przechować zbiega. Przynajmniej będzie miał towarzystwo na tym odludziu, a nie tylko sarny i dziki… Co dalej? Dalej się zobaczy, a na razie — tyle na ten temat. Teraz trzeba by pomyśleć, jak tu umilić krewniakowi najbliższe kilka dni. Pod tym względem na Pawła liczyć raczej nie można, bo starszy Botor naturę ma mało rozrywkową, od ludzi woli drzewa i zwierzęta, ale młodszy…

— Józek, co tam ciekawego będzie się u nas w najbliższym czasie działo?

— A nic, mama. Tylko w sobotę są tańce w restauracji przy Stadionie.

— Tańce, powiadasz, karlusie? A nie jesteś ty za smarkaty na tańce, Józek?

— Mamulko! Mnie hitlery chcą za niedługo do kompanii honorowej brać, a mama mówi, że ja jestem za smarkaty na zabawę?

— Oni i ta ich honorowa kompania… Honorowa, widziałeś ich, podciepów! Takie to honorowe, a leją baby w ciąży. Ty słyszałeś, Paweł, co się stało Hachułowej?

— Taaa, Strzelecki coś mi mówił.

— Czy to przypadkiem nie ona leżała w sali obok? Młoda, smutna kobieta… — wtrącił się Willi.

— Marta Hachuła. Męża jej wzięli do Auschwitz, a ją pobili. Była w ciąży, poroniła. Biedna dzioucha. Sama została.

— Sroki ją do siebie zabiorą podobno — dodał Józek.

— Dobrzy ludzie. Nierozsądnie robią, że tego Berka krócej nie trzymają, ale… Nie moja rzecz, póki ty, Józek, trzymasz się z dala od jego sprawek.

Tu ciotka groźnie pokiwała palcem w stronę swego młodszego syna, na co ten — wysoki, szeroko rozrośnięty w ramionach młodziak — aż się skurczył w sobie, jakby go brzuch rozbolał, głowę spuścił i wymruczał coś jakby: „Tak, mamo".

— No, dobrze. Willuś, chcesz się w sobotę trochę rozerwać? Dobrego piwa napić, z dziewuchami potańcować?

— Pewnie! — Willi aż się zaśmiał na taką propozycję.

— Tylko żadnej nie zbałamuć, bo będziesz miał ze mną do czynienia… — rzekła ciotka na pół żartobliwie, na pół groźnie. — Dobrze. To cię Józek zabierze, a na razie… Józek! Józek, gdzie lecisz znowu?

— Muszę, mamo. Na śmierć zapomniałem, a przecież majster mnie dziś specjalnie wcześniej puścił… — odezwał się młody Botor już z przedpokoju, gdzie pośpiesznie wciągał buty, spoglądając niespokojnie na zawieszony koło kuchennego okna zegar.

— Do hitlerów lecisz czy do kościoła, synek?

— Do hitlerów. Mamy pomagać któremuś gospodarzowi w polu. Będą to kręcić filmowcy aż z Wrocławia. To lecę, mamo! Zostańcie z Bogiem! — krzyknął na ostatek Józek i zatrzasnął za sobą drzwi.

XII

— Nie gorąco ci w mundurze?
— Gorąco, ale z moim wzrostem… Komuś z twoją prezencją, smarku, łatwo jest podrywać dziewuchy. Ja się muszę wspierać autorytetem Luftwaffe. — Willi mrugnął i po bratersku strzelił Józka w potylicę z otwartej dłoni.
— Iiiii, ja tam za tańcami nie przepadam. Nogi mi się plączą. Wolę…
— Pić i palić, jak matka nie widzi? To jest dobre! O, skocz jeszcze do baru po dwa piwka, co? Ja stawiam!
— Dobra, to biegnę, będziesz tutaj?
— Możliwe, że wyjdę się przewietrzyć. Wtedy szukaj mnie koło basenu! — krzyknął Willi za oddalającym się Józkiem.

Sam też wstał, przeciągnął się mocno, aż chrupnęło i przeszedł z pierwszej sali do drugiej. Dopiero wtedy poczuł, że zdecydowanie dość się już dziś poruszał i chyba także dość wypił. Odkąd zawitał tego wieczoru do stadionowej restauracji, zdążył obtańcować większość co ładniejszych panien, a tych było całkiem sporo, bowiem wieczorki taneczne w tyskim ośrodku sportu jak magnes przyciągały młodzież nie tylko z miasta, ale i okolicy. Wybudowany zaledwie kilka lat przed wojną Stadion, duma tyszan, mieścił się tuż obok dworca kolejowego, dotarcie do niego nie stanowiło więc problemu dla dziewcząt i kawalerów szukających rozrywki, odpoczynku i bardziej lub mniej przelotnego romansu. Pośród licznie przybyłych na zabawę bezbarwnych cywilów, nudnych partyjniaków w burych barwach SA oraz urlopowanych szeregowców Wehrmachtu Willi Jenike, jedyny porucznik Luftwaffe, zdecydowanie się wyróżniał. Budził zainteresowanie nie tylko z racji zawadiackiej elegancji galowego munduru. Umiejętności taneczne, zabójczy uśmiech, jakim chętnie obdarowywał to tę, to inną pannę, oraz aura podniebnego bohatera niezwykle ułatwiały mu sprawę. Nie tylko jeśli chodzi o znalezienie partnerki na parkiet. Był w pełni świadom, że gdyby tylko zechciał, mógłby zakończyć ten wieczór miłym sam na sam z którąś z tych poalkoholowo zamglonych Ślązaczek. Na łonie natury, pod dobrotliwym, bezpruderyjnym okiem gwiazd… Mógłby i nawet był taki moment, w którym poważnie rozważał, czy nie namówić na to jednej chichoczącej Marysieńki, jak przedstawiło mu się teatralnie głośnym szeptem dziewczę, ale szybko z tego pomysłu zrezygnował. Wcale nie dlatego, że przestraszył się gróźb ciotki Karoliny. Bynajmniej! Po prostu w pewnym momencie dostrzegł w oddali pielęgniarkę Rosę Widerę w towarzystwie siostry i wysokiego, ponurego typa w mało twarzowym partyjnym mundurze. Zagadnięty o nowo przybyłego sąsiad ze stolika obok wyjaśnił Willemu, że jest to Otto Gampig, monachijczyk, nauczyciel z miejscowej szkoły i ważna persona w tutejszej NSDAP.

Prywatnie... starający się, podobno już nawet narzeczony tej pielęgniarki.

Narzeczony Rosy? Zatem była zajęta... No tak, właściwie z jakiego powodu miałoby być inaczej? Czego się spodziewał? Że Widerzanka całe swoje życie czekała tylko na niego, Wilhelma Jenikego? Że ten wieczór stanie się dla nich obojga pięknym początkiem... Początkiem czego, skoro przed Willim nie ma właściwie żadnej przyszłości? Skoro młody lotnik ma do wyboru: zginąć w walce jako bohater Rzeszy albo dać się rozstrzelać plutonowi egzekucyjnego jako zdrajca i dezerter? Tak, bawiąc się, tańcząc, pijąc i śniąc na jawie swój nierealny sen o nadobnej Rosie, Willi Jenike w gruncie rzeczy wiedział przecież, że to wszystko — młodość, życie, miłość i wielkie plany — to wszystko już nie dla niego. Że pośród tego rozbawionego tłumu jest obcym przybyszem z całkiem innego świata, w którym kobiety się nie śmieją, tylko krzyczą przerażone albo martwe milczą już na zawsze. W jego rzeczywistości mężczyźni owszem, piją, dowcipkują, czasem nawet tańczą i śpiewają, ale potem wstają, ładują broń i idą zabijać albo sami dają się zabić. W świecie, z którego przybył Willi, nikt nie szuka miłości, co najwyżej szybkiego, chwilowego spełnienia, czasem dobrowolnego, czasem pod przymusem. Jak wobec paskudnych wspomnień i podlejszych jeszcze perspektyw ktoś taki jak Wilhelm Jenike miałby stanąć przed kimś takim jak Rosa Widera? Co mógłby jej zaoferować? Nic! Zwłaszcza w porównaniu z tamtym... A skoro tak, to Willi nie będzie nawet próbował się do niej zbliżyć. Do niej ani do żadnej innej miejscowej dziewczyny. Nagle przeszła mu cała ochota do zabawy. Przysiadł na wolnym krześle w pobliżu baru z zamiarem upicia się na umór. W działaniu był konsekwentny. Gdy trunek mu się kończył, po nowy zapas posyłał kuzyna. Zmęczony duszną atmosferą tanecznej sali zdecydował się w końcu opuścić potańcówkę. Usiądzie na trawie nad należącym do ośrodka basenem, zapali papierosa, wypije kolejne piwo, a potem pójdzie precz do domu ciotki Karoliny. Sam albo z Józkiem, którego przecież wypada mu dopilnować...

Gdzie jest Józek?

Kilka kroków od wyjścia z restauracji Willi zatrzymał się i rozejrzał po sali. Nie dostrzegłszy nigdzie górującej nad innymi głowy kuzyna, obrócił się ponownie w stronę ciemnego prostokąta otwartych na oścież drzwi i ruszył do przodu z rękami w kieszeniach, wpatrzony w pokrytą wzorem czarno-białych kafelków podłogę. Nie zaszedł daleko, potrącił bowiem podążającego w przeciwną stronę mężczyznę, niosącego w obu dłoniach kilka próżnych pucharów po lodach i kieliszków po winie. Naczynia wypadły mu z rąk. Zamieszanie, brzęk szkła, pełne oburzenia krzyki. Willi poczuwał się do winy, uniósł więc głowę, otwierając usta gotowe do przeprosin, lecz oto został gwałtownie zaatakowany. Werbalnie i fizycznie na dodatek. Wściekły Otto Gampig mocno go odepchnął.

— Jak chodzisz, łajzo! — wrzasnął.

Popchnięty porucznik wojsk lotniczych Wilhelm Jenike wylądował plecami na stoliku, przy którym siedziało kilka mocno już rozbawionych dziewcząt. Znowu brzęk tłuczonego szkła, piski panien, bałagan. Do tego fizyczny ból, publiczne upokorzenie i gorzki posmak pierwszego kontaktu z natychmiastowo znienawidzonym rywalem. Willi wstał, gestem przeprosił towarzystwo zgromadzone przy zniszczonym stole, powolnymi, wystudiowanymi ruchami zdjął ubrudzoną mundurową bluzę i podwinął rękawy koszuli. Wszystko w absolutnej ciszy. Orkiestra przestała grać, a uczestnicy zabawy utworzyli milczący krąg, w którego centrum znaleźli się Willi i Otto. Gapie czekali. Gampig dyszał z niecierpliwości. Niższy od niego o całą głowę lotnik uniósł ku górze zaciśnięte pięści. Zbliżył się i stanął w lekkim rozkroku, z jedną nogą wysuniętą nieco do przodu.

— Powtórz to, co do mnie powiedziałeś — wyszeptał niemal, powoli, z wyraźną groźbą w głosie.

— Łajza.

Usłyszał, jak tuż za nim ktoś głośniej wciąga powietrze. Uznał to za sygnał. Odliczył: trzy, dwa, jeden i ruszył na przeciwnika.

Jako dziecko z katolickiej rodziny wychowane między protestantami i jako najmłodszy z pięciu braci Wilhelm Jenike potrafił się bić. Mimo że niski i chudy, był szybki oraz nadspodziewanie mocny. Co więcej, umiał doskonale korzystać z własnych możliwości, znał też kilka bokserskich sztuczek, które pozwalały mu wyzyskiwać dla własnej korzyści siłę przeciwnika. Uniki, zwody, precyzyjne, błyskawicznie wyprowadzane ciosy nie raz i nie dwa razy zapewniły mu przewagę w bójce, przynosząc zwycięstwo częściej niż nieznający Willego i nieobyty z ulicznymi walkami obserwator mógłby się spodziewać. Gapie zgromadzeni w rozrywkowym lokalu tyskiego Stadionu nie zdawali sobie sprawy z możliwości porucznika Jenikego, ale niestety nie dane im było się nimi zachwycić. Zbyt dużo wypitego alkoholu, wciąż świeża w ciele pamięć niedawnych urazów, słabość rezygnacji zamiast siły gniewu... W tej sytuacji w starciu z wielkim jak góra mięsa przeciwnikiem Willi nie miał szans. Szybko sprowadzony do parteru, zamroczony bólem, ledwie rejestrował dalsze zamieszanie wokół siebie. Nic nie rozumiał z awantury, którą urządziła Gampigowi Rosa. Nie usłyszał też suchego odgłosu policzka, jaki w zamian wymierzył jej Otto. Nie widział, jak oboje opuszczają lokal — ona zapłakana, on wściekły, i nie zdawał sobie sprawy z tego, kto przycisnął czystą chusteczkę do jego krwawiącego nosa, kto nie bez problemów pomógł mu wstać i kto wyprowadził go na zewnątrz.

Dzięki tajemniczej pomocy dotarł wreszcie w miejsce, w które już wcześniej się wybierał. Ciężko opadł na trawę bujnie porastającą brzeg basenu przynależnego do kompleksu rekreacyjno-sportowego, noszącego dumną nazwę „Stadion Tychy". Usiadł z nogami opuszczonymi tuż nad lustro wody i utkwił w jej tafli niezbyt przytomny wzrok. „Takie małe miasteczko, a takie mają tu świetne miejsce! I basen, i strzelnica, i boisko, nawet korty do tenisa, no, no, no! — pomyślał Willi zupełnie nie na temat. W tenisa grać nie potrafił, ale zawsze chciał spróbować. — Muszę tu zajrzeć za dnia, póki jeszcze mogę! — zdecydował i zamknął oczy. — Na chwilkę, dosłownie na momencik, proszę, taki jestem zmęczony..."

— Willi, hej, Willi, ocknij się! Halo, czy coś cię boli, Willi?

„Głupie pytanie. Wszystko mnie boli. Zostaw. Chcę spać!"
— Józek, jemu dalej leci krew z nosa. To trzeba zatamować, masz drugą chustkę?
— Mam.
— Czystą, Józiu.
— A, to nie mam.
— Trudno, wezmę tę zakrwawioną. Przepłuczę ją i… Panie Jenike! Panie poruczniku, słyszy mnie pan?
— Rosa?
— Nie, nie Rosa. Niestety. Hilda.
— Hilda. Przepraszam, Hilda.
— Nic nie szkodzi. Nic się nie stało. Odda mi pan tę chustkę, poruczniku? Ooo, tak, dobrze. Dziękuję. Teraz ją zmoczę tu pod kranem i położę panu na kark. Proszę się nie wystraszyć, przez chwilę będzie zimne… Już. Proszę usiąść z głową w dół.
— To pomoże?
— Nie jestem pewna, Józiu, ale Rosa twierdzi, że tak się robi. Zresztą widziałam parę razy, jak postępuje z rozbitymi nosami na dyżurze…
— Rosa. Poszła. Z tym niedźwiedziem.
— Ten niedźwiedź to od dzisiejszego wieczoru zdaje się narzeczony mojej siostry.
— Narzeczony…
— Tak. Też tego nie rozumiem, panie poruczniku. Ale cóż. Tak czy inaczej, Rosy tu nie ma i jest pan skazany na mnie.
— Na ciebie. Hilda. Jestem skazany na ciebie.
— Na mnie.

Widząc, że jest tu zbędny, Józek Botor wycofał się po cichu, zabierając ze sobą oba nienapoczęte jeszcze kufle piwa. Willi nie wyglądał chwilowo na zainteresowanego konsumpcją trunków. Poczuwszy na sobie czujny wzrok panny Widera, Józek brodą wskazał jej jeden ze stolików ustawionych w pobliżu wejścia do restauracji. „Tam zamierzam je wypić" — powiedziało Hildzie jego spojrzenie. W normalnej sytuacji zareagowałaby pełnym oburzenia protestem wobec tak oczywistego wyzwania rzuconego moralności przez nieopierzonego młodzika, jednak sytuacja nie była normalna. Bardziej niż trzeźwością Józka Botora przejmowała się bowiem stanem pobitego żołnierza. Czuła się za niego odpowiedzialna już choćby tylko z tego powodu, że sama także przyłożyła rękę do fizycznych nieszczęść, jakie spotkały w Tychach tego sympatycznego przecież lotnika. Był brzydalem, kurduplem i miał co najmniej dyskusyjne poczucie humoru (dyskusyjne? Sugestią dotyczącą obniżania siły bojowej niemieckiej armii przestraszył ją solidnie!), ale... Postawił się Gampigowi. I choć Hilda była doskonale świadoma tego, że źródeł niechęci Wilhelma Jenikego do Ottona należy szukać w afekcie do Rosy, doceniała to, że znalazł się wreszcie ktoś na tyle odważny albo głupi, by przynajmniej spróbować ukarać tego panoszącego się wszędzie nazistę.

Hilda Widera nie znosiła Ottona Gampiga zarówno prywatnie, jak i... jakby to powiedzieć... symbolicznie. Nie spodobał jej się od początku, odkąd pierwszy raz odprowadziła do nowej niemieckiej szkoły swoją młodszą siostrzyczkę Trudkę. Owszem, dostrzegła, że świeżo przybyły z Bawarii nauczyciel jest młody, całkiem przystojny i nie ma na palcu ślubnej obrączki. Zauważyła to oczywiście, bo była panną na wydaniu i jako taka zwracała uwagę na nowe męskie twarze wokół. Może gdyby Otto nie otworzył wówczas ust, poświęciłaby mu nawet kilka niewinnych marzeń tuż przed zaśnięciem. Ale Gampig usta niestety otworzył. A stek antypolskich, przepełnionych wielkoniemiecką ideologią słów, jaki z nich popłynął w kierunku zebranych na szkolnym placu dzieci, sprawił, że Hilda Widera z miejsca znielubiła nowego nauczyciela swojej małej siostry, któremu ta buta, ta nienawiść i obrzydliwe samozadowolenie zwycięskiego najeźdźcy osobliwie w oczach Hildy pasowały. Każde kolejne spotkanie z nim tylko utwierdzało w personalnej niechęci córkę śląskiego powstańca. Tym bardziej że częste, z czasem jeszcze częstsze wizyty Gampiga w rodzinnym domu Hildy coraz boleśniej uświadamiały jej, że oto ukochany tato, bohater z roku 1921, dwadzieścia lat później okazuje się oportunistą! „Jesteśmy Ślązakami, Hildziu, i musimy być sprytni" — mawiał do swej zbuntowanej córki Joachim Widera, gdy ta ciosała mu na głowie kołki za ciągłe kompromisy, za wypełnienie narodowościowej ankiety i przyjęcie trzeciej grupy volkslisty, za posłanie Jaśka do Hitlerjugend, za pokorne znoszenie odwiedzin nielubianego nauczyciela... Za to, że w obecności gościa w domu mówi się tylko po niemiecku, bo śląskiego Otto nie rozumie i wokół siebie nie toleruje. Za to wreszcie, że rodzice pozwalają Rosie się z nim spotykać, chociaż może poza samą Rosą cała rodzina Widerów z radością posłałaby *Herr* Gampiga do diabła...

Hilda niby pojmowała historyczną konieczność, niby wiedziała, co, jak i dlaczego, ale nie przyjmowała tego jako własnej postawy, o czym zwykła od czasu do czasu głośno, acz rozsądnie, więc wyłącznie wobec braku pobocznych świadków, informować Achima i Waleskę. Sama urodzona i edukowana już „za Polski", w patriotycznym duchu, jaki panował w szkołach, kościele, urzędach i na ogół także w rodzinnym domu (choć, uczciwie mówiąc, prywatnie i pośród tyskiej społeczności nie raz i nie dwa narzekano na biedę i nieporządek, jakim wytęskniona Polska przywitała swoje śląskie dzieci), nie chciała przyjąć do wiadomości, z jaką łatwością zaakceptowano nadejście nowego. „Gadać pod nosem, albo nawet tylko we własnej głowie, nic z tym nie próbować zrobić i jeszcze w pas się kłaniać panom Reichsniemcom, nazistom pieruńskim!" — to nie było dla niej. Postawa siostry, niby nieprzekonanej, a jednak rumieniącej się pod spojrzeniem Gampiga, umawiającej się z nim a to na lody, a to na spacer, tym bardziej była dla Hildy niezrozumiała. Siedzieć, nie wychylać się, robić to, co do nas należy… Ciężko, więc brzydsza z bliźniaczek Widera nieśmiało i po swojemu, raczej ostrożnie niż gorliwie, jednak jak mogła, starała się wspomóc polski ruch oporu. Choćby przymykając oko na to, kto tylnymi drzwiami wchodzi po zamknięciu do sklepu Karla Petersa. Okazując sympatię Berkowi Sroce i potajemnie dokarmiając wiecznie głodnego chłopaka wyczarowywanymi spod lady smakołykami. Biorąc udział w akcji ratowania pana Rudolfa Widery. Choć bardzo się wtedy bała i wciąż śniła koszmary, których centralnym punktem było zamknięcie w KL Auschwitz w towarzystwie tamtejszych żywych trupów, Hilda nie żałowała, że miała w uwolnieniu swego dawnego nauczyciela mały udział. Tak zrobić należało, tak było dobrze — to oczywiste, ale może nawet ważniejsze, iż przekonała się, że tato, ukochany tatuś Achim Widera jest jednak człowiekiem tak dzielnym, jak sobie wyobrażała… Ciekawe, jak zareaguje na wieść o tym, co dziś zrobiła ta głupia, głupia, po trzykroć głupia Rosa?!

Zachowania siostry nie pojmowała wcale. Najpierw umówiła się na tańce z Gampigiem, potem błagała Hildę, by jej towarzyszyła w niewdzięcznej roli przyzwoitki… Właściwie nie pierwszy raz brzydsza siostra miała służyć ładniejszej jako pretekst do tego, by zachować dystans. Zwykle to działało, ale przecież nie na Ottona! Zatem jeszcze w drodze z domu Widerów na Stadion przyszły narzeczony Rosy w przekonujących słowach zasugerował Hildzie, by kontynuowała tę drogę dalej sama, bo oni dwoje muszą porozmawiać na osobności. Spotkają się przed wejściem na dancing, jeśli Hilda nie ma nic przeciwko. Rosa nie protestowała, więc jej siostrze nie pozostało nic innego, jak przyśpieszyć kroku. Szło się jej tym szybciej, że była wściekła. Wysykiwała pod nosem wszystkie znane sobie przekleństwa. Tymi najbardziej obraźliwymi miotała w Ottona, delikatniejsze rezerwowała dla Rosy, ale i jej, trzeba przyznać, nie oszczędzała, czego pożałowała natychmiast, gdy ponownie zobaczyła siostrę na Stadionie. Prowadzona pod rękę przez swego towarzysza, Rosa była blada, niemal przezroczysta na tle zmroku. Za to Otto promieniał dobrym humorem i samozadowoleniem. Na widok zbliżającej się Hildy kiwnął przyjaźnie głową, chwycił dłoń Rosy i uniósł ją wyżej, do światła, tak by siostra mogła zobaczyć pierścionek na palcu jego narzeczonej.

— Pobieramy się — wysapał Otto i szeroki uśmiech rozciągnął do granic możliwości jego grube wargi.

— Rosa? — Hilda natychmiast skupiła uwagę na jej twarzy.

Siostra nie odezwała się, skinęła tylko lekko głową i szybko obróciła się w drugą stronę.

Nie dość szybko. Hilda dostrzegła w jej oczach... smutek. Nie tak powinna patrzeć dziewczyna szczęśliwa, że wychodzi za mąż. Nic sobie nierobiący z dziwaczności jej reakcji Otto znalazł wolny stolik, zaproponował desery i napoje... Hilda z Rosą przez cały czas nie odzywały się wiele ani do niego, ani do siebie, za to on bez ustanku perorował i chętnie dzielił się z napotkanymi znajomymi nowiną o zaręczynach. Próbę rozmowy z półprzytomną z niezrozumiałego powodu siostrą Hilda odłożyła na moment, gdy Otto ruszy po kolejne lampki wina. Niestety, porozmawiać nie zdążyły, bo na drodze Gampiga stanął Willi Jenike.

— Jak nos, panie poruczniku? Nadal krwawi? Proszę pokazać. Chyba jest już dobrze.

— Przegrałem?

— Zdecydowanie. Otto się nawet nie zachwiał. Ale... ja jestem z pana dumna. Wiem, że to z powodu Rosy, ale i tak dziękuję, że chociaż pan spróbował.

— Z powodu Rosy?

— Przecież pan kocha się w mojej siostrze, prawda, poruczniku? Kocha się pan w niej jak wszyscy.

Z każdym kolejnym słowem Willi przytomniał. Słysząc gorzki ton w głosie swojej towarzyszki, spojrzał na nią uważniej. Siedzieli w pewnym oddaleniu od oświetlających teren elektrycznych latarń, za dużo więc nie widział, jednak skulone plecy i wygięte w dół kąciki ust Hildy powiedziały mu wystarczająco wiele, by jej skłamać:

— Proszę wybaczyć, ale jest pani w błędzie. Zamierzałem po prostu nauczyć go nieco grzeczności. — Najlepsze, bo najbardziej wiarygodne są kłamstwa, w których tkwi ziarno prawdy. — Niestety, kiepski z niego uczeń — dodał.

— Nauczyciel też zdaje się nie najlepszy.

Zaśmiali się oboje. Willi trochę nierozsądnie, bo zaraz syknął z bólu i złapał się za bok.

— Żebra?

— Tak, chyba tak. Wciąż jeszcze niedoleczone po zderzeniu z rowerem.

— Panie poruczniku!

— Kiedy to fakt! Wpadła pani wtedy na rekonwalescenta, panno Hildo. Jakimś cudem przeżyłem katastrofę lotniczą, z której podobno nie miałem prawa wyjść żywy.

— Był pan na froncie?

— Wschodnim.

— A tutaj…

— Jestem na urlopie. Mieszkam u Botorów. Niedługo mam się z powrotem zameldować w jednostce.

— I co? Wróci pan tam, poruczniku?

Cóż za pytanie. Już miał znowu jej skłamać, odruchowo odpowiedzieć oburzonym tonem: „Oczywiście! Jestem żołnierzem, znam swoją powinność. Mój obowiązek to walka do ostatecznego zwycięstwa!", wstać i odejść tak godnie, jak tylko byłby w stanie, ale coś go powstrzymało. Coś, jakaś szczerość, troska, prawdziwe zainteresowanie w głosie tej dziewczyny. Odwaga? Dla własnego bezpieczeństwa w ogóle nie powinna podawać w wątpliwość jego gotowości do poświęceń dla kraju. Sama sugestia, że bywa inaczej, może w tych czasach skończyć się źle. Dla niej. Dla niego, jeśli ktoś ich podsłuchuje… Całkiem na powrót trzeźwy, w pełni przytomny Willi rozejrzał się dyskretnie wokół. To dziwne, ale choć tak bliscy rozbawionego tłumu w restauracji, byli sami, tylko we dwoje nad brzegiem basenu. Jenike pomachał siedzącemu przy odległym stoliku Józkowi Botorowi i ponownie zwrócił uwagę na Hildę. Nachylił się ku niej. Blisko, bliziutko, na odległość splecionych ze sobą oddechów:

— Nie zamierzam dalej brać udziału w tej wojnie, panno Widera — rzekł cicho, patrząc głęboko w oczy siedzącej tuż obok dziewczynie.

— Dlaczego? — spytała po prostu.

— Z powodu kobiet — odparł, postanowiwszy, że żadnych więcej kłamstw wobec niej. Piękna czy niepiękna, interesująca czy pospolita, Hilda Widera zasługiwała na szczerość. Ciekawe, czy ją uniesie? Uniosła. Uniosła, a potem udowodniła, że wie, o co i po co pyta:

— Żywych czy martwych?

— Umierających. To się powtarza każdej nocy. Uciekają, a ja je uśmiercam ogniem z karabinów mojego myśliwca. Koszę całe zastępy kobiet. One biegną, ja lecę nisko i strzelam im w plecy. Obracają ku mnie twarze, nim umrą, Hildo. Przepraszam, jeśli panią przerażam, ale sama pani zapytała.

— Chciałam wiedzieć. Poza tym… mnie też śnią się koszmary. Śni mi się, że zamykają mnie w obozie koncentracyjnym.

— W tym tutaj? Auschwitz?

— Tak, właśnie tam. Byłam w nim ostatnio, niestety. Pan widział, jak to wygląda? Widział pan ludzi?

— Nie, nigdy. Widziałem za to…

To było dziwne. Dwoje młodych ludzi, którzy przyszli tu na zabawę, siedzi i rozmawia o terrorze. O wojnie. O jej bezsensie, okrucieństwach i szaleństwie. Z zakamarków pamięci wyciągają po kolei własne przeżycia oraz zasłyszane historie i dzielą się nimi spokojnie, bez emocji, jakby prowadzili niezobowiązującą rozmowę o pogodzie. Albo jakby flirtowali. A przecież ten straszny i pokraczny zarazem, prowadzony w śląsko-niemieckiej mieszance języków dialog ani trochę nie pasuje do narodzin romansu, o jakim skrycie marzy Hilda, a o którym Willi wcale nie myśli, bo przecież dopiero co obiecał sobie, że uszanuje życzenie ciotki Karoliny i nie zbałamuci żadnej tyskiej dziewuchy. W finale tego wieczoru, gdy wszystko, co złe w rzeczywistości ich świata, zostało powiedziane, Willi wstanie, poda Hildzie rękę i sam, bez asysty spitego do nieprzytomności Józka, po dżentelmeńsku zwyczajnie odprowadzi ją do domu. Nie przyjdzie mu nawet do głowy, by zaproponować jej kolejne spotkanie, ale…

…kiedy zaśnie w gościnnym pokoju mieszkania Botorów, przyśni mu się samotna czerwonoarmistka, z trudem przedzierająca się przez z dawna niekoszoną łąkę. „Ucieczka nie ma sensu, lepiej stań, rozkrzyżuj ręce i czekaj, żebym mógł cię szybko zastrzelić. Nie biegnij dalej, stań, ja i tak trafię!" — myśli we śnie Willi i wtedy zdaje sobie sprawę, że rozpuszczone pukle złotych włosów należą do Rosy Widery! Twarzy nie widzi, bo dziewczyna przecież od niego ucieka, ale jest pewien, że to Rosa. Ręka mu drży, kiedy palec dotyka spustu broni, a jednak uruchamia mechanizm. Trafia. Jak zawsze. Biegnąca nagle zatrzymuje się, pochyla, klęka i upada. Nim zapadnie się w miękką, pachnącą ziołami połać łąki, obraca głowę w bok i teraz Willi widzi wyraźnie, że to nie Rosę, ale Hildę zabił. Budzi się przerażony i aż do świtu nie może zasnąć.

XIII

Hilda sumiennie, do sucha wyciera każdy talerz, miskę, widelec i kubek, jakie podaje jej Rosa. Jest wczesne niedzielne popołudnie, siostry są same w słonecznej kuchni Widerów. Rodzice poszli na spacer, zabierając ze sobą Trudkę, Jasiek nawet nie dojadł, tylko jak zwykle poleciał gdzieś na wezwanie Berka Sroki, a Otto, z którym Rosa jest tego dnia umówiona, jeszcze się nie pojawił. Hilda może wreszcie spokojnie porozmawiać z siostrą. Nie chce jednak ponownie budzić czającego się w domowych zakamarkach ducha kłótni, która godzinę temu narodziła się nad rosołem, przetoczyła z hukiem nad roladą z kluskami i modrą kapustą, by wreszcie odpuścić gdzieś między kawą a kołaczem. Na wieść o tym, że Rosa ma zamiar wyjść za mąż za nauczyciela Gampiga, Waleska Widera z samego rana ze zdwojoną energią ruszyła do garnków. Ktoś mógłby pochopnie stwierdzić, że obfita uczta, którą przygotowała dla rodziny, świadczy o tym, że matka cieszy się szczęściem córki. Nic bardziej mylnego. Waleska była po prostu wściekła. Tak to działało. W im gorszym nastroju była matka, tym więcej i lepiej gotowała. Zwykle widok i smak własnych kulinarnych popisów wystarczył, by ją udobruchać, ale nie tym razem. Skosztowawszy zupy, posmakowawszy domowego makaronu, który naprawdę udał jej się bardziej niż świetnie, Waleska skrzywiła się, wymamrotała „mało słone" i z tonem wyraźnej pretensji w głosie zwróciła się do Rosy, by podała jej sól. Doprawiła rosół, skosztowała raz jeszcze, nieusatysfakcjonowana z głośnym brzękiem odłożyła łyżkę i podparła brodę na zaciśniętej pięści. „Niedobrze" — pomyślała Hilda, szukając ratunku u ojca. Jednak Achim nie odwzajemnił jej spojrzenia, a tylko mocniej pochylił ramiona nad zupą, którą siorbał tak zawzięcie, jakby od tego zależało coś znacznie ważniejszego niż zwykłe zapełnienie żołądka. Hilda przeniosła więc wzrok na Rosę, ale siostra, podobnie jak poprzedniego wieczoru, wydała jej się obca. Inna niż zawsze, nieobecna, jakby oddzielona od reszty rodziny niewidoczną, za to tłumiącą dźwięki i uczucia ścianą. Mechanicznie wkładała łyżkę na przemian do talerza i do ust, a że potrawa była gorąca, z każdym łykiem nabierała rumieńców. Po chwili trudno było rozpoznać miejsce na jej twarzy, które naznaczył wieczorny policzek wymierzony Rosie przez Ottona...

— To na kiedy planujecie ślub?

— Już ci mówiłam, mamo. W sobotę za dwa tygodnie.

— Czemu taki krótki termin? Jesteś w ciąży?

— Mamo! Oczywiście, że nie! Po prostu...

— Przecież Rosa nie ma jeszcze męża, nie może być w ciąży, mamusiu — wtrąciła się Trudka.

— No tak, oczywiście, ale jestem niemądra, wróbelku.

— Waleska spojrzała z rozczuleniem na młodszą córkę, po czym zwróciła się ponownie do starszej. — Ksiądz się zgodził?

— Ceremonia będzie tylko cywilna — powiedziała Rosa, spuszczając głowę.

W kuchni Widerów na moment zapanowała absolutna cisza. Nawet mucha, która jeszcze przed chwilą brzęcząc, obijała tłuste ciało o sufit, przycupnęła gdzieś z wrażenia.

— Jak to tylko cywilna?! — wycedziła przez zęby Waleska, gdy wreszcie odzyskała mowę.

— Otto... on sobie tak życzy...

— Otto sobie tak życzy. A czy ty nie bierzesz pod uwagę, czego my możemy sobie życzyć, dziewczyno? To, że nie pofatygowaliście się oboje, żeby zapytać nas o zgodę na ten ślub, to jedno. Ale to, że nie chcecie uszanować... Że nic was nie obchodzi... No i czemu z nim? Czemu z tym nazistą?!

— Mamo, Rosa jest dorosła, ma prawo sama o sobie decydować. Poza tym przecież spotyka się z Gampigiem od dawna, jakoś dotąd specjalnie wam to nie przeszkadzało... — Hilda poczuła się w obowiązku wtrącić swoje trzy grosze, bo choć sama nie pochwalała jej decyzji, to jednak siostrzana solidarność nie pozwalała jej zmilczeć tego ataku na suwerenność Rosy. Ataku, który uznała dodatkowo za przejaw dwulicowości rodziców. Przyjmowali Gampiga w domu? Przyjmowali. Godzili się na jego randki z Rosą? Godzili. Ojciec nawet kazał jej ostatnio jechać na tę wycieczkę w góry... Wszystko w imię śląskiego sprytu i woli przetrwania?

— Druga mądra! Też planujesz wpędzić nas w kłopoty? — odezwał się nagle i zupełnie nie po swojemu agresywnie cichy dotąd Achim.

— Wstydu narobić na całe miasto? — dodała Waleska.

Hilda nie odpowiedziała. Nie lubiła awantur, szczególnie tych, które skupiały się na niej. Żeby dano jej spokój, zamachała tylko rękami w geście zaprzeczenia i umilkła.

— Co z weselem? Kto zapłaci za wesele, bo skoro ślubu w kościele nie będzie, to my w tej sytuacji nie zamierzamy… — Matka znowu zaatakowała Rosę.

— Wesele będzie u Krupy, za wszystko zapłaci NSDAP. Otto jest zasłużonym działaczem partii.

— Boże! Dziecko! Ty chyba mosz ipi! Ja… My z ojcem na takim weselu na pewno się nie pojawimy! Prawda, Achim?

— Prawda.

— Rozumiem. Będzie mi przykro, Otto się pewnie wścieknie, ale rozumiem. Tylko dzieci będą musiały przyjść, skoro żeni się ich nauczyciel, a ślub będzie miał państwowy charakter — powiedziała Rosa nadspodziewanie spokojnie, rzeczowo, wskazując na Jaśka i Trudkę.

Na to matka uniosła się do pionu. Wyglądała tak, jakby zamierzała opiekuńczo zagarnąć ku sobie młodsze potomstwo, ale powstrzymała się ostatecznie od dramatycznych gestów, opanowała, wymruczała pod nosem, że skoro trzeba, to trzeba i podała ciasto z erzacem kawy. Gniewne słowa na powrót zastąpiła wymowna, ciężka gatunkowo cisza, przerywana jedynie westchnieniami matki i irytująco głośnym odgłosem uderzania łyżeczką o kubek, z którego swój napój sączył ojciec. Rodzeństwo Widerów, na czele z poczuwającą się wyraźnie do winy, ale i obrażoną Rosą, siedziało nieme, smutne i bez apetytu, rzucając sobie nawzajem od czasu do czasu współczujące spojrzenia. Zawieszenie broni niby obowiązywało, ale awantura wisiała w powietrzu do samego końca obiadu; atmosferę rozluźniło dopiero przybycie Berka Sroki. Po tym, jak bez pukania wpadł do kuchni, porwał ze stołu solidny kawał świeżuśkiego jabłkowego kołocza, nic nie robiąc sobie z nastroju domowników, rzucił kilka żartów i wybiegł z powrotem, zabierając ze sobą Jaśka, odważyła się odezwać ośmielona jego zachowaniem Trudka. Poprosiła Achima, żeby zabrał ją na spacer do Browaru, w którego zielonym parku przy niedzieli zbierali się tyszanie z dziećmi, organizowano tam bowiem dla nich różnorodne atrakcje i zabawy. O dziwo, matka, zwykle hołdująca zasadzie, że po solidnym niedzielnym obiedzie należy solidnie odpocząć, najlepiej leżąc z rękami na brzuchu, tym razem podejrzanie entuzjastycznie stwierdziła, że to świetny pomysł i że pójdą w trójkę. Teraz, natychmiast — ona, Achim i Trudka. Starszym córkom powierzyła zrobienie porządku.

Tak oto zostały we dwie. Hilda i Rosa. Same wobec ogromu brudnych statków, które należało porządnie wyszorować, osuszyć i ustawić na właściwych miejscach w kuchennej komodzie. Mycie garnków i naczyń to dla sióstr Widera przecież nie pierwszyzna. Praca jest niezbyt ciężka, więc miła, odprężająca wręcz i prowokująca ploteczki, żarty, a czasem nawet poważne zwierzenia. Dziś jednak jest inaczej. Dziś w milczeniu nagrzewają wodę, bez słowa wywlekają na środek kuchni wielką balię do mycia i prania, w ciszy sięgają do kredensu po pachnące krochmalem ścierki. Rosa myje, zanurzając ręce w parującej cynowej wannie i wyciągając z niej co chwila poczerwieniałą dłoń z talerzem, miską, kubkiem czy pokrywką, Hilda przejmuje od niej ociekające przedmioty, otula je bielusieńkim materiałem szmatki, osusza i odstawia na stół. Co się obróci na powrót w kierunku Rosy, to otwiera usta, usiłując uformować w nich pierwsze słowo, ale za każdym razem rezygnuje na widok odpychającej, na poły zawziętej, na poły smutnej miny siostry. Z rosnącą paniką odbiera z jej rąk kolejne przedmioty, zdając sobie sprawę, że wspólna chwila zbliża się do szybkiego finału. Zaraz skończą porządki, zaraz siostra przejdzie do pokoju, by się szykować do wyjścia, zaraz do drzwi zapuka Otto… Trzeba się wreszcie zdecydować! Hilda nabiera głęboko powietrza, zamyka na moment oczy i pyta:

— Boli?

— Już nie — Rosa odpowiada natychmiast, jakby tylko czekała na to właśnie pytanie. Bezbłędnie odgaduje, że siostrze bliźniaczce chodzi o wymierzony policzek.

— Ale ciągle widać. — Hilda otwiera na powrót oczy i uważnie się jej przypatruje.

— Przypudruję, nie będzie znać.

— Rosa…

— Tak?

— Czy… czy ty jesteś pewna, że to dobry pomysł?

— Ślub cywilny? Wolałabym, jak Pan Bóg przykazał, w kościele, ale przełożonym Ottona mogłoby się to bardzo nie spodobać…

— Wiesz, że nie o to pytam, Rosa.

— Wiem.

Rosa wyciąga dłonie z balii, osusza je o fartuch, ciężko siada na kuchennym stołku i opiera głowę na rękach, wplatając palce w swoje piękne złociste włosy. Czyni tym samym wielki nieład w starannie z rana ułożonej fryzurze, ale chyba jest jej to obojętne. Hildę dochodzi jej ściszony, przytłumiony smutkiem głos.

— Sama się w to wplątałam. Sama go zachęcałam. Może gdybym go zignorowała od początku, ale… on mi się podobał, Hilda. Podoba.

— Kochasz go?

— Jest przystojny. Jest wykształcony. Dużo może. Na przykład zabrać mnie stąd po wojnie do wielkiego miasta. Mogłabym tam studiować medycynę…

— Rosa, znowu uciekasz od odpowiedzi!

— Bo jej nie znam! Czasem wydaje mi się, że kocham. Trochę. Potem… — Rosa wstała i machnęła ręką. — Potem myślę, że to nie ma żadnego znaczenia, bo po prostu powinnam być mu wdzięczna. W tej sytuacji… Powinnam docenić to, że mi się oświadczył.

— Czyli jednak jesteś w ciąży?!

— Czyś ty zgłupiała! W jakiej ciąży! Nawet z nim nie spałam!

— Przepraszam, Rosa, uspokój się, ja nie chciałam. Po prostu… Skoro wspominasz o wdzięczności, to pierwsze przyszło mi do głowy, że będziesz miała z nim dziecko, a on wspaniałomyślnie zgodził się z tobą ożenić. Tyle.

— Posłuchaj, Hilda. — Siostra wstała, podeszła do niej i chwyciła ją za ramiona. — Nie jestem w ciąży i nie wiem, czy kocham Ottona Gampiga. Nie wiem tego, ale muszę za niego wyjść za mąż, skoro mi się oświadczył, rozumiesz?

— Ani w ząb, ale...

— Ja jestem ładna, on ma władzę. Wie różne rzeczy. Może to wykorzystać. Byłaś w Auschwitz. Widziałaś. Wiesz, co Otto zrobił Hachułom, tak?

— Tak.

— Ja nie mam innego wyjścia, siostrzyczko. Nawet gdybym całkiem nie chciała, i tak muszę za niego wyjść. Wczoraj myślałam, że to straszne... Dzisiaj uważam, że może wcale nie takie najgorsze... Że mogłam trafić o wiele gorzej. O tak, o wiele, wiele gorzej... Jak się nad tym porządnie zastanowić, to wychodzi na to, że ślub to właściwie bardzo uczciwa propozycja. W sam raz dla uczciwej dziewczyny, nie sądzisz, Hilda? Ja tak uważam i kropka! I nie zamierzam sobie tego utrudniać, nawet jeśli rodzicom się to nie podoba! — Skończyła Rosa twardo, zdecydowanie, dla podkreślenia swoich słów uderzając pięścią w kuchenny stół z taką mocą, że zabrzęczały naczynia stojące na nim w karnych rzędach.

Hilda chciała coś jeszcze powiedzieć, o coś zapytać, wszak nadal nic a nic nie pojmowała z tego, o czym próbowała powiedzieć jej Rosa, ale chwila na rozmowę minęła. Zegar wybił pełną godzinę, kukułka zakukała, Rosa zerwała się, by szykować się na spotkanie z narzeczonym. Jej zrezygnowana siostra sama dokończyła sprzątanie, doprowadziła do ładu kuchnię i dopiero wtedy zapukała do pokoju obok. Rosa w pośpiechu pakowała torebkę.

— Jestem spóźniona — rzekła na widok Hildy. — Zaraz przyjdzie Otto! Jedziemy do kina do Katowic! Wrócę rano, bo od wieczoru mam dyżur! Powiedz mamie! Albo nie, tacie powiedz, bo mama jest zbyt wściekła! — Odmieniona, podejrzanie ożywiona Rosa, wciąż jeszcze Widera, wykrzykiwała kolejne zdania między poszukiwaniami a to rajstop, a to kapelusza, a to chusteczki.

— Dobrze, powiem, ale ty musisz mi powiedzieć, o co chodzi! Jesteś moją siostrą, mam prawo wiedzieć!

— Kiedyś, kochanie. Kiedyś ci powiem, obiecuję. Teraz… przykro mi, ale nie mogę. Nie wolno mi. Tylko… Hilda…

— Tak?

— Jak tatuś wróci… Przekaż mu, że trzeba zaraz zabrać ze szpitala pana Zarębę i dobrze go gdzieś schować. Najlepiej wywieźć z Tychów. On jest jeszcze bardzo słaby, ale…

Natarczywe pukanie do drzwi sprawiło, że obie automatycznie obróciły głowy. Rosa zerwała się i wybiegła narzeczonemu naprzeciw. Wpuściwszy go do sieni, jęła rozpływać się w zachwytach nad kwiatami, jakie jej przyniósł, przepraszać, że rodziców nie ma, obiecywać, że już, natychmiast, za momencik będzie gotowa. Hilda słuchała z niesmakiem szczebiotu Rosy i zastanawiała się równocześnie, o co tu chodzi. Co takiego wie Otto Gampig? Co czyni go tak niebezpiecznym dla siostry, że ta aż musi wyjść za niego za mąż? Przyszły jej do głowy jakieś szemrane powstańcze sprawki, ale o ile wiedziała — a przecież dotąd sądziła, że wie o swej bliźniaczej siostrze niemal tyle co o sobie samej — Rosa nie mieszała się ani do polityki, ani do wojny. Poza sprawą Zaręby... Więc może Rudolf Zaręba? Ale skąd on wie o Zarębie? Niezależnie od tego, skąd wiedział, wyraźnie o to chodziło, skoro tuż przed wyjściem Rosa zajrzała na moment do pokoju, w którym skulona przy oknie Hilda udawała, że przegląda książkę kucharską matki i szepnęła niemal bezgłośnie:

— Zabierzcie go.

Zabrali. Jeszcze tego samego popołudnia Joachim Widera wraz z restauratorem Strzeleckim i sklepikarzem Petersem zabrali Rudolfa Zarębę ze szpitala i półciężarówką Petersa wywieźli w nieznanym kierunku. Były kierownik tyskiej szkoły był przytomny, ale przez całą drogę milczał. Nie odezwał się ani do Widery, ani do Petersa, ani nawet do Strzeleckiego, który towarzyszył mu na pace, podtrzymując w razie potrzeby słabego Zarębę i od czasu do czasu zagadując — uparcie, ale bezskutecznie. Wszędobylski Berek Sroka tym razem konspiratorom nie towarzyszył, bo wraz z Jaśkiem Widerą, Józkiem Botorem i jego kuzynem Willim Jenikem wybrał się w odwiedziny do leśnej ostoi gajowego Pawła Botora.

XIV

— Ty patrz, Sroka, twoja rodzinka odlatuje.
— Co ty gadasz, Jasiek?
— No lecą. O tam, dwie sroki, popatrz tylko.
— Na pewno to sroki są, a nie wrony?
— Co ty, kuzyn, sroki od wrony nie odróżniasz?
— Wygląda na to, że nie. — Willi usiadł na trawie, na której leżeli dotąd w pięciu: on, Paweł i Józek Botorowie, Jasiek Widera i Berek Sroka. Rozejrzał się wokół. Rozległa polana w środku lasu. Słońce grzeje, lekki wiaterek chłodzi, spokój, słychać tylko brzęczenie pszczół i śpiew ptaków. „Ależ tu pięknie — pomyślał Jenike. — Pięknie, cicho i ani śladu wojny. Jakby jej wcale nie było. Jakby tylko mi się zdawała…" Nie dziwił się Pawłowi, że tak niechętnie opuszcza swoją leśniczówkę i tereny, które ma pod opieką.

— Wrona jest większa, brzuch ma siwy, a nie biały i raczej się tu nie pojawia, bo nie mieszka w okolicy — niczym wywołany do odpowiedzi odezwał się pouczającym tonem starszy Botor.

— Srokę w środku lasu też chyba trudno spotkać? — dodał pytająco Berek.

Małomównemu z natury Pawłowi nie chciało się widać na to otwierać ust, kiwnął więc tylko głową, co u leżącego wyglądało co najmniej zabawnie, jakby wykonywał jakieś pozbawione głębszego sensu ćwiczenie gimnastyczne. Willi parsknął śmiechem.

— Prawdę gadam! — Zaperzył się Berek, nieświadom przyczyn rozbawienia Jenikego. — Sroki trzymają się zwykle pól. A jeszcze chętniej ludzi…

— Bo one są jak ludzie! — wtrącił Józek. — Podobno łączą się w pary na całe życie — skończył filozoficznie.

— Całe życie z jedną babą… — westchnął rozdzierająco Jasiek, na co tym razem śmiechem zareagowała pozostała czwórka.

Koniec tego leniuchowania, pora się ruszyć. Jasiek z Berkiem zerwali się z miejsc, by już po chwili zgodnie biec ku skrytemu za drzewami stawikowi przy Pawłowej leśniczówce. Brykając niczym młode źrebaki, zrzucali z siebie ubrania, bombardując się przy okazji poupychanymi w kieszeniach spodni szyszkami, a kiedy skończyła się im amunicja, wymierzając sobie wzajem celne, a bolesne kuksańce.

— Nie idziesz z nimi pływać, Józek? — spytał Paweł.

— Pójdę. Za chwilę. Może. Sam. Smarkacze — odparł z wyższością w głosie zagadnięty.

— Smarkacze, smarkacze — przedrzeźniał młodego starszy Botor. — A ty to niby taki dorosły jesteś, gołowąsie?

— Daj mu spokój — powiedział Willi. — Pewno go fest łeb boli po wczorajszym. — Boli? — zwrócił się do Józka.

— No trochę boli. A twój? — odparował szybko tamten, chcąc odwrócić uwagę brata od siebie.

— Spiliście się wczoraj obaj, zamiast tańcować, co? Skoczyć wam po piwko na klina? — zakpił Paweł.

— Iiiii, obejdzie się.

— Żebyś wiedział, młokosie, że ty się na pewno obejdziesz smakiem. Willi?

— Jemu klin nie pomoże, skoro go głowa przez babę boli...

— Przez babę? Ledwo żeś przyjechał, kuzyn, i już się zdążyłeś zakochać?

— Ja... — bąknął Jenike i zaraz przerwał.

Na to szybko wtrącił się Józek:

— Matka posłała nas na tańce, żeby się gość zabawił i, mówię ci, brat, bawił się. Obtańczył chyba wszystkie szwarne dziouchy, co były na dancingu, ale potem przyszła Rosa Widera z tym nauczycielem, wiesz...

— Gampigiem.

— Z tym samym. No i nasz Willi się zdenerwował, bo okazało się, że oni się będą żenić.

— Kto? Rosa z...?

— No przecież ci gadam.

— Sprałeś go za to, Willi?

— Nie za to. I nie sprałem. Chciałem, ale... Nieważne. Będzie jeszcze okazja — rzekł Willi i zacisnął mocno szczęki. Zerwał długie źdźbło trawy, wsadził je sobie w kącik ust, wstał i ruszył w stronę leśniczówki.

— Uważaj, kuzyn. Ten Otto to niebezpieczny człowiek — krzyknął za odchodzącym Paweł, po czym sam też się podniósł, by pójść jego śladem. Na łące został samotny Józek. Zasadniczo zadowolony z tego, że nie doszło do wyliczania wypitych przez niego piw. Jeszcze by sobie starszy brat przypomniał o obowiązku zastępczego ojcowania, a rękę ma ciężką...

W całym domu pachniało otaczającą go z każdej strony przyrodą. Świeżo ściętym drzewem, wyprawioną skórą, żywicą, ziołami. W kuchni także miodem dzikich pszczół, suszonym mięsem, a chwilowo również rybimi wnętrznościami. Paweł Botor i jego kuzyn Willi Jenike stali zgodnie nad kuchennym stołem i wspólnie sprawiali przyniesione przez Berka Srokę liny i okonie. Praca szła im nierówno — Pawłowi sprawnie, Willemu z trudem, jako że nie miał w tym wprawy. Gotowanie to była według niego babska domena. Ewentualnie kucharska. Porucznik Jenike sam do tej pory robił sobie co najwyżej kanapki. A tu proszę — rozkraja, wykrawa, a potem na polecenie gospodarza przyprawia ryby, układa je na blasze i nawet bierze się do obierania kartofli! Widząc, jak źle, z jakimi stratami to czyni, Paweł odbiera Willemu nóż i sam szybko, umiejętnie i z poszanowaniem wartościowego miąższu bulw uwalnia kolejne ziemniaczane ciała z ich skórek.

— Wpadła ci zatem w oko nasza piękna Rosa? — wraca do przerwanego uprzednio tematu, spoglądając na swego gościa, siedzącego przy oknie z zapalonym papierosem w ręce.

Sam wcześniej odmówił palenia. Paweł nie pali, mało pije i nie lata za babami. Mógłby z powodzeniem, bo jest równie wysoki i szeroki w ramionach jak młodszy brat. Blondyn, choć nie tak jasny jak Józek, z oczu patrzy mu sympatycznie, dobrze wygląda w zielonym uniformie leśnej służby. Ma dobrą pracę, dom i jakie takie gwarancje, że nie wezmą go do wojska. Przynajmniej na razie. Mógłby więc śmiało starać się o którąś z okolicznych panien. Mógłby, ale mu się nie chce. Po co mu żona, skoro sam sobie świetnie radzi? Obejście posprząta, brudy upierze, w razie potrzeby umie nawet przyszyć guzik i zacerować skarpety, a gotuje tak, że niejedna gospodyni mogłaby się od niego tego i owego nauczyć. Także do prowadzenia domu Paweł Botor nikogo nie potrzebuje. A do innych spraw? Jak mu się jakaś chętna nawinie, to owszem, drugiej połowy służbowego łóżka jej nie odmawia, ale to raczej rzadko i na krótko, bo się o zadurzoną w sobie dziewczynę nie stara. Pozwala do siebie przychodzić i tyle. Do domu nie odprowadza, nie odwiedza, podarunków nie przynosi i nigdy nie używa takich słów jak: „miłość", „małżeństwo", „przyszłość". Zresztą w ogóle niewiele mówi i tego samego — milczenia — wymaga od swoich nielicznych przygodnych kochanek. Dla każdej z jego dotychczasowych kobiet okazywało się to szybko zbyt trudne... Karolina Botor martwi się tylko o tyle, o ile dyskretnemu w tych tematach synowi wyjątkowo się wyrwie, że spotykał się z tą czy tamtą. Wówczas zadaje mu rytualne pytanie, co by było, gdyby ta czy tamta zaszła w ciążę. Na to Paweł odpowiada jej zawsze tak samo: „jak będzie dziecko, to się wtedy ożenię", więc choć zwykle władcza, gotowa choćby prośbą i groźbą wymusić własną wolę, Karolina nie naciska Pawła. Śmiejąc się, mówi mu tylko czasem: „Poczekaj, aż się zakochasz". Syn ceni matkę, ufa jej, czeka zatem cierpliwie, aż spełni się jej przepowiednia. A jeśli się nie spełni? Też dobrze. Przynajmniej zachowa sobie na zawsze swój leśny spokój.

Choć są oczywiście kobiety zdolne samym swym wyobrażeniem natychmiast poruszyć nawet ospałego w damsko-męskich sprawach Pawła Botora. Marlena Dietrich. Zarah Leander*. Rosa Widera.

— Podoba ci się nasza Rosa, co, Willi? — ponieważ zamyślony, wpatrzony w okno kuzyn nie odpowiada, Paweł ponawia pytanie znad garnka z kartoflami.

— Rosa Widera? Nie biłem się z tym facetem o Rosę. Po prostu obraził mnie i tyle.

— Ale zauważyłeś, jaka ona jest ładna?

— Leżałem ponad dwa tygodnie w waszym szpitalu. Musiałbym być ślepy, żeby nie zauważyć, że Rosa Widera to śliczna dziewczyna.

— Śliczna. Ale ja to bym chyba wolał Hildę — niespodziewanie wtrącił się w rozmowę Józek Botor, któremu najwyraźniej znudziła się samotność na łonie natury. A może zwyczajnie dokuczyło mu wciąż mocno świecące słońce? Zwykle nie działa ono najlepiej na skacowaną głowę.

— Co tam gadacie o mojej siostrze? — krzyknął od progu Jasiek.

---

* Zarah Leander — szwedzka aktorka i piosenkarka, gwiazda hitlerowskich Niemiec. W 1937 roku podpisała korzystny kontrakt z wytwórnią filmową UFA, zajmując miejsce Grety Garbo i Marleny Dietrich po ich wyjeździe do Hollywood.

Wraz z Berkiem przed momentem wyskoczył ze stawu, by przybiec dziarskim truchtem ku leśniczówce, kuszącej smakowitym zapachem piekących się ryb. Obaj chłopcy uznawali wycieranie się po kąpieli za czynność zbędną, nie mieli zresztą ze sobą ręczników, stali więc zgodnie w kuchennych drzwiach w samych slipach, mokrzy, ociekający wręcz wodą niczym dwa zagubione utopce, pozostawiające po sobie kałuże wszędzie, gdzie stąpną. Widząc to, Paweł ponownie przerwał zapowiadającą się ciekawie gadkę o dziewuchach i pogonił młodziaków na dwór, do słońca, żeby wyschli, ubrali się i dopiero wrócili jeść, Józkowi zaś wręczył szmatę i kazał pościerać po kolegach.

— Czemu byś wolał Hildę, Józek? Odkąd tu przyjechałem, słyszę tylko: Rosa i Rosa. A ty mówisz o Hildzie — zagadnął nagle skupiony dotąd na wyszukiwaniu ości na swym talerzu Willi.

— A bo on się po kryjomu kocha w mojej brzydszej siostrze. Chyba jako jedyny! — zaśmiał się Jasiek.

— Cicho bądź, gupieloku! — Poczerwieniały Józek rzucił w młodego Widerę kawałkiem kartofla. Nie trafił, ziemniak wylądował na podłodze z plaśnięciem.

— Ej, spokój ma być! Porządek! Bez pajacowania!

— Przepraszam, Paweł. Ja do Hildy nic nie mam, bo jest dla mnie za stara i w ogóle, ale… — Józek, opanowawszy widać zawstydzenie, zwrócił się do pytającego. — Hilda jest fajna babka. Moim zdaniem fajniejsza od Rosy.

— No co ty, w dekiel ci pizło? Rosa jest FAN-TA-STYCZ--NA! — obruszył się milczący dotąd Berek.

— Jest piękna, choć trochę za chuda, i mądra, skoro pokończyła szkoły, i miła jest, tylko... Pieruna, nie wiem, jak to powiedzieć... Kto się wczoraj tobą zajął, Wilhelm?
— Hilda.
— Hilda. Nie Rosa.
— Rosa się mną opiekowała w szpitalu.
— Bo jest pielęgniarką! A Hilda nie jest! A wczoraj to kto z tobą został? Kto ci pomógł?
— Hilda.
— Bo ona jest taka... solidna. Solidna śląska dzioucha. Jak nasza matka, jak twoja matka, Jasiek, i twoja, Berek. Jest solidna, bo ma — nie gniewaj się na mnie Jasiek — solidne nogi, solidny tyłek, solidne...
— Zamknij się Józek, bo ci wkulam!
— Daj mu mówić, Jasiek — wtrącił Paweł. — Ciekaw jestem, co ten znawca bab nam jeszcze powie.
— Panbóczku, z wami to się gadać nie da, no! Rosa jest dla nas za dobra! Ona tu nie pasuje i tyle. Rosa pasuje do wielkiego świata, do jakiegoś ważniaka... O, do tego *Leitera* na przykład dosyć pasuje, choć lepiej by chyba jeszcze pasowała do jakiegoś aktora, jakiegoś hrabiego czy coś. Wielkiego pana. A Hilda jest nasza. Stąd jest. I też jest śliczna, jak się uśmiecha! — krzyknął na koniec na powrót zarumieniony Józek, po czym zerwał się z miejsca tak gwałtownie, że aż wywrócił krzesło, wybiegł na dwór, chwycił swój rower i tyle go widzieli.
— Kompania honorowa, aha. Hitlerjugend jeden. Do mamusi pewnie z płaczem poleciał — zakpił z brata Paweł.

— Albo do was, Jasiek. Do Hildy — parsknął Berek.

— Nie, do Hildy to on się już w życiu nie odezwie. I dobrze, bo bym mu naprawdę musiał wkulać.

— Wpierw byś musiał do Józka doskoczyć, kurduplu.

— Zawrzyj pysk, Sroka!

— Jak sroka, to chyba dziób!

Jasiek z Berkiem wybiegli śladem Józka i wciąż się przekomarzając, wsiedli każdy na swój rower i pojechali w kierunku Tychów. Willi nawet nie próbował ich gonić. Pożyczona od ciotki damka by mu na to nie pozwoliła, a nawet gdyby, to i tak nie mógł jechać zbyt szybko po nierównej leśnej drodze. Każde zagłębienie albo wybrzuszenie, każda koleina, mysia dziura, korzeń czy kamień dawały się solidnie we znaki jego żebrom. Z drugiej strony, czy trafi stąd sam do domu ciotki?

— Nic się nie bój, odwiozę cię potem — rzekł, jakby czytając w jego myślach Paweł Botor. — Na razie siadaj z powrotem, Willi. Nawet dobrze, że dzieciaki pojechały, bo my dwaj mamy jeszcze co nieco do obgadania — dodał, wskazując miejsce obok siebie.

Fakt, powinni dokładnie omówić szczegóły dotyczące akcji: „Wilhelm Jenike wraca na front".

Skoro wszystko już obgadali wcześniej, do Tychów jechali w ciszy. Paweł, bo dotąd nakłapał gębą dość, by mieć prawo milczeć, Willi, bo się zamyślił. Choć wcześniej razem z innymi śmiał się z nieporadnych słów Józka Botora, to teraz rozważał je całkiem poważnie. „Hilda jest nasza. Jest stąd.

Ładnie się uśmiecha". To, ten uśmiech, porucznik Jenike już sam zauważył. I to, że była solidna. Przejęła się, naraziwszy go na szwank wskutek niefortunnego zderzenia. Pogniewała za nierozsądny żart, ale potem dała się przeprosić. Zadbała o niego i rozmawiała z nim wczoraj tak... Z nikim dotąd tak nie rozmawiał. Nawet z Johanem, tym bratem, z którym był najbliżej, Willi nigdy nie poruszałby takich tematów. Nie opowiadałby mu o swoich snach, o strachu, o grozie tego, co zobaczył na wojnie, o beznadziei. Każdy z braci Jenike pewnie zachowałby się tak jak ci chłopcy tutaj — obróciłby jego słabości w kpinę, negację albo w żart... Johan to na pewno, on z całym światem porozumiewał się właściwie wyłącznie żartem, choć zginął wcale nieśmiesznie...

Nie ma już wśród żywych żadnego z braci Jenike. Żadnego poza najmłodszym Wilhelmem. Wkrótce pewnie — byłym porucznikiem Luftwaffe i poszukiwanym dezerterem. Czy ma jakiekolwiek szanse na to, by się skutecznie ukryć przed nazistowską maszyną wojenną i przetrwać? Racjonalna część umysłu Willego podpowiada mu, że nie. Reżim ma tysiące oczu, tysiące uszu, wszystko widzi, wszystko słyszy, wszystko wie i dopadnie każdego... O, czyżby? Emocje wciąż miały nadzieję. Hilda jest solidna, Hilda jest nasza. Hildzie można zaufać. „Wy wszyscy jesteście solidni, a ja jestem wasz! Dobrze się czuję między wami, Ślązakami. Lepiej chyba niż we własnym domu" — skonstatował ze zdziwieniem Willi Jenike. „Nigdy tu wcześniej nie byłem, nie miałem dotąd okazji was poznać, a przecież nie wydajecie mi się ani trochę obcy. Nie traktujecie mnie jak obcego. Oczywiste jest dla was, że trzeba pomóc siostrzeńcowi Karoliny Botor. A skoro tak... — ciągnął dalej myśl, przyglądając się ukradkiem kojąco mocnemu profilowi swego kuzyna Pawła Botora. — Skoro tak, skoro mogę liczyć na waszą pomoc, to może... może przetrwam?"

XV

Zawieszony pod sufitem dzwonek odezwał się głośnym brzękiem, gdy nieco onieśmielony Wilhelm Jenike przekraczał próg sklepu Karla Petersa. Dawniejszy właściciel i teść Petersa, Augustyn Stabik, spojrzał na nowo przybyłego uważnie znad szkieł okularów. Starszy pan miał świetny widok na drzwi wejściowe z wysokości półpiętra swego kupieckiego kantorka. Wprawne zawodowe oko Stabika oceniło młodzieńca właściwie. „Wojskowy, choć po cywilnemu. Nietutejszy, nigdy wcześniej go nie widziałem. Na pewno nie zamierza robić zakupów".

— Dzień dobry, do sklepu to…
— Schodkami w dół. Proszę uważać na głowę, sufit jest nieco niski!
— Ja też jestem niski, bez obaw. Auuuuu!
— Mówiłem! — krzyknął Stabik za znikającym w dolnym pomieszczeniu gościem. Wzruszył ramionami i wrócił do skomplikowanych parafialnych rachunków, którymi opiekował się *pro bono* na prośbę kolejnych proboszczów parafii św. Marii Magdaleny. Pan Augustyn nie był człowiekiem

nadmiernie wścibskim, ale choćby z racji fachu, którym się parał, nawet w starszym wieku pozostał bardzo spostrzegawczy. Zauważył więc oczywiście bukiecik stokrotek, jaki niezdarnie próbował ukryć przed jego wzrokiem młody człowiek. Nie pochwalał flirtowania w robocie, ale lubił swoją pracownicę, a poniedziałkowe przedpołudnie nie obfitowało w klientów. Szczerze mówiąc, od dłuższego czasu handlowanie nie szło najlepiej. Cóż, wojna.

Willi dotarł przed oblicze Hildy Widery nieco zdezorientowany. Kręciło mu się w obolałej od uderzenia głowie. Pod wpływem kolejnego, prawda, że całkiem drobnego wypadku i czujnego spojrzenia pana Stabika gdzieś uleciała pewność siebie, jakiej nabierał z każdym następnym krokiem wiodącym go tu z kolejowego dworca. Stanął więc naprzeciw lady z nieszczęśliwą miną, jedną ręką trzymając się za urażone o niski sufit czoło, w drugiej mocno ściskając przyniesione kwiatki. Jego widok wyraźnie zaskoczył, ale i rozbawił Hildę. Najpierw wzięła się pod boki i poruszyła z dezaprobatą głową, potem przesadnie pogroziła mu palcem, wreszcie nie wytrzymała. Parsknęła śmiechem i chwilę trwało, nim udało jej się go opanować.

To był ten moment. Ten rodzaj reakcji, który sprawiał, że większość chłopców omijała Hildę Widerę szerokim łukiem. Tak naprawdę nie chodziło o siostrę. Rzecz nie szła o urodę. Nieszczęściem Hildy był jej podskórny brak powagi. Skłonność do dostrzegania komizmu romantycznych sytuacji. To nie sprzyja flirtowaniu. Bo jak ma zareagować, jak powinien się poczuć ktoś, kto zbiera się na odwagę, przynosi dziewczynie kwiaty, stara się być uprzejmy, uroczysty i godny, a w zamian otrzymuje... kpinę? Zostaje wyśmiany. Upokorzony.

Willi tak mocno pokraśniał na twarzy, że aż poczuł, jak uszy płoną mu ze wstydu. Postąpił krok w tył, jakby zamierzał się wycofać, z powrotem wbiec po nazbyt nisko zawieszonych schodach, uciec precz, porzucając śmieszny, żałosny bukiecik... Nie zrobił tego jednak. Nie przyszedł tu w końcu w zaloty. Przyszedł, by podziękować pannie Widerze za pomoc i opiekę w sobotni wieczór oraz po to, by ją zapytać o wydarzenia, jakim świadkował w czasie wizyty na tyskim dworcu. Decyzja o tym, by poruszyć temat właśnie w rozmowie z Hildą, była spontaniczna, podobnie zresztą jak ta o nabyciu stokrotek...

Na dworzec udał się Willi w celu zakupu biletu na front. Ciotka Karolina zarządziła, że powinien zrobić to osobiście, po to, by jak najbardziej uwiarygodnić bajkę o zamiarze powrotu do walki dzielnego lotnika. Jenike nieszczęśliwie trafił na przerwę śniadaniową. Stojąc przy kasie i czekając na ponowne uruchomienie okienka, obserwował z nudów wyjątkowo jak na małe Tychy ożywiony dworzec. Oddzielony od Willego pojedynczą nitką torów peron był tłoczny i gwarny. Pełen czekających na transport świeżych rekrutów w mundurach Wehrmachtu i żegnających ich bliskich. Ustawiona nieco z boku wojskowa orkiestra wygrywała podniosłe paradne marsze, ale nikt nie zwracał na nie uwagi. Starsi i młodsi mężczyźni trzymali w ramionach matki, żony, dziewczyny. Podrzucali w górę małe dzieci, głaskali po głowach te bardziej wyrośnięte. Coś tam mówili dorastającym córkom, przekazywali ostatnie instrukcje synom. Poważnie żegnali się z ojcami. Zresztą całe to towarzystwo było poważne i smutne. Tu i ówdzie słychać było płacz, pochlipywanie, do uszu Willego dobiegła nawet głośna litania przekleństw i narzekań na Rzeszę, Hitlera i wojnę, która chce zabrać rodzinie jedynego żywiciela. Przez tłum poszedł pomruk. Zbyt odważną, a może po prostu mało rozsądną kobietę szybko uspokojono, ale zdążyła przecież powiedzieć to, o czym wszyscy inni myśleli. Zafalowało, zakotłowało się, do akcji ruszyło kilku żandarmów z pałkami w dłoniach. Ich interwencja okazała się jednak niepotrzebna. Ślązak mimo wszystko był rozsądny. Karny i posłuszny, gdy nie było innego wyjścia. Kiedy więc podstawiono pociąg towarowy z wagonem przeznaczonym specjalnie dla nowego, tyskiego narybku niemieckiej armii, zaczęto go szybko i bez zbędnych dyskusji zapełniać na podobieństwo sąsiednich wagonów, w których siedzieli już osowiali żołnierze. Czym tu się cieszyć, skoro droga ich wieść miała na wschód? W najgorszym ze złych kierunków. W dodatku będą tam walczyć za sprawę, w którą nie wierzą, o czym porucznik Jenike przekonał się, kiedy pociąg ruszył. Oto bowiem jak jeden mąż setki gardeł zaintonowały nagle:

Jeszcze Polska nie zginęła
kiedy my żyjemy
Co nam obca przemoc wzięła
szablą odbijemy.

Widoczni w otwartych drzwiach towarowego składu śpiewający żołnierze stali wyprężeni na baczność, salutując do daszków wojskowych czapek. Z tyłu nie było już tak podniośle. Panował raczej duch buntu. Zza pleców kolegów tu i ówdzie pojawiała się a to zaciśnięta pięść, a to język wystawiony w stronę bezsilnych na kolejowym dworcu żandarmów, a to bardziej lub mniej obsceniczny gest… W narastającym pędzie pociągu Willemu zdało się, że mignął mu przed oczami nawet czyjś goły tyłek.

„Dziwni są ci Ślązacy. Doprawdy, dziwni z nich ludzie" — pomyślał, nieźle rozbawiony, ale i poruszony tą sceną Jenike. Chciał komuś o tym opowiedzieć, kogoś poprosić o wyjaśnienie tego, czego właśnie był świadkiem. Hilda Widera? Z nią tak dobrze mu się ostatnio rozmawiało, może i dziś go nie zawiedzie? To mądra dziewczyna, dziewczyna stąd, pewnie będzie wiedziała, co i jak. Wyszedłszy z dworca, Willi skierował zatem kroki ku budynkowi, nad którego drzwiami widniało, napisane fantazyjną czcionką, nazwisko Karla Petersa.

A stokrotki? Skromne biało-różowe kwiatki dzierżyło w dłoniach wielu odjeżdżających rekrutów. Otrzymali je na znak miłości i pamięci od swoich kobiet, te zaś kupiły je za grosze u młodej rumianej rolniczki, stojącej przy bramie miejscowego cmentarza. Droga na dworzec wiodła tuż obok… Willi mijał sprzedawczynię warzyw, owoców i uroczych bukiecików, gdy ta, wyzbywszy się niemal całego towaru, szykowała się w drogę powrotną do domu. Nim ruszyła do Czułowa*,

---

* Dziś dzielnica Tychów, wówczas jeden z tyskich przysiółków.

zhandlowała ostatnią wiązankę sympatycznie wyglądającemu brzydalowi w modnym kraciastym kaszkiecie.

Stał on teraz przed dziewczyną, której zamierzał podarować kwiatki, i czekał, aż ta skończy się z niego śmiać. Hilda bardzo się starała przywołać do porządku, ale było to trudne. Gdy tylko udawało jej się stłumić chichot, nabrać głębiej powietrza, pohamować zbyt ekspresyjną mimikę twarzy, spojrzenie przelotnie rzucone w stronę przybysza wywoływało kolejną falę wesołości. Z kogo właściwie Hilda się śmiała? Z Bogu ducha winnego Willego, czekającego cierpliwie, czerwonego na twarzy od upokorzeń, jakie mu fundowała wraz z każdym parsknięciem? Z siebie się tak naprawdę śmiała. Z własnego podenerwowania, z głupiej nadziei, z radości, że znowu widzi tego żołnierzyka, powracającego do niej natrętnie w myślach od sobotniego wieczoru. Ustępującego taktownie jedynie przed rozważaniami, w których główne role grała Rosa i ten jej Otto.

— Hilda… — odezwał się w końcu błagalnie Jenike.
— Willi.

Raz jeszcze wciągnęła głęboko powietrze do płuc, powoli je wypuściła i otarła łzę, którą nieopanowany śmiech wycisnął jej z oczu. Westchnęła i stwierdziła, że pomogło. Uśmiechnęła się do niego już całkiem normalnie, miło i powiedziała skruszonym głosem:

— Przepraszam, poruczniku. Byłam zamyślona, zaskoczył mnie pan, wpadając… albo pan jest taki pechowy, albo ja tak źle na pana działam, ale właściwie przy każdym naszym spotkaniu dotyka pana jakieś nieszczęście i…

— ...i to jest powód do kpin?

— Nie, oczywiście, że nie. Tylko... Właściwie to pan zaczął! Zakpił pan ze mnie wtedy w szpitalu!

— Już panią za to przeprosiłem, panno Widera.

— Prawda. Ale, ponieważ i ja przeprosiłam, to jesteśmy teraz kwita. Aha!

— Zgoda.

— Zatem, poruczniku Jenike, w czym mogę pomóc? Może coś pokazać. — Zakreśliła ręką łuk w kierunku towarów wystawionych w sklepie. Z lewej strony żywność, na wprost artykuły żelazne, z prawej tekstylia. — Może doradzić?

— Nie przyszedłem tu na zakupy, tylko do pani. Skoro przeprosiny już były, to teraz czas na podziękowania. Dziękuję, Hildo. — Tu wręczył jej nieco zmaltretowane stokrotki. — Dziękuję za sobotę. Za to, że się pani mną zaopiekowała, za rozmowę, za wszystko.

Na te słowa Widerzance zabrakło słów. Uniosła bukiecik do nosa, udając, że wącha kwiatki, a tak naprawdę modląc się o to, by ukryć za nimi rumieniec, jaki dla odmiany oblał tym razem jej twarz, szyję i dekolt.

W piwnicznym wnętrzu sklepu panował półmrok, ale nie było aż tak ciemno, by Willi, który w końcu na kobietach znał się nie najgorzej, niczego nie zauważył. „Solidna śląska dziewczyna jest w gruncie rzeczy taka sama jak każda inna panna. Z wierzchu może wydawać się twardsza, bardziej opryskliwa, surowsza, ale w środku... Miód i mleko. Mam cię, Hildo Widera!" — pomyślał z satysfakcją Willi. Już miał dołożyć do tego poczucie triumfu, ale odpędził je od siebie. Wszak nie przyszedł tu, by z nią walczyć na damsko-męskim gruncie. Chciał zwyczajnie, po ludzku wymienić myśli z kimś, z kim łatwo mu się rozmawiało. Także na trudne tematy.

— Wracam z dworca. Coś tam zobaczyłem i ciekaw jestem...

— Panno Hildo! Panno Hildo!

— Tak, panie Peters?

— Przyjdzie pani do góry? Przywiozłem dostawę, trzeba rozpakować. Ma tam pani klienta?

Hilda i Willi spojrzeli po sobie. On uniósł rękę w geście: „Spokojnie, to może poczekać".

— Muszę iść, ale...

— O której pani kończy?

— Za trzy godziny. — Hilda spojrzała na solidny drewniany zegar, odmierzający cierpliwie handlowy czas w jej miejscu pracy.

— Mogę wtedy przyjść?

— Mhm. Już biegnę, panie Peters!

XVI

Zamykając za sobą drzwi sklepu, Hilda zmrużyła oczy. W środku półmrok, w piwnicy składziku Karla Petersa wręcz ciemno, a tu — kolejny dzień ze słońcem! Wymarzona pogoda na spacer. Ciekawe, czy porucznik Jenike przyszedł, jak obiecał. I ciekawe, czy wciąż czeka, przecież…

— Spóźniła się pani pół godziny, panno Widera — dobiegło ją nagle zza ramienia.

Uśmiechnięty Willi nie wiedzieć skąd i jak pojawił się nagle za Hildą.

— Przepraszam, dostawa…
— Rozumiem. Ile ma pani czasu?
— Godzinę do obiadu.
— Przejdziemy się?
— Proszę bardzo. Tylko dokąd?
— Proponuję Stadion. Niedaleko, zielono, sympatycznie. No i mają wodę sodową.
— Z sokiem malinowym!
— Może być z sokiem. Ja stawiam.
— Ależ…

— Bez dyskusji. Ja zapraszam, ja stawiam. Pani w zamian mnie wysłucha. Dobrze, Hildo?

— Dobrze, poruczniku.

Podał jej ramię, pod które Hilda z przyjemnością wsunęła swoją rękę. Pasowała do niego idealnie, byli wszak oboje niemal identycznego wzrostu.

Szli, zgodnie odmierzając drogę równymi krokami. Nie mijali wielu osób, wciąż bowiem było dość wcześnie. W Browarze, kopalniach i innych zakładach nadal trwała pierwsza zmiana, dzieciarnia męczyła się w szkole, a matki szykowały obiady. Hilda nie była jednak tak naiwna, by sądzić, że jej spotkanie z niemieckim lotnikiem przejdzie bez echa. Zdawała sobie sprawę z tego, iż dyskretnie, zza grubych gardin śledzą ich dziesiątki kobiecych oczu. Że spogląda za nimi zarówno wychylający się niby bez celu ze swego sklepu Karl Peters, jak i omiatający dla niepoznaki szczotką otoczenie restauracji Teofil Strzelecki. Zastanawiała się więc, ile czasu minie, nim plotka o jej romansowaniu dotrze do rodziców. Czy zdąży przed nią na obiad? Wątpiła, ale też szczególnie się tym nie przejmowała. Tychy to małe miasteczko, wioska prawie, ledwo dziesięć tysięcy ludzi. Czy tatuś z mamą będą źli? Pewnie tak, szczególnie że Rosa… Ale Hilda zanadto się tym nie martwi, przecież nie robi w końcu nic złego. Idzie tylko pod rękę z miłym młodym mężczyzną i rozmawia z nim lekkim tonem. Pokazuje mu poszczególne budynki, mówi o nich i o ludziach, którzy je zamieszkują. Opowiada o miejscu, z którego pochodzi, dzieli się jego historią, teraźniejszością i ploteczkami. Wszystko w tonie ciekawej anegdoty, w jakim zwykle reklamuje się nowo przybyłemu swoje ukochane strony.

Willi pozwala Hildzie mówić, pozwala swobodnie płynąć tej momentami zabawnej, szczebiotliwej mieszance niemieckich, śląskich i polskich słów. Od czasu do czasu się w niej gubi, ale wcale mu to nie przeszkadza. Sam od siebie dodaje niewiele, ot tyle, żeby podtrzymać rozmowę i ewentualnie dopytać o interesujące go szczegóły. Dużą przyjemność sprawia mu słuchanie miłego, melodyjnego głosu towarzyszącej mu młodej kobiety, z którą, co czuje mocniej z każdym przemierzonym wspólnie krokiem, ma szansę połączyć go coś odmiennego niż z jakąkolwiek inną z poznanych wcześniej panien. Nie przelotny romans, nie przypadkowa miłostka, tylko coś głębszego. Porozumienie na zupełnie innym poziomie. Umysłu. Ducha. Ciała? Jenike dyskretnie przygląda się swojej towarzyszce. Jeszcze nie wpadł na całego, zatem oczywiste jest dla niego, że bliźniaczki Widera dzieli przepaść. Hilda to nie Rosa. Nie ta twarz, nie te włosy, figura, gracja. Jednak uśmiech, jednak oczy, jednak ciut zaledwie zbyt pełne kobiece kształty... Nagle, pośrodku słonecznej ulicy, wyobraża ją sobie w całkiem innych okolicznościach. W półmroku sypialni. Uśmiechniętą, ale inaczej. Dyskretniej i bardziej tajemniczo. Spomiędzy czerwonych warg błyskają białe zęby, między nimi pojawia się koniuszek języka... Jenike spuszcza wzrok z twarzy Hildy, przenosi go niżej, na dekolt. Sukienka, którą ma na sobie jego towarzyszka, jest z tych aż nadto przyzwoitych, zapięta po samą szyję na guziczki, ale jednak — ma guziczki. Willi wyobraża sobie, jak jeden po drugim rozpina je, jak zsuwa cienki materiał z ramion dziewczyny, jak pozwala ubraniu opaść... Widzi Hildę w jasnej pościeli, wolną od sukienki, bielizny i ochronnej tarczy słów, którymi ona wciąż próbuje się od niego odgrodzić... Stop! Umysł i duch. Ciało nie, bo to byłoby nie w porządku w stosunku do tej solidnej, dobrej, chyba wciąż niewinnej panny. Zresztą obiecał ciotce Karolinie, ale przede wszystkim sam sobie obiecał — żadnych kobiet. Gryzie się boleśnie w język, przełyka ślinę i pozwala zaprowadzić do stolika w letnim ogródku znanej mu już stadionowej restauracji. Siłą woli otrząsa się z erotycznych marzeń, których moc prawdziwie go zaskoczyła, i wraca do rzeczywistości, gdzie niczego nieświadoma Hilda, czując się w przeciwieństwie do niego dość swobodnie, siedzi naprzeciw. Nogę założyła na nogę, łokieć oparła o stolik, brodę na dłoni i wreszcie ucichła, wpatrzona w gładką taflę nieodległego basenu.

Hilda i Willi są jedynymi gośćmi stadionowej restauracji. Oboje siedzą, patrzą w dal i milczą, póki nie nadchodzi kelnerka. Willi zamawia dwa razy wodę z sokiem.

— Nie wołałby pan piwa, poruczniku? — pyta zdziwiona Hilda.

— Nie. Szczerze mówiąc, tak mi pani skutecznie zareklamowała malinowy sok, że piwo nawet nie przemknęło mi przez myśl.

Znowu ten uśmiech. Gdy Hilda się śmieje, jej usta jeszcze bardziej upodabniają się do kształtu serca. Twarz o odrobinę zbyt kanciastych, ciut za grubych rysach łagodnieje, a coś w jej spojrzeniu sprawia, że człowiek ma ochotę gadać bzdury, sypać jak z rękawa dowcipami, byle tylko to trwało. Byle podtrzymywać w niej radość...

— Ale, ale, chciał mi pan chyba o czymś opowiedzieć.

— Opowiedzieć? Aaa, tak. Prawda. — Jenike ścisza głos. — Byłem rano na dworcu po bilet i… Jechali na wojnę, panno Hildo, walczyć za Hitlera i śpiewali polski hymn. Najpierw zgłosili się na wezwanie do wojska, potem ubrali się w mundury, stawili w wyznaczonym miejscu i czasie, wsiedli do pociągu, a na koniec to! Zrozumiałbym, gdyby zignorowali wezwanie i uciekli do lasu. Gdyby się zbuntowali i pobili żandarmów. Ale ci mężczyźni zrobili, czego od nich oczekuje państwo, i równocześnie na nie napluli. Tego nie rozumiem, Hildo. Niby to Rzesza, niby Niemcy…

— To nie są Niemcy, panie poruczniku.

— Jak nie Niemcy, to kto? *Wasserpolacken?* — Willi przypomniał sobie złośliwe określenie, jakiego zwykł używać ojciec, gdy przyłapał matkę na próbach rozmawiania z synami w języku jej rodzinnych stron.

— Ślązacy. Ci ludzie są Ślązakami.

— Zawsze myślałem, że Ślązak to Niemiec.

— A ja zawsze myślałam, że Ślązak to Polak! Tak mnie uczono w szkole. Ale dzisiaj to… Sama nie wiem. Byli tacy, co narzekali za Polski, większość narzeka za Niemca. Są też tacy, którym i wtedy, i teraz źle. I ja się wcale nie dziwię. Wszyscy tylko chcą nam coś zabrać, nic w zamian nie dając. Teraz akurat robią to Niemcy — dokończyła gorzko.

— ?

— Wie pan, panie poruczniku, dlaczego ci ludzie pojechali na front?

— Właśnie próbuję to zrozumieć…

— Bo nie mieli innego wyjścia. Tego, kto się uchyla od służby wojskowej, wysyłają do obozu.

— No to akurat wiadomo, ja może też tak skończę...

— Ale pan jest Niemcem. Z Rzeszy. To pana kraj, pana ojczyzna. A my jesteśmy Niemcy z przymusowej deklaracji — prychnęła Hilda.

— Z przymusowej deklaracji?

— Nie jesteśmy *Wasserpolacken*, tylko *Papierdeutschen*! Ślązak, który nie jest wpisany na volkslistę, do Wehrmachtu nie pójdzie. A teraz proszę mnie zapytać, czemuśmy się zapisali do niemieckiego narodu.

— Pytam zatem.

— Bo nie mieliśmy innego wyjścia. Kto się nie zapisał — won z domu, z roboty, z gospodarstwa i do Generalnej Guberni, albo...

— Do obozu?

— Z całą rodziną. Do obozu. Tak.

— I dlatego ten polski hymn?

— Dlatego. Właśnie dlatego.

— Panno Hildo.

— Słucham, panie poruczniku?

— Kim w takim razie jestem według pani ja? Powiedziała pani, że jestem Niemcem. A tu ojciec Austriak, matka Ślązaczka, więc...

— Więc siostrzeńcem krawcowej Botor, pilotem, któremu przynoszę pecha i kimś, kto koszmarnie kaleczy każde wypowiedziane po śląsku zdanie! — prychnęła.

— Hilda, dyć ja się ucza godać po waszymu.

— No ja, to je prowda… — Poruczniku?
— Tak jest!
— Naprawdę nie zamierza pan tam wracać?
— Naprawdę.
— To co… Co będzie dalej?
— Nie wiem, czy będzie cokolwiek. — Wzruszył ramionami Wilhelm Jenike. — Wiem tylko, że nie chcę już dłużej walczyć.

Podniósł głowę i popatrzył na Hildę z takim smutkiem w oczach, że dziewczynie zrobiło się go prawdziwie żal. Powinna mu jakoś pomóc, jakoś pocieszyć! Ścisnęła na moment jego dłoń. Szybko cofnęła rękę, ale Willi i tak poczuł powracającą falę gorąca. Zmieszany spojrzał na zegarek, krzyknął, że zrobiło się późno, i pobiegł do baru zapłacić rachunek za dwie wody sodowe z sokiem malinowym.

Odprowadził Hildę Widerę pod sam dom. Tym razem szli w ciszy, nie dotykając się, oboje pochłonięci własnymi myślami. Wolno, bo nie chcieli się rozstawać. Po drodze wyprzedził ich wracający ze szkoły Jasiek. Kawałek dalej natknęli się na podążającego od strony Browaru Achima Widerę. Był podobnie zatopiony w rozmyślaniach jak córka i jej towarzysz. Na widok Hildy wyraźnie się ucieszył, Willego zmierzył bacznym spojrzeniem, ale że obcy młody człowiek został mu przedstawiony jako siostrzeniec Karoliny Botor, to przywitał się z nim serdecznie, zapytał uprzejmie, czy może ma ochotę zjeść z nimi obiad, a usłyszawszy grzeczną, acz zdecydowaną odmowę, obdarował Wilhelma Jenikego butelką świeżutkiego miejscowego piwa.

— Miły chłopiec — powiedział Achim do córki, gdy zgodnie i z apetytem pałaszowali placki ziemniaczane, których parujący półmisek postawiła przed rodziną Waleska.

— Miły, to prawda.

— Jaki chłopiec? — spytała matka.

— Kuzyn Józka Botora. Lotnik. Przyjechał do nich na urlop od wojska — wtrącił Jasiek. — Ten sam, co chciał się bić z *Herr* Gampigiem — tu spojrzał na puste miejsce, zwykle zajmowane przez Rosę. Odkąd kilka dni temu ogłosiła niespodziewanie swoje zaręczyny, unikała jak ognia wspólnego przebywania z rodziną. Brała tyle dodatkowych dyżurów w szpitalu, ile się dało.

Jeśli Hilda choć odrobinę obawiała się reakcji rodziców na wiadomość, że podobnie jak siostra prowadza się po Tychach z obcym, w dodatku kolejnym Niemcem, to całkiem niepotrzebnie. Jaki tam Willi Jenike obcy, skoro to syn Fridy Tomali, z którą Achim chodził w dzieciństwie do szkoły? Jaki z niego Niemiec, jeśli matka jest stąd, Ślązaczka, w dodatku z porządnej rodziny? Hilda już-już miała odetchnąć z ulgą, gdy przypomniała o sobie siedząca dotąd w ciszy Trudka:

— Hilda ma narzeczonego, Hilda ma narzeczonego!

Starsza siostra aż zakrztusiła się na takie stwierdzenie młodszej. Kaszlnęła i odpluła kawałek placka. Waleska kątem oka obserwowała, jak po szyi i twarzy córki rozlewa się szkarłat. Uśmiechnęła się do siebie w myślach, a na głos ofuknęła Trudkę:

— Cisza! Nie gadać mi tu głupot, tylko jeść! A potem do lekcji!

XVII

Jasiek Widera stał na samym końcu szpaleru umundurowanej młodzieży. Wyciągnięte w górę ręce chłopców z Hitlerjugend i dziewcząt z Bund Deutscher Mädel tworzyły zwieńczenie alei, wzdłuż której w stronę tyskiego magistratu przejść miała młoda para. Nauczyciel Otto Gampig w galowym mundurze NSDAP i siostra Jaśka, Rosa, w odświeżonej na tę okazję ślubnej sukni swojej matki Waleski. Rodzice Widera zgodnie z zapowiedzią nie biorą udziału w uroczystości, są jej zdecydowanie przeciwni, ale nie odcinają się całkiem od Rosy. Waleska wydobyła dla niej z dna malowanej skrzyni swój największy skarb, upiekła też kołocze, których kawałkami młodzi tradycyjnie na tydzień przed zaślubinami powinni obdzielić sąsiadów. Joachim zadbał o to, by gościom restauracji „U Krupy" nie zabrakło napitków — oczywiście ze szczególnym uwzględnieniem świeżego piwa. Opłacił też młodego akordeonistę Romka Musioła z podtyskiej wsi Cielmice, chłopaka ze względów zdrowotnych chwilowo urlopowanego z frontu, który miał przygrywać do tańca. „Tylko nasze melodie, żadnych tam politycznych!" — zapowiedział Romkowi Achim. „Spokojnie, Panie Widera, u mnie masz to pan jak w banku" — odrzekł mu na to muzykant, a Joachim mu uwierzył. Słusznie, bo Romek Musioł repertuar tradycyjnych śląskich przyśpiewek i pieśni miał bogaty, chętnie grał każdą, o którą go poproszono, ale za to kiedy raz i drugi pan młody zażyczył sobie czegoś w narodowosocjalistycznym duchu, wzruszył tylko bezradnie ramionami i twierdził, że niestety tej melodii akurat odtworzyć z pamięci nie potrafi. Zwrócił w ten sposób na siebie nieżyczliwą uwagę zaproszonych na uroczystości partyjnych, z samym Ottonem Gampigiem na czele, co skończyć się miało dla niego tragicznie, ale to dopiero pod koniec wesela.

Na razie wyprężony na baczność Jasiek Widera zamykał szereg stojących przed miejskim magistratem młodziaków i dyskretnie, kątem oka obserwował sytuację. Miejsce do tego miał dobre, znacznie lepsze niż ustawiony tuż przy wejściowych drzwiach Józek Botor. Tamtemu nie mogła nawet zadrżeć powieka, zaraz dostałby po uchu od stojącego pół kroku z tyłu *Herr* Hillera, ale na Jaśka szef miejscowego HJ nie zwracał uwagi. Cóż, bycie najniższym w grupie miewa też swoje zalety. Zawsze trafiasz na koniec, a na końcu bywa znacznie weselej niż na początku. Nie trzeba koniecznie patrzeć na nieciekawą dziewuchę z naprzeciwka, wyjątkowo niezgrabną w mundurku BDM, można śledzić sytuację wokół, mieć oko na to, kto przyszedł, jak się wystroił… Takiego wydarzenia nie przepuści prawie nikt! Bo choć na wesele najpiękniejszej miejscowej panny zaproszeni są oczywiście tylko nieliczni tyszanie, to na ślubie chętnie widzi się każdego. Mimo wszystko Jasiek dziwi się, dostrzegając zmierzającego w stronę magistratu księdza Osyrę. No ale... kapłan powinien wiedzieć, co słychać u jego owieczek. Nawet tych na tyle zbłąkanych, by nie składać sobie małżeńskiej przysięgi, jak się należy, w kościele! Proboszcz Osyra próbował rozmawiać o tym z Achimem, samej Rosie także starał się przemówić do rozsądku, żeby to jeszcze przemyślała, żeby się po raz ostatni zastanowiła, czy na pewno z tym mężczyzną, a jeśli już, to czy koniecznie w ten bezbożny sposób? Ani ojciec, ani córka nie mieli tym razem księdzu Janowi nic do powiedzenia. Sobie nawzajem zresztą chyba też nie, co farorz zauważył, odwiedziwszy Widerów w domu.

Jasiek rozgląda się dalej i dostrzega Berka Srokę. Jego rodzice na ślub Widerzanki nie przyszli. Matka, bo nie chciała zostawiać Marty Hachuły samej w domu, ojciec, bo wolał spędzić sobotę tak jak lubił najbardziej — między swymi gołębiami i królikami. Kto wie, ile jeszcze przed nim takich wolnych dni? Kto wie, kiedy przyjdzie na niego kolej, by iść na front? Ojciec Berka był jeszcze całkiem młody chłop, spodziewał się więc lada chwila pisma z powołaniem. Przyjaciel Jaśka pojawił się więc na ślubie Rosy jako jedyny reprezentant rodziny, oczywiście „po cywilnemu", zresztą nawet gdyby chciał, to raczej nikt by go nie poprosił o dołączenie do szeregu umundurowanej młodzieży. Berek trzymał się na uboczu, tkwił tam swobodnie oparty o swój rower, a na bagażniku miał wędki. Jasiek, któremu gorąco i niewygodnie tak stać i stać z wyciągniętą ręką jak jakiś pajac, myśli o nim z rosnącą irytacją, tym bardziej że tamten go widzi, patrzy na niego kpiąco i co jakiś czas marszczy twarz, robiąc coraz głupsze miny. Młody Widera czeka stosownej chwili, a uznawszy, że oto nadeszła, paskudnie wykrzywia się w stronę Sroki. Niestety, w tym samym momencie jak spod ziemi wyrasta *Herr* Hiller i daje mu po uchu. W punkt, bo oto zza rogu ulicy wyłania się przystrojona w wianek i o wiele za małą komunijną sukienkę Trudka. Młodsza siostra Jaśka sypie płatki kwiatów pod nogi podążającej jej śladem starszej. Rosa kroczy z uniesioną wysoko głową, kurczowo uczepiona ramienia Ottona Gampiga. On dumnie, z wyraźną satysfakcją rozgląda się wkoło, jakby krzyczał do wszystkich: „Patrzcie! Mam! Zdobyłem! Rosa Widera jest moja!", jej spojrzenie nie mówi nic, bo ślicznej twarzy Rosy nie widać za gęstym ślubnym welonem.

„Może to i dobrze, przynajmniej nikt nie zauważy, że płakała" — myśli trzecia z Jaśkowych sióstr. Podobnie jak Bernard Sroka trzyma się ona nieco z boku zgromadzenia pod magistratem. Woli nie rzucać się zanadto w oczy, mimo że to ślub jej bliźniaczki. Skoro nie ma na nim żadnego z rodziców, to ona, Hilda, jest najbliższą Rosie osobą. Tylko że nie przyszła sama... Odwraca wzrok od odzianej w strojną kiecę postaci siostry i spogląda w bok. Studiuje przez chwilę dobrze już jej znany profil Wilhelma Jenikego i myśli ze smutkiem o tym, że jutro będzie musiała go pożegnać. Pewnie na zawsze. Rano Willi, „miły chłopiec" według mamy i taty, chłopiec, z którym ostatnio Hilda spędza każdą wolną chwilę, wsiądzie do pociągu i wyjedzie z Tychów. Dokąd? Nie, nie na front. Przecież postanowił tam nie wracać. W takim razie dokąd? Tego Hilda nie wie. Porucznik Jenike nie zamierza jej niczego zdradzać. „Wolę, żebyś nie wiedziała, dziewczyno" — mówi, głaszcząc ją po policzku. „Hej, tylko nie rycz — dodaje. — Nie wiedzieć jest najlepiej, bo najbezpieczniej". Hilda to rozumie, ale jednak… żal. Żal jej czasu, którego z jakiegoś powodu nie może, a chciałaby mu jeszcze podarować… Pokłóciła się zresztą o to z Rosą tak mocno, że doprowadziła siostrę do łez.

Rano weszła do pokoju, w którym Rosa mozolnie rozprasowywała zagięcia ślubnego stroju. Hilda przyniosła jej własnoręcznie przygotowany bukiet. Miała rękę do kwiatów; odkąd pamiętała, potrafiła o nie dbać i pięknie je układać, zatem rola naczelnej florystki rodziny naturalnie do niej należała. Bukiet, który zrobiła dla siostry, był naprawdę udany. Rosa aż pokraśniała z radości i zaraz zaczęła go przed lustrem przymierzać do sukienki.

— Hilduś, dziękuję! Jest piękny! I jak pachnie!

— Róże wzięłam różowe i herbaciane, właśnie po to, żeby tak pachniały, bo białe to… Rosa?

— Tak, kochana moja siostro najlepsza?

— Zdecydowałam, że przyjdę jednak z Willim.

— Jak to z Willim? Rozmawiałyśmy już o tym, wiesz przecież, że Otto będzie zły!

— Wiem. Dlatego przyjdziemy tylko na ślub, staniemy sobie z tyłu, a potem…

— Nie będzie cię na moim weselu, Hilda?

— Niestety, przykro mi, ale…

— Zostawisz mnie? Jak mama? Jak tatuś? Jasiek też się krzywi, Trudka marudzi, a to, że nie lubi Ottona, a to, że sukienka ją uwiera, a to, że się wstydzi tak iść i kwiatki sypać. Całą rodziną się mnie wstydzicie, Hilda?

— Nie, chociaż… wybacz, ja dalej nie rozumiem, dlaczego ty za niego wychodzisz, Rosa.

— Nie rozumiesz? Nie rozumiesz? Pewnie, że nie rozumiesz! Zresztą już ci mówiłam — ja jestem ładna, a on wiele może. I niech ci to wystarczy! Och, daj mi spokój. Dajcie mi wszyscy święty spokój!

Rosa rzuciła bukiet na łóżko, sama obróciła się do Hildy tyłem i zaniosła gorzkim, żałosnym szlochem.

Podchodząc do urzędnika, przyszła żona Ottona Gampiga już nie płacze. Unosi welon i zerka na narzeczonego. Szuka pociechy i wsparcia w grubych, niby z twardego kamienia wyciosanych rysach jego twarzy. Mocna szczęka, mięsiste usta, nos boksera, szerokie, ciemne brwi… Jak on to powiedział? „Nie żałuj Hachuły, Rosa. Powinnaś raczej być na niego wściekła. Taki nieodpowiedzialny! Wyobraź sobie, co by było, gdyby te papiery trafiły w obce ręce! No i ta akcja z Zarębą, wielka nieostrożność. Gdyby nie ja, sama rozumiesz, że dyrektor Heidenreich doniósłby komu trzeba na twojego ojca…" „Zniszcz te papiery, proszę". „Ależ Roso! Nie mogę! To rzeczy urzędowe! Dokumenty! Nie wolno niszczyć dokumentów. Może się jeszcze przydadzą… Na przykład twojemu ojcu". „Albo tobie, jeśli odrzucę twoje oświadczyny, prawda?" — tego już nie powiedziała, tylko pomyślała wówczas zrezygnowana

Rosa. Teraz stała tuż obok Ottona, powtarzając słowa małżeńskiej przysięgi, podpisując papiery, odbierając od urzędnika gratulacje i egzemplarz *Mein Kampf*, który zwyczajowo Trzecia Rzesza wręczała wszystkim młodym parom, uśmiechając się i wmawiając sobie, że dokonała jedynego słusznego wyboru. Zerkała na świeżo poślubionego i myślała, że może nie będzie źle. Może naprawdę będzie tak, jak próbowała wmówić Hildzie? Otto Gampig okaże się lepszym mężem niż człowiekiem, wojna się skończy, a ona, Rosa, wyjedzie stąd gdzieś daleko, by studiować medycynę…

Może. Na razie trzeba uśmiechem i podziękowaniami odpowiadać na życzenia niekończącego się korowodu tyszan. Rosa, teraz już Gampig, nie Widera, uśmiecha się więc miło, dziękuje, wzajem życzy powodzenia, bożej opieki, stu lat życia… i cierpi. W głosach wielu, większości podchodzących ludzi wyczuwa nieszczerość, niezdrowe zainteresowanie i pewnie coś w rodzaju strachu. O ile do niej zbliżają się jeszcze dość swobodnie, o tyle do jej męża skradają się na ugiętych nogach, ostrożnie i cicho albo przeciwnie — demonstracyjnie głośno. Nienaturalnie. Wyraźnie fascynuje ich ta sytuacja. Nic w tym dziwnego. Oto Rosa Widera, ozdoba miasteczka i córka śląskiego powstańca, szanowanego obywatela, wychodzi za mąż za obcego, nielubianego nauczyciela, nazistowskiego aparatczyka, siejącego terror na skalę lokalną… Ślub jest skandaliczny, bo cywilny. Skandalem jest i to, że na uroczystości zabrakło rodziców panny młodej. Jest siostra, ale daleko, nie wygląda na to, by zamierzała podejść z gratulacjami. Jak kołek stoi nieruchoma obok tego lotnika, co przyjechał tu na urlop z wojska, tego siostrzeńca krawcowej Botor, syna Fridy Tomali, pamiętacie Fridę? Ona też wyszła za obcego, za Austriaka, i zaraz stąd wyjechała, kiedy to było? No przecież że jeszcze przed Wielką Wojną...

Wreszcie nadchodzi kres kwiatom, drobnym prezentom, uściskom, pocałunkom i słowom. Większość zgromadzonych zbiera się do domów, wszak to już pora obiadu! Jasiek z zazdrością spogląda za wsiadającym na rower Berkiem Sroką. Rosa ponad głowami ludzi wypatruje Hildy. Dostrzegając ją, zbliża się do Ottona i mówi mu coś na ucho. Gampig przewraca oczami, protestuje, ale w końcu ulega proszącemu spojrzeniu żony i idzie w stronę jej siostry bliźniaczki.

XVIII

— Z początku myślałem, że to jakiś żart z tym zaproszeniem na wesele. Szczerze mówiąc, spodziewałem się, że twój szwagier podchodzi do nas, żeby znowu dać mi w mordę.
— Willi!
— Co „Willi"? Że szwagier czy że w mordę?
— Jedno i drugie.
— Hilduś… — Jenike pochyla się nad stołem, opiera na nim ramię i drapie się w głowę. — Powiedziałem prawdę. Ta góra narodowosocjalistycznego mięcha to teraz mąż twojej siostry. No i przecież zaledwie dwa tygodnie minęły, odkąd dostałem od niego niezłe baty.
— Panbóczku, przecież wiem! Czy ty zawsze musisz być taki… taki…
— Szczery?
Hilda się roześmiała. Na to tylko czekał jej towarzysz. Chwycił ją za rękę i powiedział:
— Chodź, zatańczymy.
Odnajdują Jaśka i Józka Botora i na chwilę dołączają do barwnego korowodu rozbawionych gości. Wszyscy są syci

tradycyjnymi śląskimi potrawami, jakimi uraczył weselników Alojz Krupa, bardziej lub mniej podchmieleni, ale ponieważ zabawa jest dopiero na półmetku, wciąż mają chęć wywijać hołubce w takt skocznych melodii wygrywanych przez Romka Musioła. Oj, zna się ten chłopak na muzycznej robocie, oj zna! Usadowił się nieco z boku sali, na podeście dla orkiestry, do przodu wysunął nie do końca zagojoną nogę, którą na froncie paskudnie poszarpał mu odłamkowy pocisk, i grał z zapałem piosenkę za piosenką, robiąc przerwy tylko na chwilę, by coś przekąsić, popić albo odwiedzić stolik, przy którym siedzą koledzy, chłopcy z Tychów i okolicy. Jedni po cywilnemu, inni w mundurach. Romek niechętnie, bo niechętnie, ale ze względu na specjalne życzenie pana młodego też ubrał się w mundur gefreitra Wehrmachtu. Nic to nie zmieniło, jak Musioł obiecał Achimowi Widerze, tak będzie, więc upiera się, że w swoim repertuarze nie ma ani jednej politycznie zaangażowanej pieśni… Mają do niego o to pretensje partyjni zebrani przy stole, przy którym centralne miejsce zajmują piękna Rosa i jej coraz bardziej nietrzeźwy, coraz głośniejszy i coraz mniej przyjemny w obyciu ślubny. Gampig je za dwóch, pije za trzech, a co łyknie tutejszego mocnego bimbru, to łapie Rosę i natarczywie całuje ją w usta, przy głośnej aprobacie towarzyszy z NSDAP. Im Otto częściej to robi, tym smutniejsza, bardziej skrępowana czuje się Rosa, zwłaszcza że mąż się rozochaca, chwyta ją z chwili na chwilę śmielej, brutalniej i — mimo protestów — mało przyzwoicie.

Wreszcie Rosa ma dość. Wstaje więc, wychodzi zza stołu i wzrokiem szuka pomocy. Na jej wezwanie odpowiada doktor Krusche, który pierwszy prosi o taniec. Potem Augustyn Stabik, Karl Peters, Józek Botor i nawet nieco na parkiecie nieporadny, ale pełen zapału brat jego, Paweł, który wyjątkowo postanowił skorzystać z zaproszenia na zabawę, Jasiek i wreszcie ważna persona — burmistrz Herbert Reimann, a zaraz po nim niebezpieczny, bo niemal zawodowo zajmujący się donosicielstwem Karl Schikorski, zwany „Polackenfresser". Tego akurat Rosa widzi na własnym weselu zdecydowanie niechętnie, ale co robić, kiedy to bliski znajomy Ottona? Na szczęście po chwili polakożercę zmienia jeden z policjantów z miejskiej komendy. Też Niemiec, oczywiście partyjny, ale młody i występujący po cywilnemu, a przy tym dość sympatyczny... Zachęceni weselnicy przekazują sobie panią Gampig z rąk do rąk. Co przerwa w muzyce, to inny partner. Rosie to nie przeszkadza, wręcz przeciwnie — czuje ulgę. Panowie są grzeczni, a ona lubi tańczyć, dobrze się czuje w ruchu, zyskała w dodatku pretekst do tego, by nie wracać do swojego stolika. Zatraca się w zabawie, wesoło mruga do siostry i pyta, czy ta pożyczy jej swego kawalera do kolejnej piosenki. Hilda się oczywiście zgadza i po chwili może podziwiać z pewnego oddalenia, jakim dobrym, zgrabnym tancerzem jest Wilhelm Jenike i jaką ładną parę tworzy z jej siostrą... Hilda czuje ukłucie zazdrości, ale jest ono niewielkie, szczególnie w porównaniu z tym, jakiego doświadcza Otto. Dostrzegłszy kątem oka sylwetkę żony w ramionach kolejnego mężczyzny, Gampig robi się czujny. Z kim się ta Rosa teraz obłapia? Czyż to nie jest przypadkiem ten żałosny pilot?

Tak, to on. Łatwo poznać, bo na ślub, a potem również na wesele siostry Hildy Willi wybrał się w mundurze wojsk lotniczych. Nie miał wielkiego wyboru, jedyny posiadany przez niego garnitur wisi w szafie w rodzinnym domu Jeników... Zatem nawet mocno pijany Otto Gampig trafia bezbłędnie — Rosa tańczy z tym bezczelnym szmaciarzem, tą łajzą z Luftwaffe! Najpierw się uparła, żeby go zaprosić, a teraz to! Koniec zabawy, już on, Otto, pokaże, kto tu rządzi. Chwiejnie wstaje i zamierza ruszyć na parkiet, ale ponieważ nogi plączą mu się zanadto, by móc im zaufać, zwraca na siebie uwagę w inny sposób. Ni stąd, ni zowąd, nie wiedzieć właściwie czemu, schrypniętym głosem intonuje pieśń Horsta Wessela:

Chorągiew wznieś! Szeregi mocno zwarte!
SA to marsz: spokojny, równy krok.
A rozstrzelani przez komunę i reakcję
Są pośród nas i dumny jest nasz wzrok...*

Tancerze się zatrzymują, akordeon milknie, do Gampiga dołączają kolejni partyjni, by wspólnie, podniośle, choć nierówno wyśpiewywać hymn NSDAP. Atmosfera beztroski ulatuje gdzieś bezpowrotnie. Odczekawszy do końca wykonania pieśni, Willi odprowadza zdrętwiałą Rosę na miejsce i nie zaszczyciwszy jej męża najkrótszym choćby spojrzeniem, wraca do swojego stolika. „Pierdoleni naziści" — szepcze, ale zaraz milknie, po tym jak Hilda ostrzegawczo ściska jego dłoń.

---

* Polski przekład literacki, lata sześćdziesiąte XX wieku.

Niby są między swoimi, głównie urlopowanymi miejscowymi chłopakami, ich żonami i narzeczonymi, zaraz obok, korzystając z chwili przerwy, chłodzi piwem gardło akordeonista Romek Musioł, dalej siedzą Jasiek, Józek, Paweł i Karolina Botor, ale lepiej uważać. Czasy takie, że nie wiadomo, kto donosi. Kamraci Ottona odśpiewują jedną, drugą, trzecią pieśń z repertuaru partyjnych zebrań i manifestacji, wreszcie zmęczeni tracą zapał. Wesele może toczyć się dalej. Wkracza Krupa z tortem i oficjalnymi gratulacjami „dla pana nauczyciela oraz jego małżonki od tyskiej społeczności". Ponieważ „pan nauczyciel", utrudzony ciężarem zabawy, umościł wygodnie górną część swego ciała na stole między salaterkami z szałotem*, kuflami piwa i półmiskami wędlin, Rosa kroi ciasto sama, a Jasiek z Józkiem roznoszą gościom pachnące prawdziwą śmietaną i czekoladą kawałki owego specjału. Atmosfera znowu się rozluźnia, świeży zastrzyk cukrowych delicji poprawia zwarzone humory tyszan. Po chwili ten i ów prosi ponownie o akompaniament, Romek Musioł kuśtyka więc w stronę swojego miejsca na podium, gdzie czeka na niego akordeon. Nie dociera tam, gdyż zatrzymuje go dwóch wyrosłych niby spod ziemi policjantów. To miejscowi chłopcy, górniczy synowie i koledzy Romka ze szkolnej ławy, a jednak legitymują go, jakby nie wiedzieli, z kim mają do czynienia, i szybko, zanim ktokolwiek zdąży zareagować, niemrawo protestującego, skutego kajdankami wyprowadzają z restauracji. Ludzie się

---

* Szałot to tradycyjna śląska potrawa, rodzaj sałatki, której podstawą są ziemniaki.

rozstępują, czyniąc władzy wolną drogę ku czekającej na zewnątrz więziennej furgonetce...

Pierwsza reaguje Rosa. Budzi męża i coś do niego szepce pośpiesznie, żarliwie, patrząc przy tym szeroko rozwartymi z zaskoczenia i przestrachu oczami. Otto odwzajemnia jej spojrzenie, sam także jest zdziwiony. Zdezorientowany rozgląda się po kompanach, wreszcie jego wzrok zatrzymuje się na twarzy Schikorskiego. Ten podchodzi, chwilę rozmawiają, po czym Gampig wstaje i opierając się dla równowagi mocno o stół, bełkotliwym od nadmiaru alkoholu głosem tłumaczy gościom sytuację.

— Panie i panowie, bardzo mi przykro, ale wśród nas krył się... dywersant. Ale spokojnie, spokojnie, powiadam, odpowiednie organa już się nim zajęły, złoczyńca zostanie natychmiast rozstrzelany, pif-paf, o tak! A my możemy bawić się dalej. Gospodarzu Krupa, zorganizuje pan innych muzyków?

Jednak Alojz Krupa nie reaguje. Zmrożony tym, co właśnie usłyszał, stoi bez ruchu jak większość gości i podobnie jak oni patrzy tępo to na Ottona Gampiga, to na pusty podest dla orkiestry i samotny, milczący akordeon, to po twarzach sąsiadów. Weselnicy są tak cicho, że nawet w najdalszym kątku restauracyjnej sali słychać dźwięk odpalanego silnika policyjnego furgonu.

Na to wreszcie budzi się znajomy Romka, jeden spośród tych, z którymi młody Musioł jeszcze przed momentem jadł, pił i żartował, chłopak w mundurze starszego szeregowca wojsk pancernych. Hilda Widera zna go tylko z widzenia.

— Co on takiego zrobił, że nazywacie go dywersantem, co? — krzyczy kolega aresztowanego. Ośmieleni dołączają do niego po kolei inni urlopowani z Wehrmachtu Ślązacy.

— Za co to?

— Za wierną służbę?

— Za to, że zdrowie stracił dla tego waszego Führera?

— Tak się traktuje wojennego bohatera z Krzyżem Żelaznym?

I dalej:

— Hańba!

— Świnie!

— Jak to tak — na weselu?

— Jakim prawem?

— Sumienia nie macie!

— Za co...

Za co? A oto za co: znalazłszy się między swoimi, podchmielony i rozluźniony Romek zapomniał widać o tym, o czym Hilda Widera przypomniała Willemu. Niby Górny Śląsk to taka Rzesza w lżejszym wydaniu, takie Niemcy z przymrużeniem oka, w których, choć teoretycznie obowiązują wszystkie przepisy, okólniki i zarządzenia dotyczące obywateli nazistowskiego totalitaryzmu, w praktyce wolno odrobinę więcej, bo i modlić się w katolickiej świątyni, i godać na ulicy po swojemu, byle cicho i nie na polityczne tematy, i nawet polski hymn można śpiewać, wstępując w szeregi niemieckiego wojska, ale pewnych rzeczy robić nie wolno. Na przykład głupio, a do tego jeszcze na głos szczerze mówić nie należy, bo czasy takie, że nie wiadomo, kto podsłuchuje i kto donosi. Na Romka najwyraźniej ktoś doniósł, może nawet sam naczelny tyski szpicel Karl Schikorski usłyszał, jak Musioł narzeka, że jeszcze noga dobrze niezagojona, a już mu każą zaraz wracać na front, dokąd Romek wcale wracać nie chce. Tak Bogiem a prawdą to wolałby sobie ten fus dać uciąć i do końca życia chodzić z krykom, żeby tylko nie musieć znowu oglądać bitewnych pól dalekiej Rosji.

Wbrew życzeniu nogę miał Romek zachować, za to życie stracić. Jeszcze tego samego weselnego wieczoru. Powód, dla którego zamierzano Musioła bez procesu rozstrzelać, wzburzył ludzi jeszcze bardziej. Zmęczył się chłopak tym graniem, napił, to i gada, co mu ślina na język przyniesie. Że się nie cieszy z tego, iż musi nazad na wojnę wracać? A kto się cieszy? Chyba jakiś głupek albo oczadziały? Propagandowe filmy, wielkie hasła na plakatach, pogadanki dla ludności to jedno, a prawda — to drugie. Zaś prawda jest taka, że wszyscy, nawet lokalni działacze nazistowskiej partii robią wszystko, byleby tylko pozostać na tyłach. Na przykład na spokojnym Śląsku, który, poza krótkim epizodem z roku 1939, dotąd się jeszcze nie przekonał, czym jest ta wojna. Poznał ją jedynie oczami tych spośród swoich synów, którym nie udało się wymówić od wojska. Jak młody Musioł.

Porucznik Wilhelm Jenike nie znał wcześniej Romka, po raz pierwszy spotkał go na weselu Rosy Widery i od razu polubił jako dowcipnego, bezproblemowego i pierwszego, który gotów był dopuścić Willego do kompanii. Tym bardziej było mu więc nieszczęsnego skazańca żal, choć nawet gdyby Romek był inny, mniej sympatyczny, Willi i tak czułby się w obowiązku w jego sprawie zainterweniować. Wszak dzielili wspólnotę losu — dwóch ozdrowieńców niechętnych dalszej walce... Po sali zaczęło szumieć, by sprawy tak nie zostawiać, żeby iść pogadać z mężem Rosy, niech coś zrobi, niech będzie człowiekiem, w końcu Romek grał dla jego gości! Ten Gampig to niebezpieczny typ, ale dużo może, niech działa! Tylko kto ma z nim rozmawiać? Alojz Krupa? Doktor Krusche? Albo... „Rosa" — rzucił Willi. Tak, najlepiej Rosa! Jej najprędzej posłucha! A tymczasem pora ściągnąć tu ojca i matkę Romka!

Kogoś wysłano aż do Cielmic do chałupy Musiołów, a Hilda poszła po siostrę. Wyłożyli jej z Willim co i jak i patrzyli, jak wraca do swego stolika, wkracza między partyjnych, prosi na stronę męża i rozmawia z nim coraz głośniej, coraz bardziej nerwowo. Wreszcie odwraca się w stronę oczekujących w napięciu tyszan i zrezygnowana kręci głową. „Nie, Otto nie pomoże Romkowi Musiołowi". Ludzie umilkli i pospuszczali głowy. Chwilę jeszcze stali na swoich miejscach, a potem w ciszy ruszyli do drzwi. Jakby się umówili, każdy po kolei oglądał się za siebie i spoglądał w twarz czującego się coraz bardziej nieswojo nauczyciela Gampiga. Uformowawszy ponury korowód, ludzie zgodnie skierowali się w stronę budynku tyskiego posterunku i aresztu, gdzie trafił wcześniej akordeonista. Zamykający pochód Willi z Hildą u boku z satysfakcją odnotował, jak bardzo zbielałe twarze mają partyjni. Bali się?

Nim dotarli na miejsce, siostrę i jej towarzysza dogoniła Rosa. Płakała, przytrzymując na wpół oderwany rękaw sukni. Hilda zaraz wzięła ją na bok i zaczęła cicho pocieszać, ale Willemu nie umknęło to świadectwo krzywdy, jakiej Rosa Gampig doznała zapewne od męża. Widać nie pozwalał jej wyjść, musieli się więc poszarpać… Krew w nim zawrzała i gdy tuż koło komendy do zgromadzenia dobił tym razem Otto, zataczający się i bełkoczący coś o konieczności eliminacji z bohaterskiego Wehrmachtu elementu dywersyjnego, porucznik Wilhem Jenike nie wytrzymał. Rzucił się na Gampiga z pięściami. Tym razem, jako trzeźwiejszy, a do tego kierowany słusznym, szlachetnym gniewem, miał przewagę. Łatwo obalił na ziemię zaskoczonego przeciwnika, usiadł na nim i sprał po gębie przy głośnej, choć anonimowej aprobacie zgromadzonych. Jedyną osobą, która nieśmiało protestowała, była Rosa… Reszta zebranych pod aresztem kibicowała każdemu kolejnemu słowu, jakie wysapywał zmęczony młócką Willi:

— Dywersant, ha? — Trzask. — A ty kto? — Trzask. — Na tyłach siedzisz, sprytny skurwysynu. — Trzask. — Prochu pewnie nawet nie wąchałeś. — Trzask. — Byłeś chociaż raz pod ogniem? — Trzask. — Taki wielki, zdrowy chłop. — Trzask. — I jeszcze masz czelność kłapać coś o obowiązkach żołnierza! — Trzask.

Oszołomiony Otto właściwie się nie bronił, próbował tylko niemrawo zasłaniać twarz przed kolejnymi ciosami. Zaciekły atak Dawida na Goliata przerwały dopiero odgłosy wystrzałów, jakie dobiegły wszystkich od strony dziedzińca policyjnego budynku. Podczas gdy tyszanie emocjonowali się bokserską walką, na Romku Musiale wykonano egzekucję. Bez sądu.

Willi wstał, odsunął się od przeciwnika i zniesmaczony obserwował, jak jego miejsce zajmuje zapłakana Rosa.

„Głupia" — pomyślał ze smutkiem, odchodząc samotnie w ciemność. Słyszał, że wściekły Gampig coś za nim krzyczy, coś jakby: „Doigrasz się, jeszcze cię dopadnę!", ale zbyt wiele go to nie obchodziło. Pociąg miał rano, o dziewiątej z minutami, wsiądzie do niego, zniknie stąd, a potem — co?

— Nico — wyszeptał do siebie. — Potem może coś będzie, a może i nic nie będzie. Ale ty to mnie możesz co najwyżej w dupę pocałować!

— A fe!
— Hilda?
— Mhm.
— Zastrzelili tego grajka, prawda?
— Tak.
— Co za gówno.
— Gówno.
— Chodź, odprowadzę cię do domu. Was odprowadzę — dodał, dostrzegłszy, że dołączył do nich Jasiek Widera.

XIX

Ciężko jest wstawać z rana, skoro do łóżka położyło się późno i w podłym nastroju, spało niewiele, śniło złe sny. Jeszcze ciężej, kiedy ma się świadomość końca tego, co mogło być czymś pięknym, obietnicą przyszłości, o której ledwo ma się siłę i odwagę myśleć… Czegoś, co się nawet na dobre nie zaczęło, a już musi się skończyć, i to definitywnie, by jak najmniej wywołać smutku i cierpienia. Jak najmniej kobiecych łez. Jak najmniej męskiej rozpaczy. Bo choć Willi Jenike nie wyjeżdżał z powrotem na front, wręcz przeciwnie, z podróżnym workiem, w towarzystwie Karoliny Botor i jej młodszego syna Józka przybył na dworzec kolejowy po to, by się ukryć przed wojną, to jednak stale towarzyszyło mu paskudne przeczucie, że wszystko to na nic się zda. Że tak czy inaczej jego życie wkrótce dobiegnie końca. Rozstrzelane, jak życie tego biednego muzykanta, Romka Musioła. Zatłuczone. Zagłodzone…

— Willi!

Ktoś wbiega na peron. Biją w bruk wysokie obcasy. Kobieca postać jest cała w nieładzie, bez kapelusza i z nieułożoną fryzurą, ubrana najwyraźniej pośpiesznie, bo chaotycznie. Nic do niczego nie pasuje, a już najmniej do podpuchniętej od łez twarzy pasują co prawda zaczerwienione, ale przecież roześmiane oczy. Hilda cieszy się, że zdążyła przed pociągiem. Długo płakała w noc wesela swojej siostry, długo myślała... Zasnęła dopiero nad ranem, obudziła się zbyt późno, by móc zadbać o uczesanie czy strój. Przybiegła tak, jak wstała, zmieniając tylko nocną koszulę na jakąkolwiek bluzkę, jakąkolwiek spódnicę, żegnana zdziwieniem ojca i porozumiewawczym spojrzeniem matki.

Wciąż jeszcze pachniała snem, wpadając w szeroko otwarte ramiona tego, którego śpieszyła pożegnać. Wilhelm Jenike wciągnął w nozdrza ten zapach, splątane aromaty pościeli, domowego ciepła, lekko spoconego kobiecego ciała i po raz nie wiadomo który pożałował, że nie miał okazji potowarzyszyć temu ciału przez resztę bezpowrotnie niestety minionych godzin. Po tym, jak nieuprzejmym burknięciem odprawił do domu Jaśka. Po tym, jak zostali z Hildą sami na opuszczonej tyskiej ulicy. Eh, niziszczone marzenia, niewykorzystane szanse, precz przegnane pokusy. Nie uległo się im, mimo że była po temu okazja. Willi przymknął oczy i zanurzył nos w niesfornych kosmykach włosów Hildy Widery. Oparł głowę na jej ramieniu i wdmuchnął łagodnie ciepły strumień powietrza do ucha dziewczyny. Zadrżała lekko, skuliła się i zaśmiała, jak w nocy.

W nocy, gdy co prawda niechętnie, ale ostatecznie Jasiek Widera zniknął Jenikemu z pola widzenia, lotnik stanął po raz ostatni sam na sam z dziewczyną, o której jeszcze niedawno myślał niezbyt życzliwie: „brzydsza siostra". Potem, za kuzynem Józkiem, z sympatią, że solidna, że nasza, bo przez to sam także chciał poczuć, że jest stąd, że jest „nasz". Wreszcie — „moja". „Moja Hilda". Bratnia dusza, przyjaciel, choć przecież wciąż, nawet coraz bardziej — kobieta. Ktoś, komu wiele mówić nie trzeba, bo rozumie bez słów, ale komu i tak chce się powiedzieć wszystko. Ktoś, kto nie wyśmieje, nie zdradzi, nie wystraszy się nawet całkowicie niemęskiej, wstydliwej łzy utoczonej ku pamięci weselnego muzykanta i ku przestrodze samemu sobie. Łzy, której sam Willi boi się zwykle panicznie... Ale w towarzystwie Hildy jakby mniej. Hildy gotowej nieść pociechę. Oto stoi ona w ciemności, z rękami luźno opuszczonymi, ale bynajmniej nie jest bezradna. W reakcji na delikatne, ledwie słyszalne załamanie w głosie swego towarzysza postępuje krok naprzód i obejmuje Willego, przyciąga go do siebie, pozwala jego ciału zanurzyć się na moment, roztopić we własnej bujnej cielesności. Ta nagła, niespodziewana bliskość jest obietnicą, jednoznacznym zaproszeniem. Jego treść łatwo odczytać z przyśpieszonego oddechu Hildy, z mocnego bicia serca, z siły, z jaką dziewczyna go obejmuje. Solidna Hilda. Jest solidna, ale i delikatna, i krucha równocześnie. Willi bardzo chciałby się na chwilę zapomnieć, odciąć od koszmaru życia w ciągłym, niepozwalającym się ignorować zagrożeniu, czy to na froncie, czy na jego tyłach, i pociągnąć Hildę za sobą gdzieś daleko, iść z nią dokądkolwiek, gdzie mogliby zostać zupełnie sami na resztę nocy, wolni od czujnych spojrzeń bezsennych okien tyskich domów. Jednak, choć wie, że ona by za nim z ochotą podążyła, cofa się nieco, zbliża nos do jej ucha i wdmuchuje w nie ciepłe powietrze.

Hilda drży, kuli się i cicho śmieje. Willi wykorzystuje ten moment jej dekoncentracji, odsuwa się jeszcze bardziej, by na powrót zbliżyć się i ucałować lekko rozchylone od uśmiechu sercokształtne usta. Czyni to z zachowaniem dystansu należnego pocałunkowi z gatunku tych prawie niewinnych, niemal przyjacielskich, jakim sam został już kilkakrotnie przez nią wcześniej obdarowany w ciągu niespełna dwóch tygodni, podczas których każdą wolną chwilę tak chętnie spędzali we dwoje... Nie przekraczając granic koleżeństwa, oficjalnie lekko zaledwie podszytego wzajemnym zauroczeniem — co niewypowiedziane, nie ma miejsca.

„Żebyś mi tylko nie zbałamucił tu żadnej dziewuchy!" „Żadnej nie zbałamuciłem, ciotko Karolino" — spoznad ramienia wtulonej w niego Hildy Willi wraca na chwilę do dworcowej rzeczywistości, gdzie słychać już buczenie nadjeżdżającego pociągu. Spogląda w poważne oblicze krawcowej Botor, potem znowu przymyka oczy i ponownie cofa się o kilka godzin:

— Więc to już jutro wyjeżdżasz? — pyta w jego wspomnieniu Hilda.

— Dzisiaj — odpowiada, spoglądając na zegarek Willi.

— Nie powiesz dokąd?

— Hilda... Rozmawialiśmy już o tym. Lepiej... Wolę, żebyś nie wiedziała.

— I nie napiszesz do mnie nawet?

— Nie.

— A wrócisz tu?

— Nie wiem. Może. Nie chcę…
— Rozumiem. Chociaż nie, chyba jednak nie rozumiem. Ale wiem, wiem, „tak będzie dla mnie lepiej" — sapnęła z irytacją i przesunęła się kilka kroków w stronę furtki rodzinnego domu. — O której masz pociąg?
— Po dziewiątej. Przyjdziesz?
— Nie wiem. Może. Dobranoc, Willi.
— Hilda. Hilda!
— Nie krzycz. Ludzie śpią.
— Dobranoc.

„Nie zbałamuciłem tej dziewczyny, ciotko Karolino, ale chyba i tak ją skrzywdziłem. Wygląda, jakby długo płakała. Obawiam się, że to przeze mnie".

Owszem, osamotniona w panieńskiej sypialni, którą do poprzedniej nocy dzieliła z Rosą, a teraz już tylko z Trudką, Hilda pośród nocnych ciemności przepracowywała wszystko, co ją z jego strony spotkało, odkąd nieuważnie wjechała w lotnika rekonwalescenta. Rozważała za i przeciw, „ma i winien", niczym w handlowych tabelkach. Bilans znajomości z pechową ofiarą rowerowego wypadku wychodził jej na minus. Beznadziejnie się zadurzyła i zostawała z niczym. Bez wymarzonego romansu, bez ognistych wspomnień, bez złudnej choćby nadziei! Nie mógł jej okłamać? Powiedzieć, że wróci? Albo chociaż, że jest dla niego ważna? Choć nie należała do naiwnych, tym bardziej nie była głupia, to przecież wciąż była młodą, złaknioną życia kobietą. Co mu szkodziło ją uszczęśliwić choćby na chwilę? Na tę chwilę by udała, że mu wierzy i dostałaby w zamian choć tę odrobinę, do której można wracać we wspomnieniach. Do której warto się rumienić. A tak — nic!

A jeśli za dużo sobie wyobrażała? W końcu nie jest Rosą, piękną Rosą, do której mężczyźni lecą niczym pszczoły do miodu. Jeśli to wszystko — czas spędzony razem, rozmowy, uśmiechy, pocałunki — nie miało dla niego znaczenia? Było ważne tylko dla niej, a dla niego okazało się krępujące? Czyżby się naprzykrzała? Czyżby zbyt ochoczo rzuciła się w tę znajomość? Niepotrzebnie łudziła? Ośmieszyła? Wtedy „lepiej, żebyś nie wiedziała" odnosiłoby się nie do niej, lecz do niego. Dla niego lepiej. Lepiej wykorzystać pretekst, jakim jest ucieczka z wojska, do tego, by uciec i od niej… Trudno zasnąć, bijąc się z myślami, balansując między dobrze-niedobrze, kocha-nie kocha, z każdą kolejną minutą tej nieznośnie ciągnącej się nocy coraz bardziej oddalając się od „tak", coraz wyraźniej dryfując w stronę „nie".

Jednak Hilda nie byłaby sobą, gdyby pozwoliła długo wodzić się za nos głupiej niepewności. Jeśli nawet miałaby zostać ostatecznie upokorzona — trudno! I tak pójdzie tam i dowie się, jak się sprawy mają, póki jest jeszcze czas. Byle tylko zdążyć, zanim przyjedzie pociąg. Byle tylko… Pieronie, zegar bije, już dziewiąta! Zerwała się z łóżka, wrzuciła na siebie byle jakie ubranie i bez słowa wybiegła z domu. W drodze przygładzała ręką na wpół rozplątany warkocz. Ale musiała wyglądać!

„Jakby miała na głowie ptasie gniazdo" — pomyślał Willi z rozczuleniem, głaszcząc jej jasne włosy. Siedzieli we dwoje na dworcowej ławeczce w pewnej odległości od nieufnie przyglądającej się im Karoliny i ślącego coraz bardziej nerwowe sygnały Józka. Tak, porucznik Jenike miał świadomość, że czas mija i że za moment będzie musiał wskoczyć do srożącego się, buchającego gorącem pociągu. Pozostało mu jednak jeszcze coś do załatwienia. Należało odpowiedzieć i się zadeklarować, skoro zostało się przed chwilą sprowokowanym słowami najbanalniejszymi z banalnych:

— Kocham cię — powiedziała Hilda.

— I jo ci przaja, dzioucha — odparł w swej nieporadnej, źle akcentowanej śląszczyźnie.

— Wrócisz?

— Obiecuję. Jeśli tylko będę żywy — wrócę. Ale nie napiszę, bo…

— Wiem. Bezpieczeństwo.

— Mhm.

— Pociąg! Już odjeżdża! — dobiegło ich wołanie Józka.

Willi puścił Hildę, wstał, złapał w rękę worek ze swoim skromnym dobytkiem i w trzech susach znalazł się przy krawędzi peronu. Z impetem wskoczył na platformę ostatniego wagonu, skrzywił się na wciąż bolesną odpowiedź ledwo zagojonych żeber i spojrzał w tył, ku malejącym z każdą chwilą sylwetkom ludzi pozostałych na peronie. Widział tylko ją, Hildę. Wargi wciąż paliły go od pocałunków, jakimi hojnie go obdarowała, usłyszawszy, że jej uczucie jest odwzajemnione. Całowała go zawzięcie, niepomna na widowisko, jakie z siebie czyni wobec zdegustowanych sąsiadów z miasteczka, gwiżdżących na znak aprobaty żołnierzy i cywili, także korzystających z usług kolei. Jenike ponownie pożałował, że nie potrafi cofnąć czasu o te kilka godzin, które mógłby spędzić najmilej, bo z dziewczyną, na której, jak teraz widział bardzo jasno, szczerze mu zależało! Nic z tego, czas biegnie jedynie do przodu. A skoro tak, to trzeba przygotować się do dyskretnej ucieczki z pociągu za stacją Kattowitz…

XX

— Dłuto, piłka i hebel. Chyba wszystko jest.
— Jeszcze ośnik.
— A, tak. — Hilda sięgnęła na dolną półkę i podała towar Józkowi Botorowi. — To dla ciebie czy dla stolarza Kwaśnioka?
— Dla brata.
— Wrócił do rzeźbienia?
— Ja tam nie wiem, rzadko z nim ostatnio gadam. Chciał, żeby mu kupić narzędzia, to kupuję.
— Pamiętam, jak jeszcze do szkoły przynosił różne cuda. Psy, koty, inne zwierzaki, wszystkie śmieszne. Najbardziej lubiłam takie ptaszki gwizdki. Bardzo udane, a jakie głośne! Biegaliśmy z nimi i straszyliśmy ludzi na ulicy. A dla ciebie robił koniki, masz je gdzieś?
— Ja… chyba nie.
— Dobra, leć, widzę, że się śpieszysz.
Józek Botor wyraźnie unikał jej wzroku. W ogóle starał się ostatnio schodzić z drogi Hildzie Widerze. Szybko wziął pakunek, zapłacił odliczoną kwotę, burknął coś jakby: „Do widzenia!" i czym prędzej czmychnął na schody i dalej na

zewnątrz, gdzie zostawił rower. Tak gnał, że nawet nie zdążył się ukłonić staremu Stabikowi, który po południowej drzemce wrócił do kantorka.

— A tego co ugryzło? — spytał pan Augustyn, zaglądając z góry do handlowego królestwa swojej pracownicy.

Wzruszyła ramionami. Domyślała się, w czym rzecz, ale nie chciała się dzielić podejrzeniami z chlebodawcą. Józka dotknęła pewnie ta sama dolegliwość, która śrubowała usta jego brata.

Nazywała się ona Wilhelm Jenike i przypuszczalnie ukrywała przed światem i Hildą w leśniczówce gajowego Botora.

Skąd te domysły? Właśnie z dziwnego zachowania obu kuzynów Willego. O ile ich matka zasady konspiracji opanowała wzorowo — a może po prostu miała do tego większy talent i całkiem swobodnym tonem informowała sąsiadów, że owszem, syn Fridy pojechał z powrotem na front po tym, jak całkiem się tu w naszych Tychach wyleczył, powietrze tu dobre, tyle zieleni, nie ma jak zieleń dla rekonwalescenta, zieleń, miejscowe dziewczyny i piwo, ha ha ha — o tyle Paweł z Józkiem na szczerych twarzach wypisane mieli, że coś ukrywają, coś knują. Kompletnie się do tego nie nadawali, choć może tak reagowali tylko wobec niej? Hilda nie zauważyła, żeby ktoś nadmiernie się interesował poczynaniami starszego albo młodszego Botora, nie słyszała, by ktokolwiek miał wątpliwości co do losów porucznika Jenikego, lecz skoro ona żywiła graniczące z pewnością przekonanie, że Willi ukrywa się u Pawła, to dlaczego nie inni? Na przykład Karl Schikorski albo jej szwagier, Otto Gampig. No tak, tylko oni nie mieli pojęcia, że Wilhelm Jenike zdezerterował.

Minął prawie miesiąc, odkąd odjechał w kierunku frontu. Gdyby nie to, że Hilda miała świadomość, iż nie zamierza on wracać do wojaczki, może do głowy by jej nie przyszło podejrzewać gajowego Botora o ukrywanie kuzyna. Ale przecież znała tajemnicę Willego, do tego żywo ją zajmował jego los, skoro była zakochana, stęskniona i przez to nieszczęśliwa. Wciąż jednak pełna nadziei, że uda jej się wyciągnąć z Józka informacje i namówić go, żeby zabrał ją do domu brata. Sama by zabłądziła na nieoznaczonych leśnych ścieżkach, a na Pawła nie liczyła, bo ten w Tychach pokazywał się ostatnio wyjątkowo rzadko i jedynie na chwilę; nawet matki nie odwiedzał, w dodatku jak zawsze mówił bardzo niewiele, więc nie można było liczyć na to, że się wygada. Józek to co innego. Hilda doskonale zdawała sobie sprawę, że mu się podoba. Gotowa była to wykorzystać i w sprzyjających okolicznościach pociągnąć karlusa za język. Niestety, za każdym razem wyślizgiwał się jej z rąk niczym piskorz. Przy tych nielicznych okazjach, kiedy się spotykali — czy to w sklepie, czy na ulicy albo nawet w domu Hildy, kiedy odwiedzał jej brata Jaśka — Józek Botor starał się zniknąć jej z oczu tak szybko, jak tylko to było możliwe. Wreszcie się jednak biedna Hilda doczekała, i to szybciej, niż mogłaby przypuszczać, bo jeszcze tego samego popołudnia.

Wybiegłszy ze sklepu Pająka vel Petersa, Józek wsiadł na rower i pognał do brata. Jego samego nie zastał, jedynie kuzyna skupionego na przygotowywaniu zupy według szczegółowej receptury i ze składników, jakie zostawił mu Paweł. Willi właśnie obierał kartofle i dziwił się, że tak sprawnie mu to idzie, skoro jeszcze niedawno nie bardzo wiedział, jak dobrze chwycić kuchenny nóż. Jak chłop jest bez baby i musi, to nawet gotować się nauczy, a co! Wilhelm Jenike zadumał się nad garnkiem z obierkami, bo nagle nie wiedzieć czemu zrobiło mu się smutno. Odłożył narzędzie, wstał i wycofał się w cień, słysząc, że ktoś się zbliża. Ostrożnie zerknął przez kuchenne okno. Uff, to tylko Józek. Jest sam? Tak! Nie trzeba zatem w panice zacierać po sobie śladów i pakować się znowu na strych!

— Cześć, młody, co tam? — przywitał wchodzącego.

— Narzędzia przywiozłem Pawłowi, jest?

— Nie, wyszedł, będzie z godzinę temu. Podobno sarna się zaplątała we wnyki, trzeba ją zastrzelić…

— Byli u nas dzisiaj żandarmi z Pszczyny. Pytali o ciebie.

— Jak to?

— No tak. Twoja matka pisała do mojej, pamiętasz?

— Pewno. Że się dowiedzieli z ojcem o mojej dezercji i że stary mnie przeklął. Nie pierwszy zresztą raz, spodziewałem się.

— No. I mamulka odpisała, że byłeś u nas na urlopie i że wsadziliśmy cię do pociągu. Ktoś to na poczcie pewno przeczytał i poleciał z gębą do wojskowych.

— *Scheiße!* To chyba będę musiał stąd szybko zniknąć, co, Józek? Szkoda, myślałem, że mnie twój brat nie tylko gotować, ale i rzeźbić nauczy. — Z żalem spojrzał na przywiezione przez Józka narzędzia. Dotknął papieru, w który były zapakowane. „Karl Peters, Colonialwaren und Delikatessenhandlung*",

---

* Artykuły kolonialne i sprzedaż delikatesów (niem.).

głosiła pieczątka u dołu arkusza. — Byłeś po nie u Hildy, młody? — spytał Willi stojącego nieco z tyłu kuzyna.

— Tak.

— Co u niej?

— Nie wiem.

— Nie pytała o mnie?

— Chyba chciała, ale ja… Uciekłem.

Willi zerknął na niego i aż się uśmiechnął na widok nieszczęśliwej, zakłopotanej miny kuzyna.

— Dobrze zrobiłeś, bo coś czuję, że byś jej wszystko zaraz wygadał. Mam rację?

— Ja, nie… Ja nigdy, no coś ty…

— Jaaasne. Jak to było? „Ja to bym wolał Hildę"? — Mrugnął Willi.

— No pewnie! No pewnie, że bym wolał. A ty ją… zostawiłeś, jak jakąś pierwszą lepszą! — wybuchnął nagle Józek, czerwony aż po cebulki włosów na głowie.

— Nie chciałem, ale zostawiłem. Do dupy to jest! Słuchaj, dziękuję ci za ostrzeżenie, a teraz leć już do domu, bo ciotka Karolina pewno na ciebie czeka. A jak spotkasz Hildę, to powiedz jej ode mnie… Powiedz, że u mnie wszystko porządku, dobrze? Żeby się nie martwiła. Ale nic jej więcej nie gadaj!

— No pewno że nie. Co ja babka spod kościoła jestem, żeby mleć jęzorem na prawo i lewo?

Babką Józek Botor nie był, ale przecież nie był też z żelaza, tylko z młodego ciała, młodej krwi i młodego serca, nie w pełni posłusznego rozkazom rozumu. Jego tak doceniane przez matkę rozsądek i poczucie odpowiedzialności zatracały się niemal całkowicie wobec kobiety, którą sobie obrał na obiekt pierwszych wzruszeń. Józek Botor gotów był wiele wytrzymać dla Hildy Widery. Nawet mękę, jaką niosła ze sobą rola pośrednika w kontaktach między nią a własnym kuzynem. Całe Tychy śniły o piękniejszej z bliźniaczek, a tymczasem Józek podziwiał brzydszą. I przez to szlag trafił jego silną wolę, dyskrecję i konspirację.

Czekał na Hildę na cmentarzu przy kościele św. Marii Magdaleny. Po obiedzie oświadczył matce, że idzie odwiedzić grób ojca, i wyszedł. Karolinę nieco zdziwiła ta nagła duchowa potrzeba młodszego syna, ale o nic nie pytała. Młody jest, jakiś taki ostatnio milczący, może potrzebuje coś ze świętej pamięci Franciszkiem obgadać? W czymś się go poradzić? Niech idzie, świeczkę zapali, ona da mu na to pieniądze… Poszedł i faktycznie — grób uprzątnął, kwiaty w wazonie ustawił, dodał znicz, podumał chwilę, przeżegnał się, a potem ruszył z powrotem, przystając przy cmentarnej bramie i stamtąd obserwując główną ulicę miasteczka. Dostrzegłszy zbliżającą się od strony sklepu Hildę, wyszedł jej naprzeciw, udając, że to całkowicie przypadkowe spotkanie. Wyraźnie zaskoczonej zaproponował, że ją odprowadzi i elegancko podał ramię, jak jakiś wielki pan, a nie Józek Botor, smarkacz i zwyczajny synek z Tychów, syn górnika i krawcowej.

— Paweł ucieszył się z narzędzi?
— A, jeszcze się z nim nie widziałem. Ale… Wiem coś o Willim.

— Tak?
— Niewiele wiem. Tylko tyle, że wszystko u niego w porządku, że ma się dobrze i że pozdrawia.
— Dziękuję.
— Proszę. Niestety, nic mu nie mogę przekazać, bo nie mam pojęcia, gdzie jest — dodał szybko i zupełnie niepotrzebnie.
— Nie masz, Józek, pojęcia?
— No, nieeee...
— Aha. A powiedz mi, kochanie — to „kochanie" było dodane specjalnie, żeby całkiem biednego Józka wyprowadzić z równowagi — powiedz, gdzie masz te narzędzia dla Pawła, co?
— Ja... Zawiozłem mu do domu, do leśniczówki. Tylko Pawła nie było, bo pojechał zastrzelić sarnę, co się złapała we wnyki i...
— O. A skąd wiesz, dokąd pojechał, skoro Pawła nie zastałeś?
Zakłopotane, nastoletnie milczenie. Hildzie zrobiło się Józka żal, ale nie na tyle, by mu odpuścić. Musiała się upewnić w tym, czego nadal się tylko domyślała:
— On tam jest, Józek. Ukrywa się u twojego brata, prawda?
Aż się zachłysnął wciągniętym zbyt szybko powietrzem i rozkasłał. Znad osłoniętych dłonią ust posłał jej pełne wyrzutu spojrzenie.
— Willi jest w leśniczówce. Mam rację? — Hilda była bezlitosna.
Jak na umówiony znak oboje rozejrzeli się ostrożnie wokół. Rozmawiali co prawda ściszonymi głosami, nikt za nimi nie

szedł, jednak było popołudnie, raz za razem kogoś mijali. Upewniwszy się, że nie są podsłuchiwani, Józek stanął, wyswobodził się z uścisku Hildy i poddał. Nieznacznie kiwnął głową. Zaraz tego pożałował, gdy ona wspięła się na palce, zbliżyła usta do jego ucha, aż przeszedł go dreszcz i szepnęła nieznoszącym sprzeciwu tonem: „Zabierz mnie tam!".

Co miał robić biedny Józek Botor? Tutaj jest Śląsk, tutaj chop się zawsze słucha księdza i kobity. A już taki karlus, co ij fest przaja, musi się posłuchać dziouchy. Nawet jeśli ją kocha skrycie i całkiem beznadziejnie. Uszczęśliwi ją, choćby sam miał cierpieć, patrząc, jak w progu domu brata ona całuje się z innym. Ale to następnego ranka, kiedy oboje z Hildą wybiorą się na rowerową wycieczkę do lasu. Młody Botor zawiezie ją do Willego i zostawi z nim samą, skoro Pawła znowu gdzieś pognały obowiązki gajowego. Zanim odjedzie z powrotem do domu, Józek postoi chwilę, pogapi się na czułe przywitanie kuzyna z panną Widerą i dopiero wsiądzie na rower. Pedałując zawzięcie, będzie wyobrażał sobie na tysiąc sposobów, co się wydarzy, kiedy zamkną się za nimi drzwi leśniczówki.

XXI

Wyobrażać to sobie można na tysiąc sposobów, opisywać na jeszcze więcej, a między Hildą Widerą i Wilhelmem Jenikem wydarzyło się tamtego dnia to, co się wydarzyć musiało. Spełnienie. W zamian ona dostała od niego w prezencie wspomnienia, które miały ogrzewać ją i pocieszać w złym czasie, on od niej dostał... Cóż. Przekonał się, że cienka sukienka w kwiatki, skromna, choć zapinana na guziczki — ta sama, którą Hilda miała na sobie, gdy Willi opowiadał jej o śpiewających polski hymn rekrutach Wehrmachtu — że ta sukienka udatnie broni się przed rozpięciem właśnie przez owe guziczki, ciut za duże i nieporęczne. A ile ich było, tych cholernych guziczków! Za to kiedy już się wreszcie poddały i spod lekkiego materiału w drobną łączkę ukazało się ciało, którego świadomość po raz pierwszy w pełni dotarła do niego tamtej nocy po koszmarnie, śmiertelnie zakończonym weselu Rosy, wtedy... Willi zrozumiał jeszcze jedno znaczenie wyrazu „solidna". Rozsmakował się w tym słowie, które od teraz było dla niego także ciepłem, miękkością, kobiecością i szczodrością, jakich się nie spodziewał.

Hilda ofiarowała mu wszystko, niczego nie poskąpiła. Zachwycał się tym, ale i dziwił, jeszcze bardziej, kiedy sama mu powiedziała, że ona wcześniej nigdy, z nikim… Wobec niego od początku nie czuła wstydu, nie było w niej skrępowania ani obawy, nie wahała się, za to chętnie uczyła się od niego tego, czego zechciał ją nauczyć. Mówiła mu też, nie zawsze słowami, czasem grymasem albo gestem, co sprawia jej przyjemność, a co przykrość, czego pragnie, a czego wolałaby uniknąć. Fizycznie było mu więc z nią lepiej, prościej niż z niejedną spośród byłych kochanek. Psychicznie — wręcz przeciwnie.

„Ciotko Karolino, właśnie złamałem daną tobie i sobie obietnicę. Uwiodłem tę porządną śląską dziewczynę, rozkochałem w sobie i zaciągnąłem do łóżka. Choć, prawdę mówiąc, to ona sama do niego trafiła. Ale ja jej z pościeli nie wygoniłem, bo za bardzo jej chciałem. I teraz powinienem wziąć na siebie odpowiedzialność, tylko… Jak mam to zrobić, jeśli niedługo zginę?"

Rozstrzelany?
Zagłodzony?
Zatłuczony?
A może nie?

Chciał to z Hildą przegadać, podzielić się swoim strachem, smutkiem, bezradnością. Już miał otworzyć usta i zacząć od poważnego: „Posłuchaj mnie, Hilda…", ale nie zrobił tego, bo na nią spojrzał. Stała naga przy osłoniętym firanką oknie. Pozostając w bezruchu, spoglądała w dal. Polana, las, wyżej rozgrzane do białości letnie niebo. Wpadające do pokoju rozmazane promienie słoneczne odgradzały jego wzrok od szczegółów kobiecego ciała, widział tylko zarys. Łagodne falowanie rozpuszczonych włosów, wklęsłości i przede wszystkim wypukłości… „Moje — pomyślał. — Niczyje inne". Sam się zdziwił własną zaborczością, ale tak czuł. A jeśli zobaczy ją taką ktoś z zewnątrz? Tylko kto miałby, skoro byli tu sami. Paweł?

Wstał, przekroczył słoneczną barierę i dotknął jej ręki. Hilda obróciła się ku niemu wolno, uśmiechnięta, szczęśliwa. Tonął w tej błogości. Z przykrością podał jej sukienkę, bieliznę i wskazał buty.

— Ubierz się, Paweł może wrócić w każdej chwili.
— Mhm.
— Poproszę go, żeby zawiózł cię do miasta, a na razie… Jesteś głodna?
— Wie pan, że tak, poruczniku?
— Oj, już chyba nie „poruczniku". Masz ochotę na… Taka wasza kwaśna zupa, jakże się ona nazywa? Z chlebem i kartoflami…
— Żur?
— Tak, właśnie. Żur. Zjesz żuru? Sam ugotowałem!
— No proszę, proszę, niemożliwe.
— Naprawdę. Wczoraj. Podobno wyszedł pierwsza klasa!
— Już się tak nie aś, gołąbeczku. Chętnie zjem żurku.

Paweł Botor bardzo się zdziwił, zastając swego kuzyna w towarzystwie Hildy Widerzanki. O nic nie pytał, ale swoje pomyślał, skoro tych dwoje siedziało przy stole i patrzyło na siebie wzajem tak, jakby poza stołem, krzesłami i miskami z zupą świat wokół nie istniał. Jemu, Pawłowi, ledwie dali znać, że go zauważyli, po czym wrócili do milczącego, ale przecież przepełnionego znaczeniem wspólnego jedzenia. Nie czekając na zaproszenie, gajowy Botor wyciągnął z szafki swoje naczynie, z szuflady łyżkę i też zasiadł do obiadu. Był bardzo głodny.

XXII

W SZARPANY, pełen niepokojących obrazów sen Jenikego wdarł się niezidentyfikowany stukot. Trrrrrrrrr-trrrrrrr-trrrrrr... Willi szarpnął się nerwowo, otworzył oczy i odezwał zduszonym szeptem:
— Słyszysz? Co to?
— Dzięcioł.
— Dzięcioł — powtórzył jak echo Willi. — Nie karabin — powiedział, tym razem już głośno, dobitnie, próbując w ten sposób dodać otuchy mocno łomoczącemu sercu. Z każdą kolejną sekundą mięsień w jego piersi uderzał wolniej, oddech się uspokajał, a umysł coraz wyraźniej uświadamiał sobie, jak błędnie zinterpretował całkiem niewinny dźwięk. I jak znacząco.

„Były czasy, w których byle co kojarzyło mi się z dupczeniem. Teraz wszędzie czyha na mnie zabijanie".

Hilda podniosła się z trawy. Jeśli nie chciała, żeby ojciec z matką się martwili, pora jej było wracać do domu, zamierzała więc ruszyć w stronę leśniczówki, gdzie pozostawiła rower i swego przewodnika, którym dzisiaj był nie Józek Botor, a dla odmiany Berek Sroka. Zmieniła jednak postanowienie, widząc, że Willi nie idzie za nią. W ogóle się nie ruszył, tylko dalej leżał na plecach, z rękami pod głową i jedną nogą opartą na drugiej. Oczy wbił w niebo. Mimo swobodnej z pozoru pozy znać było po nim zdenerwowanie. Hilda widziała je wyraźnie, odczytywała z zarysu mocno zaciśniętych szczęk swego towarzysza. Przyklękła na powrót przy Willim:

— Dalej jesteś myślami na wojnie — wreszcie głośno nazwała demona, który tego dnia uparcie krążył nad ich spotkaniem, przeobrażając senną, zmęczoną letnim upałem zieleń Puszczy Pszczyńskiej w pole bitwy, zajmując myśli, sznurując obojgu usta i blokując ich ciała.

— A gdzie mam być, jak ci mi wyskakują z takimi pomysłami!

— Niepotrzebnie nawrzeszczałeś na Pawła. On chce dla ciebie dobrze. I to przynajmniej jest jakiś pomysł…

— Jasne. Mam się dać zaprowadzić temu smarkatemu Sroce do polskich bandytów.

— Partyzantów.

— Niech będzie: partyzantów. Jak zwał, tak zwał.

— Jest różnica między partyzantem a bandytą. Zasadnicza! Oni walczą w słusznej sprawie. Bronią swojego kraju przed… przed… no przed…

— Nie jąkaj się, tylko powiedz to wreszcie. — Willi uniósł tułów do pionu, a ton głosu niemal do krzyku. — Powiedz, że bronią go przede mną! Przyznaj, bo to prawda! Bronią kraju przed przeklętymi Niemcami! Ja jestem przeklętym Niemcem! Naprawdę myślisz, że jak mnie zobaczą, to pogłaskają po główce, przebaczą i na dowód zgody zrobią ze mnie, nie wiem, może na przykład swojego kucharza, co? Będę im gotował żur, czekając, aż wrócą z akcji? Czy wyście się wszyscy z kurami na rozum pozamieniali, czy jak?

— Willi…

— Hilda. — Podniósł obie ręce na wysokość głowy i pokręcił nią, tłumiąc w zarodku kolejną próbę polemiki z jej strony.

Nie chciał ponownie wysłuchiwać argumentów, które ona, Paweł i ten gówniarz Sroka wyłożyli mu już raz tego ranka bardzo jasno. Zamiast tego powtórzył własne:

— W najlepszym wypadku, w który oczywiście nie wierzę, ale w najlepszym wypadku będą mi zadawać pytania. Dużo pytań. Jeśli trafię z odpowiedziami, to każą mi udowodnić, że jestem gotów do zdrady. Dadzą karabin i będę musiał strzelać do swoich. A ja nie chcę do nich strzelać, do nikogo, kurwa, nie chcę więcej strzelać, czy to tak trudno zrozumieć?! — wrzasnął biednej Hildzie prosto w ucho, tak głośno, że aż się skuliła. Trochę z powodu tego, że rozbolał ją bębenek, a trochę, bo przypomniała sobie kłótnię, jaka z tego samego powodu rozpętała się wcześniej między Willim i jego kuzynem Pawłem. „To są moi kamraci, moi towarzysze broni, powiedz mi, Paweł, jak mógłbym do nich strzelać? Ale nie, ty mi nic nie powiesz, bo ty tylko do saren strzelasz. Do zajęcy strzelasz. Zabiłeś kiedyś człowieka? Kobietę zabiłeś? Bo ja tak! I wiesz co? Wystarczy. *Schluss!*"

— Zresztą to nie ma znaczenia, bo i tak nie wierzę w żadne tam rozmowy czy negocjacje — kontynuował Willi, znowu spokojniej. — Wiesz, co ci wasi partyzanci ze mną zrobią?

O nic nie będą pytać, zwyczajnie mnie rozwalą i tyle. — Willi wzruszył ramionami i obrócił się tyłem do Hildy. Ostatnie słowa wypowiedział jednak tak cicho, że odważyła się położyć mu dłoń na ramieniu i rzec:

— Mylisz się.

— O? A czemuż to?

— Tutaj to się zdarza.

— Co się zdarza? Cuda się zdarzają?

— Tutaj jest Śląsk, tu się ludzi siłą wciela do niemieckiego wojska. Sam widziałeś wtedy na dworcu… Ślązacy uciekają. Czasem na drugą stronę frontu. Albo do lasu.

— Tylko że ja nie jestem Ślązakiem.

— Jesteś. W połowie.

— A w połowie Austriakiem. Odkąd przyjechałem do Tychów, ciągle mi to powtarzacie, jakby to miało jakieś znaczenie. Pół-Ślązak, pół-Austriak to razem cały Niemiec! Przypominam pani, panno Widera, że i Śląsk, i Austria są aktualnie niemieckie! Niemieckie! A ja się urodziłem w Niemczech, całe życie mieszkałem w Niemczech i jestem Niemcem!

— Mówiłeś, że chcesz być stąd, że chcesz być nasz.

— Prawda, tak mówiłem.

— W takim razie chyba powinieneś przynajmniej zastanowić się nad propozycją Pawła. A może masz lepszy pomysł?

Nie miał lepszego pomysłu. W ogóle nie miał żadnego pomysłu i dobrze wiedział, że nie ma też innego wyjścia jak przystać na plan kuzyna i tego smarkatego Sroki. Tyle że się bał. Zwyczajnie i po ludzku.

— Zastanowię się. Ale strzelać nie będę. Ze strzelaniem koniec. I z tematem między nami na dzisiaj też koniec. Zgoda? Wyciągnął do niej rękę. Chwyciła ją. Pozwoliła się przytulić. Pocałować. A potem znowu przytulić.

— Zgoda... Willi?

— No co tam, dzioucha? — wymruczał, rozkosznie zaplątany w jej rozpuszczone włosy.

— Nie myśl za długo. Nie ma na to czasu.

— Wiem.

Wiedział. Wieści z miasta były co najmniej niepokojące. Żandarmi poszukujący zaginionego Wilhelma Jenikego najwyraźniej nie uwierzyli zapewnieniom ciotki Karoliny. Może i nie mieli pewności, że siostrzeniec Botorowej ukrył się na Śląsku, ale i tak węszyli. Rozmawiali już z Józkiem — na szczęście wykręcił się od dłuższej konwersacji zbliżającą się godziną obowiązkowej zbiórki HJ. Odwiedzili w sklepie Hildę, dzielnie udającą porzuconą i stęsknioną dziewczynę żołnierza. Szczerze zdruzgotaną informacją, że oto jej luby nie dotarł do macierzystej jednostki. Wyszedłszy ze składu Stabika-Petersa, wojskowi szpicle udali się prosto do szkoły, gdzie zapukali do gabinetu *Leitera* Gampiga, jego także dokładnie wypytując o znajomość z porucznikiem Luftwaffe, domniemanym dezerterem i — „właściwie to prawie pańskim szwagrem, prawda, Gampig?".

O tym, że żandarmi przesłuchali jej męża, Hilda usłyszała od Rosy. Jednak tego, że Gampig aktywnie włączył się w poszukiwania zbiega... Cóż, tym się swojej młodej żonie nie pochwalił, zatem i Hilda nie miała o tym pojęcia. A skoro tak, nie mogła podzielić się tą informacją z Wilhelmem Jenikem.

Szkoda, bo może gdyby Willi był świadom, jak bardzo osobistą sprawą stała się nagle jego dezercja, nie dyskutowałby z Pawłem Botorem, tylko bez protestów zaakceptował sugestie kuzyna i wraz z Berkiem Sroką od razu ruszyłby na spotkanie partyzantów walczących pod sztandarem polskiej Armii Krajowej. Ponieważ jednak nic nie wiedział, pomyślał: „Za kilka dni, może nawet jutro stąd zniknę, Hilda. Ale nie teraz. Teraz chcę z tobą zostać". Głośno zaś poprosił:

— Nie wracajmy jeszcze — i pociągnął nieco tylko krygującą się Hildę dalej w las, tam gdzie mogli być sami, we dwoje, jak jedyni ludzie na świecie. Miłość, szczególnie ta cielesna, lubi wszak intymność. Dyskrecję osłoniętych polanek porośniętych miękką, łatwo poddającą się trawą. Można na niej swobodnie rozłożyć kraciasty koc, a potem nieco onieśmieloną okolicznościami przyrody dziewczynę, wreszcie samemu lec obok albo pomiędzy. Pomiędzy nią a sprzyjającym uczuciom błękitem nieba bez jednej chmurki. Willi zyskał już pewną biegłość w rozpinaniu upartych guziczków ukwieconej sukienki. Czynił to więc bez większego trudu, nawet jakby od niechcenia jedną ręką, skoncentrowany na drugiej, wędrującej w górę odsłoniętego kobiecego uda. Niewesołe rozmyślania na temat czekającej go dalszej przyszłości chwilowo sobie odpuścił, skupiwszy się w pełni na tym, co najbliższe...

Willi jęknął przeciągle, z wyraźną przyjemnością w głosie. Hilda zamruczała rozkosznie.

Otto Gampig cicho zamknął za sobą drzwi półciężarówki. Wyskoczył z szoferki, spojrzał na plan terenu, rozejrzał się wokół i dał znak towarzyszącemu mu oddziałowi wojskowej żandarmerii — trzem żołnierzom dowodzonym przez wąsatego austriackiego oficera, którego młodość przypadła na czas poprzedniej wojny.

Był do żywego oburzony sugestią, że on, wierny syn niemieckiej Rzeszy, szczery narodowy socjalista, działacz partyjny i wychowawca młodzieży w jednej osobie, mógłby mieć cokolwiek wspólnego z tym rejterantem, z tą przeklętą łajzą Jenikem! Dobrze sobie zapamiętał upokorzenie, jakiego doznał za przyczyną pięści tego cholernego kurdupla w noc własnego wesela. Awantura, jaką zrobiła mu Rosa — stająca jednoznacznie przeciw niemu, a po stronie tyskiej społeczności, zdruzgotanej losem muzykanta Musioła; mało satysfakcjonująca, bo ocierająca się niemal o gwałt konsumpcja małżeństwa, ciche dni w czasie miodowego miesiąca... Logicznie rzecz biorąc, nie za wszystko Otto Gampig winić mógł Willego, lecz nie o logikę tu chodziło, a o zemstę. Jako rekompensatę za swoją krzywdę chętnie widziałby osobistego wroga martwym. A przynajmniej pokonanym, skoro, jak się okazało, Wilhelm Jenike był powietrznym asem, odznaczonym dwukrotnie Krzyżem Żelaznym — najpierw drugiej, potem także pierwszej klasy. Ciekawe, że się tym nie chwalił? Tak czy inaczej, jak powiedziano Gampigowi, przy pierwszej próbie dezercji Jenikego nie przewidywano natychmiastowej interwencji plutonu egzekucyjnego. Pilota czekało usunięcie z lotnictwa, degradacja do stopnia szeregowca wojsk lądowych i skierowanie na najgorętszy odcinek wschodniego frontu w ramach jednej z owianych jak najgorszą sławą karnych jednostek Wehrmachtu, co oznaczało właściwie jedynie odroczenie wyroku śmierci w czasie. Zwłaszcza teraz, w roku czterdziestym trzecim, gdy ogłoszona w lutym przez ministra Goebbelsa wojna totalna nabierała nowego rozpędu w okolicach rosyjskiego Kurska... Każdy zdolny do noszenia karabinu mężczyzna był obecnie na wagę złota. Tego nieszczęsnego Musioła niepotrzebnie rozwalili. Też się go powinno wcielić do karnej kompanii. Zanim by zdechł, może przynajmniej paru Ruskich posłałby jeszcze do piachu dla Niemiec i Führera!

Karna kompania... Otto rozciągnął w uśmiechu mięsiste wargi. „Zadzierając ze mną, wdepnąłeś w niezłe gówno, Jenike!" Pochylił się i śladem swoich kamratów chyłkiem ruszył w kierunku leśniczówki. Zbliżając się do zabudowań, z zadowoleniem odnotował, że rower Hildy Widery stoi oparty o ścianę szopy na drewno. A zatem nie mylił się.

Otto zaczął węszyć, kiedy tylko zamknęły się drzwi za przesłuchującymi go żandarmami. Nawet gdyby w grę nie wchodziły przyczyny osobiste, pewnie i tak podjąłby się tej wolontariackiej roboty, bo zwyczajnie lubił ćwiczyć swój intelekt w badaniu otoczenia, kojarzeniu z pozoru mało znaczących faktów i odnajdywaniu właściwych ścieżek międzyludzkich powiązań. Był w tym o wiele lepszy niż w nieszczęsnych matematycznych obliczeniach. A skoro sprawa miała dla niego wymiar wybitnie osobisty, postarał się w dwójnasób. Wszak któż byłby w stanie bardziej od niego docenić satysfakcję, jaka płynęła z przyczynienia się do ujęcia tego akurat dezertera?

Nikt! Oczywiście, że chciał brać udział w samej operacji. Już wyobrażał sobie, co wyczyta z brzydkiej gęby pochwyconego Jenikego. Zaskoczenie na pewno, ale z czym zmieszane? Z rozpaczą? Rezygnacją? Bezsilną nienawiścią? Ta ostatnia podobałaby się Ottonowi najbardziej.

W szkole trwały letnie wakacje, więc poza nudnym uzupełnianiem akt i tak nie miał na polu zawodowym wiele do roboty; zamknął więc za sobą drzwi i ruszył na nieśpieszną przechadzkę po Tychach. Szpital, do którego ostatnio nader często kierował swe kroki, robiąc żonie złośliwe, bo niemile widziane niespodzianki, tym razem ominął. Zamiast tego pod byle zakupowym pretekstem zajrzał do składu Petersa, gdzie za ladą zastał jak zwykle niechętną mu Hildę Widerę. Mimo że siostra Rosy w rozmowie z Gampigiem nie wychodziła poza burkliwe półsłówka, on jakby tego nie zauważał. Zachowując ton luźnej towarzyskiej konwersacji, najpierw zaprosił szwagierkę do domu na popołudniową kawę — „Oczywiście, kiedy Rosa wróci z pracy, ha ha!", potem podziękował za pomoc w wyborze towaru i udając, że się żegna, niby przypadkiem wspomniał o właściwym powodzie swojej wizyty. Czy słyszała, że ten pilot, z którym przyszła na wesele, podobno zdezerterował? Hilda wymamrotała, że owszem, byli u niej żandarmi, ale niestety nie mogła im pomóc, bo nic nie wie na temat dalszych losów Jenikego. „Akurat!" — pomyślał Otto, odnotowując szybkie, spłoszone spojrzenie, jakie rzuciła mu spod oka. Dał jej ostatecznie spokój, pożegnał się i wyszedł. Nie wrócił jednak do szkoły ani nie poszedł do siebie. Dalej krążył po okolicy i dyskretnie, z odpowiedniego oddalenia obserwował mieszkańców miasteczka, ze szczególnym uwzględnieniem siostry Rosy. Jego uwadze nie umknęło więc to, co po skończonej pracy zrobiła Hilda Widera (poszła do krawcowej Botor), kto ją odprowadził do domu (młody Józek, któremu cicho, ale uparcie coś klarowała, rozglądając się przy tym nerwowo wokół), z kim i na co się umawiała pod furtką (na rowerową wycieczkę następnego ranka z tym ze wszech miar podejrzanym smarkaczem Sroką!).

Nieznoszący rachunków Otto Gampig tym razem z łatwością dodał dwa do dwóch i jeszcze do dwóch. Wyszło mu, że powinien natychmiast udać się do pszczyńskiego garnizonu, gdzie stacjonowała między innymi lokalna jednostka wojskowej żandarmerii. Z tyskiego magistratu pożyczył zatem auto z kierowcą — jako działaczowi partyjnemu wydano mu je jak zwykle bez problemu — i kazał się wieść do koszar w Pszczynie, po drodze zatrzymując się jedynie na moment w siedzibie *Forstamtu**, gdzie pozyskał mapę okolicy z zaznaczoną na niej lokalizacją leśniczówki gajowego Pawła Botora. Do Tychów wracał zadowolony, skoro nazajutrz miał się udać na polowanie na osobistego wroga w wojskowej asyście.

„To naprawdę nie było trudne. Zdecydowanie marnuję się na tym zadupiu! Kto wie, czy w dowód zasług nie przeniosą mnie wreszcie w jakieś bardziej prestiżowe miejsce? Do Kattowitz? Albo… do Breslau. Najlepiej byłoby do Berlina, ale i Breslau może być! Tylko nie na nauczyciela. A gdybym

---

* Nadleśnictwo (niem.).

tak zgłosił się do policji? Śledczy Gampig". Odrobinę się rozmarzył...

Kiedy z bezpiecznej kryjówki w zaroślach dojrzał Wilhelma Jenikego idącego w stronę leśniczówki za rękę z Hildą Widerą, uśmiechnął się ze złośliwą satysfakcją. Jego zadowolenie jeszcze wzrosło, gdy naprzeciw tamtym wyszedł Paweł Botor. We troje zniknęli w domu. „Mam was, gołąbeczki" — pomyślał Otto. Miał ich. Miał go!

— Nazwisko!

Otto Gampig stał na podwórzu leśniczówki w pewnej odległości od wojskowych i schwytanych przez nich mężczyzn. Znał swoje miejsce w sprawie, nic wtrącał się więc, jedynie z nieukrywanym zadowoleniem patrzył na Jenikego i Botora. Obaj mieli ręce założone z tyłu na karkach, na muszkach karabinów trzymali ich dwaj żandarmi. Trzeci pilnował zapłakanej Hildy Widery. Jaka szkoda, że ten smarkacz Sroka zdołał uciec! Nic to, najważniejsze, że w sidła narodowej sprawiedliwości wpadł ten pilot!

Wywołany do odpowiedzi przez dowódcę oddziału Willi zadarł wysoko głowę — naprawdę wysoko, stał bowiem na mocno rozstawionych nogach, co czyniło go jeszcze niższym, jeszcze bardziej bezbronnym. Gampig najpierw uśmiechnął się półgębkiem, widząc, jak tamten rozchyla usta, ale zaraz przeszła mu wesołość, gdy odczytał wyraz twarzy Jenikego. A właściwie brak jakiegokolwiek wyrazu twarzy. Całkowita obojętność malująca się na obliczu Willego odebrała

Ottonowi co najmniej połowę przyjemności z bycia przyczyną i świadkiem jego schwytania. Zagadnięty Jenike powiódł pustym wzrokiem po wszystkich zebranych, Gampiga przy tym nie pomijając, uspokajająco skinął w stronę Hildy i po wojskowemu wyrecytował swoje dane — imię, nazwisko, stopień i przydział służbowy. Odpytywany, podobnie bez emocji i patrząc już tylko prosto przed siebie, mówił dalej. Tak, zdezerterował. Nie, nie czuje się zdrajcą ojczyzny, po prostu nie chce już więcej zabijać. Owszem, gotów jest ponieść wszelkie konsekwencje. Zdaje sobie sprawę z tego, że powinien natychmiast stanąć przed plutonem egzekucyjnym.

(Tu Otto aż sapnął z irytacji. — „Co ten stary? Kaznodzieja jakiś? Spowiadać go będzie czy jak? Może na koniec zada mu pielgrzymkę w ramach pokuty?").

— O to, czy gajowy Botor wam pomagał, Jenike, nawet nie pytam, bo to się rozumie samo przez się. Pójdzie z wami. O tę panienkę też nie pytam, bo… — tu siwy oficer w randze kapitana machnął na Hildę ręką i kontynuował ze śpiewnym austriackim akcentem, który Willemu niespodziewanie przypomniał ojca, i tonem właściwym kazaniu, co kojarzyło mu się z kolei z niedzielną mszą. — Wszyscy jesteście zdrajcy, wszyscy defetyści! Ale, i mówię to z żalem, ale, powtarzam, macie dziś szczęście. Wy dwaj dostaliście jeszcze jedną szansę, by zmyć swoje winy.

No nie! Przy „zmywaniu win", choć sytuacja bynajmniej nie należała do zabawnych, uśmiechnęli się solidarnie wszyscy mężczyźni, zupełnie wbrew rozsądkowi prychnęli śmiechem nawet obaj aresztowani. Tylko Hilda nadal popłakiwała.

— Cisza ma być! — krzyknął nagle kapitan, wytrącony najwyraźniej z rytmu ułożonej wcześniej przemowy. Zrezygnował chyba jednak z jej kontynuowania, bo dokończył szybko: — Zostaliście zdegradowani do szeregowca, Jenike, usunięci z sił powietrznych Rzeszy i przydzieleni do karnej jednostki wojsk lądowych. Wy, Botor, też. Mam rozkaz odstawić was do pszczyńskiego garnizonu i zadbać o to, byście tym razem na pewno dotarli do miejsca przeznaczenia. Tam przejdziecie odpowiednie szkolenie… Nie spodoba wam się, gwarantuję. A panienka — tu podszedł do Widerzanki — panienka powinna trafić do obozu na reedukację!

Na to Willi wreszcie nie wytrzymał i szarpnął się w stronę pobladłej Hildy. Zatrzymało go dopiero zimno przystawionej do skroni lufy pistoletu.

— Do szeregu! — ponownie podniósł głos weteran walk za Franza Josefa. Gdy Jenike cofnął się o pół kroku, kapitan spokojniejszym już tonem dodał: — Powinna, ale nie trafi. Wróci do domu dzięki wstawiennictwu męża swojej siostry, obecnego tu pana Gampiga, czyż nie?

— Tak jest! — Otto lekko się skłonił, patrząc w oczy osłupiałej Hildzie.

„Mam teraz poczuć wdzięczność, tak? Mam być ci wdzięczna? Cóż, jestem ci wdzięczna tak samo mocno, jak mocno cię nienawidzę!" — pomyślała i pozwoliła spłynąć po policzku kolejnej dużej i słonej łzie.

Stała potem obok Ottona nieruchoma pośród leśnej drogi i patrzyła w milczeniu, jak żołnierze ładują na pakę ciężarówki najpierw całkowicie biernego, widocznie załamanego Pawła

Botora, potem zaś Willego. Nim ostatecznie zamknęły się za nim drzwi więźniarki, Jenike jeszcze na moment wyrwał się swoim strażnikom, wychylił na zewnątrz i krzyknął do niej:

— Ja do ciebie wrócę, słyszysz? Czekaj na mnie, przysięgam, że wrócę, ja… — Cios w głowę kolbą karabinu. Odgłos upadającego ciała, potem tylko cisza i ciemność.

— Nie łudź się — szepnął Hildzie do ucha Gampig. — Stamtąd się nie wraca. Bierz rower, odwiozę cię do domu. W końcu wypada mi zadbać o własną szwagierkę!

Hilda Widera poszła za Ottonem Gampigiem. Co mogła innego zrobić, sama w środku lasu? Nie miała nic, podczas gdy on dysponował dokładną mapą terenu.

XXIII

Zimowy wieczór. Na dworze mróz, surowość obrazu łagodzi świeży śnieg. Nie zdążył jeszcze pokryć się osadem sadzy i węglowego miału, iskrzy więc, migoce wszędzie tam, gdzie padnie na niego smuga księżycowego światła albo blask lamp czy ognia z żeliwnych piecyków, pracowicie ogrzewających wnętrza tyskich mieszkań i domów. Takich jak ten murowany czerwoną cegłą budynek przy ulicy Horsta Wessela, w którym mieszka rodzina pracownika Browaru Achima Widery. Gospodarza nie ma, pewno znowu zasiedział się u Strzeleckiego, gdzie pije za swoje i cudze, wlewaną w siebie bez pamięci gorzałką próbując zagłuszyć wyrzuty sumienia i świadomość wstydu, jaki sprowadziły na niego obie bliźniacze córki. Rosa, bo się wydała za mąż, i Hilda, bo się za mąż nie wydała, tylko została…

— Mamulko, jak to możliwe, że Hilda będzie miała dzidziusia, skoro nie ma męża? — Trudka nie wytrzymuje. Odrywa wzrok od nieodmiennie ją intrygującego, podobnego do balona i, jak się jej zdaje, cały czas rosnącego brzucha starszej siostry i spogląda pytająco na pochyloną nad praniem matkę.

Ledwie widzi jej twarz zza zasłony unoszących się wokół balii kłębów pary. Spowita nią Waleska raz po raz wściekle atakuje tarę, w dłoniach ściskając kolejne kawałki materiału. Tu ręcznik, tam poszewka na poduszkę, wreszcie odświętna sukienka Trudki... Biorąc ją do ręki, Widerowa jakby budzi się, uświadamia sobie, gdzie się znajduje, co robi, kto i o co ją właśnie zapytał. Wzdycha, odkłada robotę, ociera z czoła skroplony pot i siada obok ciekawskiego dziecka. Zanim się jednak odezwie, patrzy przez moment na rozłożoną na fotelu przy piecyku Hildę. Starsza córka drzemie. Ostatnio często można ją tak zastać. Ciąża od początku ją męczy — najpierw szarpała wnętrznościami, nie pozwalając za wiele jeść ani pić, potem, kiedy mdłości odpuściły, w ich miejsce pojawiła się apatia, ociężałość w ciele i umyśle Hildy. Nawet sam pan Stabik, tak dobry i zawsze wyrozumiały dla swej pracownicy, nie mógł tego zlekceważyć, skoro osobiście pofatygował się do domu Widerów, by porozmawiać z Achimem. Jego samego nie zastał, zamienił więc kilka życzliwych, ale przecież bolesnych słów z Waleską. „Zmuszony jestem dać Hildzie wolne przynajmniej do porodu. Myli się w zamówieniach i w rachunkach... Przysypia... Ja wiem, że wam ostatnio ciężko, Widerowo, ale zięć się skarży, ludzie narzekają... Proszę pomówić z córką. Ile tam jej zostało? Trzy miesiące? No to niech sobie odpocznie, urodzi, a potem wraca do pracy. Przyjmę ją z powrotem, obiecuję wam. A jeśli idzie o pieniądze, to rozmawiałem z Karlem. Zapłacimy za ten kwartał pół stawki, i to z góry. Wybaczcie, Widerowo, ale więcej nie mogę. Muszę mieć na zastępstwo za Hildę, a czasy takie...". „Rozumiem, panie Stabik. Rozumiem i bardzo wam dziękuję za serce!" — Waleska rzuciła się całować dłonie starego kupca, ale ten, nieco zażenowany zachowaniem tej zwykle zdystansowanej i dumnej kobiety, taktownie się wycofał, podziękował za erzac kawy, jakim go poczęstowano i z ulgą powrócił do swego kantorka.

Wizyta Stabika miała miejsce parę dni po Nowym Roku. Wkrótce Hilda faktycznie przestała rano wychodzić do pracy, bez słowa wręczyła Walesce całość obiecanych przez swego szefa pieniędzy i na dobre umościła się na fotelu blisko ogrzewającego kuchnię piecyka. Zasiadała na nim z rana, milcząca, smutna, z trudem się podnosiła za dnia, by pomóc w lżejszych pracach domowych, a wieczorem ciężkim krokiem, szurając nogami, szła do sypialni, którą kiedyś dzieliła z obiema siostrami, a teraz już tylko z Trudką. Mało o siebie dbała, niechętnie i jedynie za matczyną namową myła, czesała, najlepiej by tylko siedziała przy tym piecu i patrzyła w ogień buzujący na osłoniętym kratką palenisku. Jakby żyć się jej odechciało, bo gdyby nie Waleska, nawet o jedzeniu i piciu chyba całkiem by Hilda zapomniała! A musiała jeść za dwoje, była przecież w ciąży…

Widerowa upewnia się, że starsza córka nadal drzemie, pochyla się do młodszej i szepce:

— Nie ma męża, ale ma narzeczonego. Czasem się zdarza, że dzidziuś rodzi się dziouszce, która jest niewydana, ale ma szaca…

— To on żyje, ten szac od Hildy? — dziwi się Trudka. Zeszłego wieczoru podsłuchiwała prowadzoną półgłosem rodzicielską kłótnię i wyraźnie słyszała, jak tatuś złym głosem mówił do mamusi, że „ten cholerny Jenike pewnie dawno już gryzie ziemię!"

„Gryźć ziemię" — Trudka była mądrym dzieckiem i rozumiała, co to znaczy. Była też dzieckiem ciekawskim, chętnie nadstawiała ucha plotkom, wiedziała więc, że odkąd zabrali ich żandarmi, ani ten sympatycznie uśmiechnięty pilot Wilhelm Jenike, ani gajowy Paweł Botor nie dali znaku życia. Nie przyszedł od nich żaden telegram, list, paczka ani nawet słowo przekazane za czyimkolwiek pośrednictwem — żadna wiadomość od tych dwóch do Tychów nie dotarła. A skoro tak, to pewno naprawdę obaj „gryźli ziemię", jak gryźli ją kolejni sąsiedzi, których twarze zacierały się już w młodej Trudkowej pamięci. No tak, tylko po tamtych zostawało chociaż oficjalne pismo z orłem trzymającym hakenkreuza i informacją, że ten-a-ten poległ bohatersko „za Führera i Vaterland". Taki dokument po ojcu pokazywał niedawno dzieciom w szkole Jorguś od Kapiców. A Jasiek Trudce mówił, że krawcowa pisma nie dostała… To może coś było na rzeczy i Paweł Botor z kuzynem ziemi jednak nie gryźli?

— Nie wiemy na pewno, że nie żyje, córuś. A skoro nie wiemy na pewno, że nie żyje, to może żyje? Trzeba mieć nadzieję — odezwała się z namysłem Waleska, bardziej próbując przegonić tym samym własne strachy, niż odpowiadając na pytanie Trudki.

Nadzieję na powrót dobrego jeszcze miała. Wciąż liczyła na to, że mąż ostatecznie nie straci pracy. Joachim — do niedawna abstynent, choć zawsze na lekkim rauszu za przyczyną oparów fermentującego piwa, w jakich spędzał każdą szychtę — od lata chlał tyle, że aż niemiło było na to patrzeć. Aż źle było żyć z tym przecież z gruntu dobrym, zgodliwym i na swój prosty sposób niezwykle mądrym chopem. Robotnym, porządnym, docenianym przez przełożonych, tak kiedyś Polaków, jak teraz Niemców. Ale ileż można znosić powtarzające się nieobecności, spóźnienia, awanturowanie się z byle kim, z byle powodu i o byle co? Do tego powierzana Achimowi praca nie była ostatnio dobrze wykonywana. I nawet karne przeniesienie z fermentowni do hali leżakowania piwa nie pomogło. Stojący co dzień po kolana w zimnej wodzie piwnicy, zwanej dla skojarzeń z ciężkim śląskim więzieniem „Toszecką"*, Widera wcale nie otrzeźwiał, przeciwnie — jeszcze gorliwiej przepijał zmniejszoną wypłatę. Walesce było przez to coraz trudniej utrzymać dom w jako takiej sytości i porządku. Oby do porodu! Żeby się już ten dzieciaczek od Hildy urodził, to wszystko odmieni.

Widerowa oczami wyobraźni widziała różowe niemowlę. Ciepłe, pachnące mlekiem, śliczne, modrookie, uśmiechające się od ucha do ucha na jej widok… albo na widok dziadka. Taki

---

* W Toszku działał zakład karny, gdzie więźniowie musieli wykonywać galerniczą pracę. Pracownicy piwnicy w Browarze żartowali, że muszą harować jak w Toszku, i stąd prawdopodobnie wzięła się jej nazwa. Za: http://katowice.wyborcza.pl/katowice/1,35019,4306273.html.

brzdąc ma wielką moc! Ledwie na człowieka popatrzy, od razu coś w środku mięknie, serce topi się jak wosk, precz wyciekają z niego smutki i nieprzyjemności, wzajemne pretensje, w niepamięć odchodzą awantury. Usta otwierają się do kwilenia: „Ci-ci-ci-maleństwo", do radości, może nawet — kto wie — do wspólnej rozmowy przy rodzinnym stole? Może przyjście na świat wnuka sprawi, że Achim wreszcie odezwie się normalnie do Hildy, a nie tylko te burknięcia i pretensje... Może się ocknie, pić przestanie i zabierze z powrotem porządnie do roboty, zanim go z niej ostatecznie na zbity pysk wyrzucą?

Będzie wnuk czy wnuczka? Walesce jest wszystko jedno, byleby dziecko było zdrowe. Wolałaby oczywiście, żeby jeszcze do tego było ślubne, żeby nie musiała się w kościele i przed sąsiadami także i za tę córkę wstydzić, ale... tak czy inaczej — grunt to zdrowie. Jak jest zdrowie i życie, to się jeszcze wszystko zdąży ułożyć. Inna rzecz, że ten, co Hildzie brzuch zmajstrował, to nie żaden obcy chachor, tylko swój chłopak, syn Fridy Tomali. I nie z własnej woli dziewczynę w kłopocie samą zostawił, a przez tego pierońskiego nazistowskiego gizda, Waleskowego zięcia, byłego nauczyciela tyskiej dzieciarni, Gampiga. Ile to już czasu, odkąd Otto zniknął z miasta, zabierając ze sobą Rosę? Będzie pięć miesięcy! Prawie pół roku minęło, odkąd Widerowa ostatni raz widziała najpiękniejszą ze swych córek.

Waleska na zawsze zapamięta tamten dzień, w którym *Leiter* przywiózł do domu zapłakaną Hildę. Wpadł jak po ogień prosto na obiad, wymówił się od wypowiedzianego mało szczerze zaproszenia do stołu i nim poszedł precz tak, jak na koniec zażyczył sobie wzburzony Joachim, prosto z mostu powiedział Widerom, co i jak. Że się rodzona siostra jego Rosy szlajała z dezerterem, którego krył u siebie Paweł Botor, że i ona była w tej konspiracji („A może ty Jasiek też, co?"), że nie wypełniła obywatelskiego obowiązku i skłamała, kiedy żandarmi pytali ją o losy Wilhelma Jenikego. Oszukała państwo niemieckie i współuczestniczyła w ohydnej zbrodni zdrady narodowych interesów! Za coś takiego należałoby Hildę wysłać co najmniej do Oświęcimia! Na swoje szczęście ma za szwagra jego, Ottona Gampiga...

Hilda miała go za szwagra, Waleska i Achim za zięcia, następne dni i tygodnie były więc dla całej rodziny Widerów bardzo trudne. Najpierw Hachuła i Hachułowa, potem nieszczęsny akordeonista Musioł, teraz to... Tak jak to sobie wymarzył Gampig, winny tego całego nieszczęścia, w ekspresowym tempie dostał angaż w katowickiej policji wraz ze sporo większą od nauczycielskiej pensją oraz przydziałem na służbowe mieszkanie w stolicy Prowincji Górnośląskiej. Zabrał ze sobą Rosę i z Tychów wyjechał. I dobrze, boby go tyszanie, nie bacząc na konsekwencje, w końcu zjedli za to, co narobił. Śląska cierpliwość też ma swoje granice... Niestety, kiedy zostaną przekroczone, gniew musi znaleźć ujście. A skoro ten, kogo należałoby nim zalać, znalazł się poza zasięgiem wzburzonej fali, przykrości czyniono tym, co pozostali. Walesce, której ledwie odkłaniały się sąsiadki, milknące na jej widok i wznawiające gadkę natychmiast, gdy tylko Widerowa pokazywała im plecy. Obmawiały ją niby półgłosem, ale tak, żeby słyszała. Co to za wstyd, co za wstyd, żeby jedna córka poszła za nazistę, a druga bez ślubu w ciążę zaszła! Waleska głowę nosiła przy tych okazjach wysoko, ale z początku przynajmniej po powrocie do domu godzinami wylewała gorzkie łzy. Że była jednak twardą śląską kobitą, z czasem przywykła i przestała wsłuchiwać się w to, co mówią o niej inne baby, na czele z Karoliną Botorową i Martą Hachułową. „W końcu im się znudzi" — myślała, i miała rację. Z wolna, jedna po drugiej, sąsiadki sobie odpuszczały, a w skąpe kontakty między nimi i Widerową powróciła co prawda oschła i obwarowana przesadnymi konwenansami, ale jednak znośna uprzejmość.

Odcierpieć swoje musieli też Jasiek i Trudka. Synkowi Waleski było tym ciężej, że z nastaniem nowego roku szkolnego w ławce nie pojawił się Berek Sroka. Podobno przyjaciel przystał na trwałe do leśnych… Trudno powiedzieć, w Tychach go faktycznie nie widywano, ojca jego wzięto do Wehrmachtu, Sroczyna nic nie mówiła. Szczęśliwie Jasiek, choć osamotniony, nie był jednak bezbronny. Choć sam się nigdy o awanturę nie prosił, to zaczepiony umiał raz i drugi przylać, co, jak wiadomo, najlepiej ucina dyskusje między chłopakami. Dziewuchy się Jaśka nie czepiały, bo ładny był karlus, zawsze umyty, uczesany i grzeczny, w przeciwieństwie do większości kolegów nie miał w zwyczaju ciągnąć dziewczyńskich warkoczy ani dokuczać głupimi docinkami. Opłaciwszy się podbitym okiem, rozkwaszoną pięścią, oderwanym rękawem koszuli i ubrudzonym mundurkiem HJ, Jasiek Widera został więc na powrót przyjęty do kręgu tyskiej dzieciarni, a Trudka wraz z nim. Najmłodszej z Widerów dostał się zresztą do uniesienia najmniejszy kąsek rodzinnego wstydu. Bardzo żywa z natury, zawsze uśmiechnięta i bystra, z miejsca stała się ulubienicą nowej, przysłanej na miejsce Gampiga nauczycielki. *Fräulein* Brückner szybko się zorientowała, jak wygląda sytuacja i jakie miejsce w niej zajmuje jej poprzednik, a jakie Widerówna. Młoda Saksonka nie była z przekonania nazistką, za to pedagogiem z powołania — na pewno. Odpuszczała więc śląskim dzieciakom tyle z konieczności czczenia Trzeciej Rzeszy, ile mogła, stawiając za to na gruntowną edukację, przede wszystkim w zaniedbanych rachunkach, i wspólne spędzanie wolnego czasu także po lekcjach. Miejscowe bajtle ją polubiły, a skoro ona lubiła Trudkę… Zresztą po prawdzie to Trudki nie dało się na poważnie nie lubić. Gdy więc Jasiek pięściami wywalczył sobie na nowo pozycję w szkole, także na jego młodszą siostrę czekało należne miejsce w dziecięcej hierarchii.

Najgorzej miał się Achim. Z dnia na dzień stracił poważanie wśród porządnych obywateli i dotychczasowych kompanów do gadki nad piwem i pykaną z wolna fajką. Odsuwali się od niego chopy w robocie, wstawali od stolika, gdy pojawiał się czy to w browarnianym kasynie, czy to u Krupy, czy też u Strzeleckiego. Waleska radziła — przeczekać, proboszcz Osyra też mówił, że wszystko ma swoje miejsce i swój czas. Achim to rozumiał, tyle że dręczyło go coś jeszcze innego, głębszego niż tylko niechęć ludzi wokół. Samotność by nawet i zniósł, bo zawsze sobie cenił chwile spędzone w pojedynkę, ale dokuczały mu wyrzuty sumienia. Otóż za to wszystko, co spotykało jego rodzinę, winił siebie, własne niezdecydowanie i uległość. Przede wszystkim za małżeństwo Rosy. Od początku mu się przecież nie podobało, że córka prowadza się z tym gizdem Ottonem. Nie podobało mu się, ale to tolerował, bo raz, że myślał, iż to tak na chwilę, nie na poważnie; dwa, że nie chciał drażnić tego typa, od którego wiele zależało. „My, Ślązaki, musimy być sprytni" — mówił Hildzie i zgodnie z tym działał. I Panu Bogu świeczkę, i diabłu ogarek. I zachowanie swego, i volkslista. I ratowanie Rudolfa Zaręby, i goszczenie we własnym domu *Leitera* Gampiga. Nic w tym dziwnego, prawie wszyscy lawirowali w ten niespokojny, wojenny czas. Tyle że ktoś się w końcu musiał na tym przejechać i jak raz padło na Widerów... A jeszcze Hilda!

Do niej miał Achim po prawdzie mniejsze pretensje niż do jej bliźniaczki. Rosa się uparła, za mąż poszła za nazistę bez rodzicielskiego błogosławieństwa i ślubu w kościele, nic sobie nie dała powiedzieć, a po tym, jak się wyprowadziła do Katowic, jakby w ogóle o ojcu i matce zapomniała. Nie pisała do nich, nie przyjeżdżała, nawet kartki na Godni Świynta* nie przysłała! Oj, powiedziałby Joachim Widera córce, co o niej myśli, gdyby ją tylko spotkał, oj, powiedziałby... Tyle że nie mógł, bo od prawie pół roku Rosy nie widział. W domu została za to Hilda. W ciąży i bez męża. Achim nie był z tych, co na starość zapominają, jak to jest być młodym. Rozumiał, że się dziewucha zakochała — tym bardziej że przecież nie jak siostra w obcym, tylko swoim, synu Fridy Tomali! — i pamiętał,

---

* Po śląsku Boże Narodzenie.

że za przyczyną miłości człowiek głupieje. Dzieciak, choćby nieślubny, to może i najczęstsza, ale jeszcze nie najdurniejsza z rzeczy, które się zakochanym przytrafiają. Niby wstyd przed sąsiadami i przed proboszczem, z drugiej strony… ludzka rzecz. Także gdyby sytuacja była inna, gdyby się Rosa nie wydała za tę hitlerowską szuję, gdyby Gampig nie nakrzywdził tyszan… Przecież i Hildę skrzywdził, posyłając jej szaca na pewną śmierć! — gdyby nie to wszystko, może by nawet Achim dał drugiej ze swych bliźniaczek spokojnie nosić tę nieuświęconą małżeńskim sakramentem ciążę. A tak nie dał i oto on, Joachim Widera, człowiek z natury cichy i spokojny, który wcześniej właściwie nikomu nie dokuczał i nigdy nie podnosił głosu, zaczął prześladować Hildę przykrymi słowami. A to, że jest latawica, a to, że naiwna, a to, że niepotrzebnie je kształcił, bo mu obie starsze córki na nieporządne wyrosły i wstydu narobiły. Dokładał tym zmartwienia Hildzie cierpiącej z każdym dniem, z którym nie przychodziły wieści z *Ostfrontu*, do cna niszczył domową wspólnotę, bo żona, syn i nawet najmłodsza córka zaczęli się od niego odwracać, unikać go i schodzić mu z drogi, ale przede wszystkim karał w ten sposób sam siebie. Do poczucia winy, jakie odczuwał, myśląc o Rosie u boku tego diabelskiego Gampiga, dochodziły wyrzuty sumienia z powodu przykrości, jakie robił Hildzie. Milcząca niechęć dawnych kompanów tylko ten stan pogłębiała. Achim próbował się ratować tak samo głupio, jak od setek lat próbują to robić mężczyźni na całym świecie — pijąc. Za swoje i cudze, bo pijak prędzej czy później zawsze znajdzie sobie kumpli do kielicha.

W domu Widerów kukułka z zegara odezwała się dziewięć razy. Waleska spojrzała w okno, próbując cokolwiek dostrzec pośród śnieżnej nocy. „Kiedy też przyjdzie ten Jasiek? I czy uda mu się ojca wyciągnąć z knajpy?" Czekając na swoich mężczyzn, dokończyła rozwieszanie prania, zagoniła młodszą córkę do spania, a starszej pomogła podnieść się z fotela, posadziła przy stole i wmusiła w niemą, otępiałą Hildę talerz ciepłej zupy.

XXIV

Dlaczego Willi Jenike przez pół roku ani razu nie napisał do swojej Hildy? Najpierw nie pisał, bo nie mógł. Nie miał dostępu do przyborów piśmienniczych, a nawet gdyby, to nie dostałby pozwolenia na ich użycie. Wbrew oczekiwaniom kuzyni nie zostali od razu odtransportowani na front wschodni. Prawda, że wykrwawiającemu się coraz szybciej Wehrmachtowi brakowało ludzi i każdy, szczególnie młody i zdrowy, a do tego doświadczony militarnie mężczyzna był na wagę złota, ale — porządek musi być! Wymaganą kolejność działań należy zachować. Na początek więc były porucznik Luftwaffe Wilhelm Jenike oraz były gajowy Paweł Botor trafili w okolice Berlina, do specjalnego obozu reedukującego takich jak oni przestępców — dezerterów, społecznie nieprzystosowanych, politycznie niesłusznych i innych młodych ludzi, których Trzecia Rzesza po wstępnej selekcji uznawała za zdatnych do dalszego wykorzystania i przywrócenia zdrowej tkance narodu. Oczywiście po udzieleniu im skutecznej, zatem i odpowiednio dolegliwej lekcji wychowawczej...

Miejsce, gdzie ćwiczyć swego narodowosocjalistycznego ducha mieli Paweł z Willim, nieznacznie tylko różniło się od obozów koncentracyjnych, w których w koszmarnych warunkach przetrzymywano i masowo mordowano ludzi uznanych za niegodnych dalszej egzystencji. Tak jak większość *Konzentrationlagern*, obóz reedukacyjny prowadzony był przez SS. Tak jak w podobnych placówkach, podstawowymi „metodami wychowawczymi" były tu: głodzenie, praca ponad siły, bicie i wymyślne tortury. Plus eksperymenty pseudomedyczne. Na Willim sprawdzano na przykład odporność ludzkiego organizmu na skrajnie niskie temperatury, co, jak później przyznawał, stanowiło świetny wstęp do zimowej służby na *Ostfroncie*... Pawłowi tego typu atrakcji obozowych oszczędzono, ograniczając się zaledwie do raczenia go zdecydowanie zbyt skąpymi ilościami najgorszego gatunku chleba, cienką, śmierdzącą zupą z bliżej nieokreślonych składników (osadzeni mawiali, że to wywar gotowany na kościach tych, co przed nimi pomarli tu z głodu) oraz zdecydowanie zbyt dużymi dawkami ciężkiej fizycznej pracy. A to przy kopaniu rowów, a to przy zakopywaniu ich... Dodatkowo Paweł, tak jak każdy inny więzień, od czasu do czasu musiał przyjąć swoją porcję bicia. Że był wysoki, postawny i przynajmniej z początku prezentował się z gęby nie mniej wielkoniemiecko niż panowie strażnicy, zwykle, zamiast kopniaków w brzuch i w nerki, obrywał w twarz. Placówkę prostującą ducha i charakter opuszczał więc po trzymiesięcznym pobycie z przestawionym nosem i bez przednich zębów. Chudszy o dobrych kilkanaście kilo, podłamany na ciele i duchu, przed posłaniem na front wymagający kilkutygodniowego przynajmniej pobytu w placówce leczniczej. Obaj zresztą kuzyni potwierdzali wynik swojej reedukacji świadectwem mocno nadszarpniętego zdrowia. Nim ubrano ich w przydziałowe mundury, trafili na kolejny miesiąc do szpitala. Uciec z niego nie mogli, bo raz, że nie czuli się na siłach, dwa, że ich oddział mieścił się za kratami, zakratowane były też okna w szpitalnych salach, a porządku pilnowali uzbrojeni strażnicy... Wraz z innymi naprostowanymi poddali się więc z rezygnacją odwszawianiu, dożywianiu, witaminizowaniu, leczeniu biegunek, ran i owrzodzeń oraz słodkiemu lenistwu. „Odpoczywajcie, chłopcy, póki możecie" — mawiał na widok swoich podopiecznych stary, jednooki i jednonogi doktor Fleischmann. W tej radzie zawarta była i życzliwość, i zawoalowana groźba, o czym obaj jako tako wyleczeni ze skutków wielkoniemieckiej reedukacji kuzyni mieli się przekonać po dotarciu na miejsce ostatecznego przeznaczenia... Skoro jednak faktycznie dano im taką możliwość, wylegiwali się w łóżkach, uprzejmie pozwalali się leczyć, grali w karty i śpiewali sprośne piosenki. Cierpieli w owym czasie właściwie jedynie z tego powodu, że nadal nie wolno im było komunikować się ze światem. Żadnych listów, żadnych paczek. Brak kontaktu z bliskimi miał stanowić dodatkową karę za przestępstwo nie dość mocnego ukochania nazistowskiej ojczyzny. Nabierali sił i zastanawiali się, co ich dalej czeka.

— Jak tam naprawdę jest na tym *Ostfroncie?* — pytał Paweł Willego, na co ten wzruszał ramionami i mówił:

— Tak naprawdę to nie wiem. Zawsze oglądałem go z góry.

Kłamał kuzynowi. Prawda, że porucznik Jenike nigdy nie brał udziału w bezpośrednich walkach na lądzie, co najwyżej w bitwach powietrznych albo starając się z nieba ustrzelić cel na ziemi. Nieprawda jednak, że nic nie wiedział o tym, czym jest piekło pod brzuchem jego maszyny. Stukoczące seriami automatycznych karabinów, wybuchające minami przeciwpiechotnymi, skwierczące dopalającymi się wrakami czołgów, śmierdzące metalem, prochem, krwią i wnętrznościami, jęczące głosami umierających… Willi wiedział, bo sam jako pilot myśliwca podczas wielu bitew przyczynił się do rozpalania kolejnych ognisk wojennego inferna, a potem z niezdrową i odrobinę wstydliwą, jednak zwykle mimo wszystko satysfakcją obserwował skutki własnych działań. Aż do tamtego pamiętnego dnia, w którym ostatni z ustrzelonych z messerschmitta żołnierzy Czerwonej Armii okazał się dziewczyną. Wtedy bezrefleksyjnie posłuszny pilot Jenike pękł, rozpadł się na drobne, by każdej kolejnej wypełnionej koszmarami nocy pracowicie zbierać w całość struchlałego ducha. Ducha, który we śnie najpierw zabijał znane Willemu kobiety, potem zaś, odkąd dowiedział się, że w ramach kary za dezercję trafi do karnej jednostki, sam ginął na tysiące frontowych sposobów. Płonął. Wykrwawiał się. Tracił ręce, nogi, głowę. Czasem czołgał się dokądś z rozpłatanym brzuchem, usiłując utrzymać razem nieznośnie śliskie jelita. Poszatkowany na strzępy wylatywał w górę na niewybuchu. Zamarzał w wygrzebanej w śniegu jamie. W ciągłym strachu. W nieustannej grozie. W nieludzkim okrucieństwie — własnym i obcym. Tak w majakach Willego, ale i w rzeczywistości tysięcy zagonionych w tamtą stronę żołnierzy wyglądał wschodni front. Tak zresztą z grubsza wygląda każdy front. Maszynka do mielenia człowieczego mięsa…

„Tak teraz będzie wyglądało nasze życie, drogi Pawle — myślał Willi. — Właśnie tak, ale ja ci o tym nie opowiem, bo i po co? Po co mam cię straszyć, skoro już wystarczająco napędzono ci stracha? Wszystkiego dowiesz się w swoim czasie, na razie sobie leż, odpoczywaj, nabieraj ciała, żebyś za chwilę miał na powrót z czego tracić. Ja zrobię dokładnie tak samo — będę opychał się do oporu, spał, ile się da, i na zapas zbierał siły, których musi mi wystarczyć nie tylko do tego, by przejść przez tortury lądowych walk, ale jeszcze na to, by wrócić z nich żywym i w jednym kawałku. Ja muszę wrócić. Muszę! Obiecałem wrócić…".

Większość spośród współtowarzyszy kuzynów do kwestii swoich dalszych losów podchodziła ze stoickim spokojem, wynikającym z pewności, iż karna jednostka Wehrmachtu na rosyjskim, białoruskim czy ukraińskim froncie oznacza tylko jedno. Śmierć. Koniec. Kropka. Paweł, za radą Willego, starał się myśleć o tym jak najmniej, a sam Willi traktował sprawę zgoła odmiennie. Nie, żeby miał jakiekolwiek złudzenia — był w pełni świadom koszmarnej przyszłości, jaka ich czekała. Tyle że Jenike, w przeciwieństwie do obozowych i szpitalnych kamratów, nie zamierzał się z rezygnacją oddawać fatalizmowi skazańca. On planował: przeżyć wojnę, wrócić z niej i ożenić się z Hildą. Po prostu. Taki cel mu przyświecał, gdy marzł na kość polewany lodowatą wodą w piwnicy reedukacyjnego więzienia. Tym się kierował, śpiąc i jedząc na zapas w więziennym szpitalu. Ten imperatyw miał przeprowadzić go przez piekło, które oglądał niegdyś z góry, teraz we śnie, a wkrótce zakosztować miał go osobiście i to w najgorszym wydaniu karnej kompanii. Nikomu o tym nie mówił, nawet przed Pawłem się nie wywnętrzał, ale w noce wolne od frontowych koszmarów śnił o swojej śląskiej dziouszce: o jej miękkim, ciepłym ciele, obfitych piersiach, rozłożystych biodrach. Nieświadom, gadał nawet to i owo do niej przez sen, wywołując uśmiech na twarzy rezydującego na sąsiednim łóżku kuzyna.

Tęsknił za Hildą Widerą. Nie miał od niej żadnych wieści, sam też przez bardzo długi czas nie mógł napisać jej choćby dwóch słów o sobie. Że żyje, że pamięta, że… Dręczył się tym, więc kiedy oznajmiono rekonwalescentom, iż czas terapii dobiega końca, wkrótce otrzymają przydziały wojskowe, a potem dostaną papier, przybory piśmiennicze, koperty i znaczki, by móc uspokoić najbliższych co do swego losu, Willi ucieszył się jak dzieciak i od razu, na brudno, w głowie zaczął układać treść listu, jaki wyśle do Hildy. Natychmiast jednak zrezygnował z realizacji tego małego marzenia, słysząc słowa doktora Fleischmanna:

— Tylko dobrze się zastanówcie, nim komukolwiek cokolwiek wyślecie, chłopcy! Szczególnie ci z was, na których metody reedukacyjne kolegów z SS nie podziałały w pełni. Każdy, komu na widok zaiste przytłaczającego bezkresu rosyjskiego stepu zakwili choćby myśl o przedwczesnym udaniu się w miejsce bardziej przyjazne, musi się liczyć z konsekwencjami. Dla was kula w głowę, chłopcy. Dla tych, do których dziś napiszecie — kto wie, może to samo? A może obóz pracy? Kto to wie... Kto wie... Nikt nie wie, pomysłowość organów nie ma granic. Jedno jest pewne — bliskich dezertera nie czeka nic przyjemnego.

Fleischmann zawsze tak się do nich zwracał — grupowo, tonem ni to dobrej rady, ni to groźby. Jenike go nie lubił, ale mu wierzył. W końcu stary łapiduch przerobił tu wielu takich jak on, niezbyt słusznych pacjentów. Tak na wszelki wypadek Willi zarzucił więc zamiar wysyłania wieści Hildzie, matce, komukolwiek. Pawłowi zabronił kategorycznie pisać do Karoliny. „Znajdę inny sposób, Paul, zobaczysz".

Znalazł, ale nim się to stało, minęło kolejnych kilka miesięcy. Rok czterdziesty trzeci ustąpił przed czterdziestym czwartym, późna jesień zmieniła się w zimę, ta zaś z powrotem w wiosnę, brzuch Hildy Widery bardziej jeszcze urósł, zwiastując rychły cud narodzin... Wcześniej jednak Willi Jenike i Paweł Botor zdążyli w pełni nasycić się bogactwem śmiertelnie różnorodnych wrażeń, jakie oferował *Ostfront*.

XXV

„Odpoczywajcie chłopcy, póki możecie" — słowa doktora Fleischmanna, którego twarz powoli bladła w pamięci Wilhelma Jenikego, tłukły się pod jego czaszką nieznośnie, niczym brzęcząca, uparta mucha. Był luty, sam środek śnieżnej, bezlitośnie mroźnej zimy. Pancerny pluton, w którym służyli obaj z z Pawłem Botorem, trzeci raz z rzędu stracił większość ludzi i wszystkie wozy bojowe. Znowu więc Willi z Pawłem leżeli ramię w ramię w maskującej jamie wygrzebanej w śniegu i zaskorupiałej ziemi chyba siłą woli, bo na inną siłę nie mogli za bardzo liczyć, znowu marzli na kość, znowu czekać musieli na kolejną, mocno opóźniającą się dostawę czołgów oraz kadrowych uzupełnień, zabijając czas i wroga strzałami ze wspólnie obsługiwanego karabinu maszynowego. W ariergardzie cofających się niemieckich sił.

Nigdy niewyrównywany niedostatek snu. Ciągłe zimno. Toczący kiszki głód. Śmiertelny strach, tak wielki, że już się właściwie zdążył przekształcić w pozory obojętności. Zawsze w awangardzie albo w ariergardzie. Pierwsi w ataku, ostatni w odwrocie, niezależnie od tego, czy poruszali się piątkami czołgiem, czy na piechotę, taszcząc po dwóch ciężkie karabiny. Bohatersko zaczepiający wroga. Bohatersko osłaniający dupska swoim. To drugie może nawet gorsze. „Ja zginę, byś ty mógł żyć". Oczywiście tylko do następnego razu. Karny pluton. Karna kompania. Karny batalion, najintensywniej wykrwawiająca się jednostka dywizji. Willi spojrzał w bok, na brudne od sadzy, skupione na zadaniu oblicze Pawła. Spośród absolwentów esesowskiego kursu dla niepoprawnie myślących, z którymi wyruszyli w listopadzie na wschód, dotąd zostało ich przy życiu tylko kilku. Tempo umierania iście imponujące. Kilku spośród ponad setki. Do wczoraj piątka z tej setki służyła razem w jednym czołgu. Günter, dzieciuchowaty Heini, Szwarzenberg, zwany „Matołkiem"… Teraz zostali we dwóch. On i Paweł. Tamci wylecieli w powietrze wraz z wybuchającą od celnego trafienia wieżyczką Tygrysa. Nawet nie było czego zbierać ani za kim się oglądać. Otrzepać się z oszołomienia, stanąć na trzęsących się nogach i w długą, skoro nie chroni cię już nawet coś tak złudnie bezpiecznego jak gruby pancerz czołgu. „Znowu mieliśmy szczęście" — pomyślał Willi i wzorem kuzyna wrócił do uważnej obserwacji terenu. Szeroko otworzył przy tym oczy. „Żeby tylko nie zasnąć. Żeby tak odpocząć".

Ucieczka… Skoro Jenike nie pisał z frontu do Hildy, a i Botorowi zabronił kontaktować się z matką, musiał o niej myśleć. Faktycznie, z początku brał pod uwagę, by po raz kolejny zniknąć ze stanu osobowego niemieckiej armii, by korzystając tym razem nie z pomocy krewnych, a z zamieszania panującego na wielkim polu walki, jakim był front, czmychnąć, zaszyć się gdzieś, może tym razem po radzieckiej stronie, i przeczekać do nieuchronnego zwycięstwa czerwonoarmiejców. Skąd taki pomysł? A z gorących politycznych dyskusji z kolegami z karnej jednostki. Wielu było pośród nich szczerych komunistów. Ich wiary w powszechną równość, sprawiedliwość i szczęście, jakie na lufach czołgów T-34 przynieść miał Europie ZSRR, nie zgasił oczywiście esesmański *Lager*. Wręcz przeciwnie, po ciężkim wycisku, jaki w nim dostali, po trafieniu na tereny de facto należące do ukochanego wroga, gotowi byli z jeszcze większym entuzjazmem dzielić się swymi przekonaniami ze współbraćmi w niedoli. Przełożeni przymykali na tę agitację oko — wiadomo, karna jednostka, i tak długo nie pożyją. Kamraci słuchali, niektórzy obojętnie, inni sceptycznie, jeszcze inni z rosnącą sympatią. Willi Jenike, który dotąd sam sobie wydawał się człowiekiem politycznie obojętnym, na chwilę został wręcz entuzjastą Kraju Rad i jego ustroju. Naiwnie sądził, że jakimś cudem uda mu się sfraternizować z miejscową ludnością i uniknąć oddawania celnych strzałów do synów tej ziemi… Tym bardziej że o wiele wcześniej, w poprzedniej epoce roku 1943, obiecał zaniechać wojennego zabijania.

Szybko okazało się, że jedno i drugie jest niemożliwe. „Chcesz przeżyć? Zabij" — tak brzmiał główny punkt niepisanego frontowego regulaminu przetrwania. Potem także — nażryj się, póki możesz, wysraj zawczasu, naucz się spać w każdych warunkach, ogrzej, ale po pierwsze i najważniejsze — strzelaj porządnie, bo jak nie ty jego, to on ciebie na pewno dostanie. A jak nie ciebie, to twojego kamrata. Możesz oczywiście próbować się wycofać, tylko że o ile w twoją pierś celuje Ruski, o tyle w plecy esesman z jednostek drugiej linii... Nie masz wyboru, walczysz o życie. Willi chciał żyć, więc strzelał. Z czołgowej armaty. Z kaemu. Z pistoletu, jeśli była taka konieczność. Kilka razy dotąd zdarzyło mu się nawet pchać bagnetem, uderzać kolbą i szarpać zębami. Wszystko po to, by przetrwać i nie trafić przypadkiem do sowieckiej niewoli. Krążyły o niej bowiem bardzo niepokojące, wręcz przerażające plotki pośród niemieckich żołnierzy. O losie wysłanych na daleką północ jeńców, ale także o tym, co dotykało tych, którzy tego nie doczekali, po poddaniu się trafiwszy w łapy co gorliwszych przedstawicieli Armii Czerwonej. Plotkom można byłoby oczywiście nie dawać wiary, ale przecież rozumiało się potrzebę zemsty, skoro bywało się świadkiem, jeśli nie uczestnikiem tego, jak niemieckie siły traktowały ludzi na zdobytym terenie... Odbiło się też z rąk przeciwnika utracony przedtem kawałek gruntu z zaimprowizowanym szpitalem polowym. Widziało się na własne oczy, co spotkało lekarza, pielęgniarki i bezbronnych rannych... Tak, los sowieckiego jeńca nie wchodził w grę, tym samym ostatecznie upadł pomysł ukrywania się przed własnym wojskiem pomiędzy rosyjskimi cywilami, a wraz z nim uleciała gdzieś miłość do komunizmu. Zresztą relacje z pojedynczymi tubylcami, choć momentami obustronnie korzystne, bo bazujące na starej jak świat wymianie towarowo-usługowej, z dnia na dzień stawały się trudniejsze. Część mieszkańców zajętych przez Trzecią Rzeszę terenów państwa Stalina dwa lata wcześniej patrzyła na niemieckich żołnierzy z niejaką sympatią — może brunatny okupant okaże się bardziej ludzki od rodzimego czerwonego ciemiężcy? Rok wcześniej naiwnych było w owym narodzie już znacznie mniej, ale wciąż trafiało się całkiem sporo takich, którzy w pojedynczych *Soldaten* widzieli po prostu głodnych, śmiertelnie zmęczonych mężczyzn, podobnych do własnych synów, mężów, ojców i braci, i jako takich traktowali stacjonujących w sąsiedztwie Niemców ze spokojną tolerancją. A zimą 1943/1944 takie sytuacje były wyjątkiem. Armia Czerwona parła do przodu, wyzwalając kolejne regiony na całej długości frontu. Nieliczne kontrofensywy niemieckie kończyły się fiaskiem albo jedynie chwilowym sukcesem. Coraz bardziej na zachód położone miasta i wsie przechodziły na powrót w sowieckie ręce. Miasta i wsie, a raczej to, co z nich zostawało. Hitler nakazał bowiem cofającemu się Wehrmachtowi stosować taktykę spalonej ziemi. Burzyć domy i gmachy użyteczności publicznej. Niszczyć zapasy. Wysadzać w powietrze mosty po tym, jak w stronę ojczyzny przemieści się ostatni własny piechur. To się nie mogło podobać ani Rosjanom, ani Ukraińcom, ani Białorusinom. To nie przysparzało rozpaczliwie ostrzeliwującemu się niemieckiemu wojsku sympatii. A jeszcze partyzanci. Zbrojne ramię ludu operujące na tyłach sił wroga, tam gdzie siłą rzeczy Armia Czerwona oficjalnie sięgnąć nie mogła. Mordujące nocami strażników. Rozbijające tabory z żywnością. Kradnące broń i amunicję z jej tymczasowych składów. Uszkadzające drogi zaopatrzenia. Karzące tych spośród swoich, którzy wciąż jeszcze chcieli współpracować z okupantem. Mszczące się za represje, jakimi ten okupant karał niechęć do owej współpracy…

Tak, wojna na Wschodzie stawała się coraz bardziej zaciekła, coraz bardziej okrutna. Sytuacja żołnierzy Hitlera — mimo buńczucznej propagandy, opowieści o odwrocie taktycznym, przegrupowywaniu sił i nowych genialnych planach opracowywanych przez sztabowców — była wszędzie zła, miejscami wręcz rozpaczliwa. Bronili się jednak wściekle, gdzieniegdzie kontratakowali, bo co mieli robić? Walczyli o siebie, ale coś wyczuwali nosem nawet najbardziej politycznie naiwni, bili się i ginęli też za czekające ich w domach rodziny, próbując odsunąć w czasie nieuniknione. Skoro Iwan napiera i napiera, wykurzając ich z radzieckiej ziemi, w końcu dotrze do dawnych granic swego wielkiego kraju. A wówczas co? Zatrzyma się? Kto go powstrzyma, jeśli nie my? Walczyli zatem, zabijali, ginęli. Krwawy plon obfity był w każdej spośród lądowych jednostek pierwszej linii *Ostfrontu*, ale trup najgęściej ścielił się oczywiście pośród oddziałów karnych, które pierwsze szły do ataku i ostatnie się wycofywały spod nieprzyjacielskiego ognia, osłaniając wszystkich poza jednostkami Waffen SS. Esesmani bali się mieć za sobą karne pułki Wehrmachu. Zbyt często dosięgała ich bowiem zemsta małowiernych żołnierzy i strzały w plecy.

Willi Jenike poruszył się niespokojnie w swoim leżu. Zmrużył oczy, wytężył wzrok.

— Widzisz tam coś? — szepnął Paweł.

— Chyba się zbliżają… Cholera, gówno ich widzę w tych pieprzonych białych mundurach! I jeszcze wszędzie krzaki, teren zryty. Gówno widzę — powtórzył Willi.

— Ile mamy tu jeszcze tkwić?

— Do zmroku. Aż ewakuują rannych.
— To już niedługo. Za pół godziny się ściemni…
— Ciiiii. Słyszysz?
— Tak.

Zmrożony śnieg skrzypiał gdzieś w oddali. Nieregularnie, inaczej niż wtedy, kiedy maszerowało zwarte wojsko. Raczej tak, jakby pojedynczy ludzie podbiegali, zatrzymywali się, znowu podbiegali. Skrzyp-skrzyp-skrzyp i przerwa. Znowu: skrzyp-skrzyp-skrzyp, przerwa.

Paweł z Willim spojrzeli po sobie:
— Próbują nas okrążyć.
— Tak jak ostatnio.
— Co robimy?
— Puszczamy tyle serii, na ile starczy nam amunicji, i spierdalamy najszybciej, jak się da.
— Nie powinniśmy tu zostać?
— Niby powinniśmy, tylko po co? Sami i tak nic więcej nie zrobimy, a nikt nie przyjdzie nam z pomocą. Słyszałeś starego: „Nie liczcie na posiłki".
— No to dawaj.
— Ognia!

Pokryte śniegiem rżysko rozbrzmiało wyjątkowo nieprzyjemnym dla ucha wizgiem szybkostrzelnego karabinu MG 42, przez żołnierzy obu stron zwanego „Piłą Hitlera" z powodu jazgotliwego, przypominającego odgłos piły tarczowej hałasu, w jaki zlewały się dźwięki pocisków, wypluwanych z prędkością 1200 sztuk na minutę. Jedna seria, druga, trzecia. Wróg się ujawnił, zaczął odpowiadać, tu i tam w zapadającym mroku widać było podnoszące się sylwetki, biegnących ludzi i upadające ciała tych, którzy nie zdążyli dotrzeć do kolejnej bezpiecznej bruzdy w ziemi.

Obserwując skutki swej niszczycielskiej działalności, Willi mimo wszystko się uśmiechnął. Przez chwilę czuł dumę z powodu dobrze wykonanego zadania. Przekrzykując huk narastający od strony pozycji sowieckich, zawołał:

— Ile nam tego jeszcze zostało?
— Ostatnia taśma!
— Wywalamy ją do końca i lecimy. Ty pierwszy, ja za tobą.
— Karabin?
— Zostawiamy.
— Tak jest!
— I *Heil Hitler!*
— A niech go licho porwie!
— Niech!

Paweł zasalutował kuzynowi do rantu hełmu. W końcu to Jenike do wczoraj dowodził czołgiem…

Zużywszy ostatni pas z pociskami, podnieśli się szybko na nogi i biegiem ruszyli ku swoim, drąc się: *Nicht schießen! Nicht schießen!**. Do przebiegnięcia mieli jakieś pięćset metrów po odsłoniętym terenie; dalej był las, w którym mogli się schować i gdzie czekały kolejne zbawcze gniazda niemieckich kaemów, dalej macierzysta jednostka, zaimprowizowane obozowisko, ciepło, wyżerka, odpoczynek… Wyglądało, że może im się udać, jako że Rosjanie nie od razu się zorientowali, iż MG 42

---

* Nie strzelać! (niem.).

umilkł na dobre. W dodatku, o czym ani Willi, ani Paweł nie wiedzieli, oddzialik, który skradał się w ich stronę, liczył zaledwie kilkunastu wojskowych wysłanych na rozpoznanie. Główne siły sowieckie zatrzymały się kilka kilometrów wcześniej, podobnie jak Niemcy zmęczone wielodniowymi potyczkami w bezlitosnym mrozie. Choć mieli przewagę w ludziach, sprzęcie i morale, Radzieccy też musieli czasem odpocząć. Dlatego ucieczkę kuzynów obserwowało zaledwie kilku sołdatów. W tym jeden strzelec wyborowy z lekkim karabinkiem, który kucnął, wycelował i strzelił.

Willi był już na granicy drzew, gdy poczuł szarpnięcie w prawym boku, a potem nadchodzącą od niego falę gorąca. „No nie, znowu prawa strona?" — pomyślał i upadł w przód, uderzając się przy tym w głowę. Ocknął się w dziwnej pozycji, przewieszony przez ramię biegnącego kuzyna. Uciekający kilkadziesiąt metrów przed Jenikem Paweł Botor zorientował się, że stracił z oczu towarzysza, cofnął się i narażając na kolejne strzały radzieckiego snajpera, zaciągnął nieprzytomnego w stronę dającego osłonę lasu. Sprzyjała mu sama przyroda, gdyż wystrzelona w gęstniejącym mroku kula tylko świsnęła koło jego ucha, nie wyrządzając mu szkody. Paweł zarzucił sobie niewysokiego, chudego Willego na szerokie plecy i czym prędzej ruszył dalej, nadal krzycząc, by do niego nie strzelać, bo jest swój. Darł się widać wystarczająco głośno, bo już bez przygód, szybko dotarł do celu, gdzie złożył jęczącego z bólu kuzyna w progu polowego szpitala, a sam padł ze zmęczenia koło najbliższego ogniska i zasnął snem sprawiedliwego. Głębokim i bez koszmarów.

XXVI

— Gdzie ja jestem?
— W lazarycie, chopie.
— Zaś? Jeronie!
— No ja... Jezderkusie, tyś je Ślonzok?
Willi otworzył oczy i na ile mógł, rozejrzał się wokół. Wielka jak lotniczy hangar hala dawnej fabryki przerobiona została na prowizoryczną salę chorych, gdzie dziesiątki, setki mężczyzn jęczały, krzyczały, majaczyły, wołając matki, żony, zmiłowania, wody, jedzenia, leków albo lekkiej śmierci. Leżeli oni bezpośrednio na kamiennej, wysypanej cienką warstwą słomy podłodze lub, jeśli który miał szczęście, a może — gdy rokował, spoczywał na brudnym od zakrzepłej krwi materacu, czasem kocu. On sam chyba miał przed sobą jakieś perspektywy, skoro ułożono go na miękkim i troskliwie przykryto? Dotknął ręką brzucha. Na wysokości pasa natknął się na grubą warstwę bandaża. Spojrzał w stronę, z której dobiegały go dotąd pytania i odpowiedzi.

Na posłaniu obok siedział sympatyczny, choć niechlujnie zarośnięty inwalida z niekompletną prawą nogą i lewą ręką.

Kaleka liczyć mógł sobie lat około trzydziestu, choć może był młodszy. W końcu wojna postarza... Brakujące części kończyn — podudzie na wysokości kolana i dłoń — odjęto mu chyba całkiem niedawno, gdyż kikuty osłaniały mocno zaróżowione opatrunki. Osobnik ów był widocznie kontent z własnego nieszczęścia. Uśmiechał się do Willego radośnie i wyraźnie czekał na odpowiedź.

— Wilhelm Jenike, kiedyś pilot myśliwca, do niedawna dowódca czołgu, 27. dywizja. Pół-Ślązak, pół-Austriak. Z Zagłębia Ruhry — przedstawił się więc, wyciągając dłoń do powitania.

— Ty! Ty się aby za bardzo nie ruszaj! Masz leżeć spokojnie, żeby ci się szwy nie rozeszły. Ernest Szmatloch jestem, szeregowiec piechoty, sierota po 5. brygadzie 25. dywizji. Z Mikołowa. Wiesz, gdzie jest Mikołów?

— Koło Tychów...

— Prawda. Słuchaj, Jenike, doktor, który do ciebie nie przyjdzie, bo nie ma czasu z powodu tego tu cyrku. — Szmatloch wyciągnął chromą rękę i zatoczył nią łuk, jakby prezentował Willemu całą okropność zaimprowizowanego naprędce szpitala. — Ten doktor kazał ci powiedzieć, co i jak. Trafiłeś tu z innego lazaretu, takiego tuż przy froncie. Zlikwidowali go, kiedy się nasi wycofywali. Miałeś kulę w bebechach, jak ci ją wyjęli, to krew się lała niczym ze świni...

— Tak mówił doktor?

— To sam widziałem, niedaleko cię operowali, o tam! Pocisk wyjęli, ranę zszyli, podobno nie jest źle, do wesela się zagoi, a nim dowiozą nowe czołgi, będziesz zdrów jak ryba. Tylko masz leżeć i nie przeszkadzać, bo doktorów jest ino dwóch, a takich chorych jak ty albo gorzej to... Sam widzisz.

— Widzę. A tobie co się...

— Aaaa, głupia historia. Nogę mi na minie urwało, po łapie czołg przejechał, długo by gadać. Ale cieszę się.

— Cieszysz?!

— Ciszej mów. — Nowy, gadatliwy znajomy Willego rozejrzał się nieufnie wokół i dodał niemal szeptem: — No cieszę się, do domu pojadę. Po prawdzie to właśnie czekam na transport.

„Szczęściarz" — pomyślał Jenike i rozmarzył się na moment, jakby to było pięknie, gdyby rosyjski snajper nie trafił go w brzuch, a dajmy na to w udo. Może by mu choć rozerwał mięsień... Regeneracja takiego mięśnia trwa długo, kto wie, czy nie wysłaliby go na parę tygodni do sanatorium na rehabilitację... Aha, jasne. Na pewno. Zaraz, zaraz, co ten typ powiedział? Skąd jest?

— Mikołów! — krzyknął Willi. — Koło Tychów!

— No ja, a o co...

— Ernest, je żeś swój chop?

— ???

— List chciałem przez ciebie do dziouchy posłać. I drugi do ciotki. Wziąłbyś?

Nadspodziewanie przyjacielski kaleka spojrzał na niego nieco nieufnie, uniósł brwi, pokręcił głową, ale potem wzruszył ramionami i zadecydował:

— Daj. Tylko wiesz, nie rozpisuj się, bo mnie lada chwila wezmą. No i żadnych tam politycznych tekstów nie przyjmuję. Buzi-buzi, dupci-dupci, uszanowanie i tyle, jasne?

— Jasne. Ernest?
— Co tam?
— A załatwisz mi kartkę i coś do pisania?
— Nie masz swoich?
— Miałem, ale... — Tu Willi wskazał na swą bezradnie obnażoną postać. Materiały piśmiennicze trzymał w kieszeni wojskowej bluzy. Nosił je zawsze ze sobą, tak na wszelki wypadek, jakby nadarzyła się okazja taka jak teraz. Tylko teraz to akurat nie miał pojęcia, gdzie znajduje się jego mundur. Został w gaciach, skarpetach i z niechlujnie zawiniętym kilometrem bandaża.
— Poczekaj chwilę.
Ernest Szmatloch zsunął się ze swego barłogu. Ni to czołgając się, ni to pełznąc, pomagając sobie zdrowymi kończynami, przemieścił się spory kawał, bo spod stalowego filara, przy którym obaj z Jenikem rezydowali, hen, niemal pod samo wąskie fabryczne okno. Tam pochylił się nad jakimś nieruchomym, po uszy opatulonym nieszczęśnikiem, pogmerał koło niego, obszukał, a potem tak samo, jak dotarł w tamtą stronę, wrócił do Willego. W wyszczerzonych zębach trzymał zatłuszczony bloczek listowego papieru i ogryzek ołówka.

Swoją zdobycz z triumfalną miną wręczył zainteresowanemu:

— Masz. Pierwsza jakość, należały do naszego porucznika von Rohmego. Jemu się już raczej nie przydadzą.
— Okradłeś trupa?!
— Chcesz coś napisać swoim babom? To nie marudź, tylko bierz się do roboty, bo lada chwila...

Od strony podwójnych metalowych drzwi hali narastał dźwięk pracujących silników kilku ciężarówek. Willi przemógł więc obrzydzenie, wybrał dwie najmniej brudne kartki i szybko, nie reagując na promieniujący od zranionego boku ból, nabazgrał na każdej kilka słów. Ciotce napisał jedynie, że jej syn i siostrzeniec żyją, tylko wcześniej nie mieli się jak odezwać; poinformował, w jakiej jednostce służą, i poprosił, żeby powiadomiła matkę. Hildzie dodatkowo przypomniał, żeby czekała, bo on wróci… O tym, co z Pawłem przeżyli, najpierw w obozie, a teraz tu, na wschodnim froncie, nie wspomniał. Raz, że nie chciał kobiet straszyć, dwa, bo czasu miał za mało, no i wreszcie — bo to już podchodziło pod „sprawy polityczne", do których jego kaleki posłaniec mieszać się nie zamierzał. Jenike go rozumiał, szanował jego życzenie, więc przemilczał to, co, jak sądził, Hildę i ciotkę najmocniej dręczyło. Jaki był los kuzynów po aresztowaniu? Na razie adresatkom listów starczyć musiała informacja, że obaj żyją.

Ledwo skończył, do Szmatlocha zbliżyło się dwóch rosłych pielęgniarzy. Fachowo pochwycili kalekiego Ślązaka pod pachy i powiedli w stronę zaparkowanych na fabrycznym dziedzińcu ciężarówek. Willi pożegnał gestem życzliwego sąsiada, ułożył się na powrót na płasko i zacisnął powieki. Oczy mu się kleiły, w ustach zaschło, rana szarpała boleśnie, był zmęczony, ale szczęśliwy, że wreszcie zrealizował swój plan. „Byle szybko dojechali — pomyślał. — Byle tylko ten Ernest okazał się słowny. Żeby znalazł Hildę…" — zasypiając w spokoju pośród rzężenia umierających, jęków rannych i wycia operowanych bez znieczulenia, zaklinał przyszłość.

*

Ernest Szmatloch nie zawiódł pokładanych w nim nadziei. Mimo kalectwa, które znacznie utrudniało mu poruszanie się, powierzoną sobie misję wypełnił natychmiast po tym, jak dotarł do swoich. Do Tychów wybrał się z rodzinnego Mikołowa w towarzystwie żony, wywiedziawszy się wcześniej, gdzie mieszka krawcowa Botor, a gdzie rodzina pracownika Browaru Achima Widery. Dwa niechlujne skrawki skąpo zapisanego papieru pochował w czyste koperty, które zakleił i elegancko opisał. Wieści, owszem, ucieszyły młodszą z adresatek, starszą jednak doprowadziły niemal do histerii. A oto dlaczego.

Chodziło o czas. Transporty wiozące rannych z frontu nigdy nie miały priorytetu. Najważniejsze to wspomóc walczących — bronią, nowymi czołgami, posiłkami osobowymi i aprowizacją dla kuchni polowych. Pociągi jadące w drugą stronę musiały czekać. Nieraz całymi tygodniami stały na bocznicy, gdzie niejeden ranny zmarł, nie powąchawszy nawet powietrza domu, do którego jechał. Ernest Szmatloch miał szczęście, ponieważ do swojego Mikołowa dotarł co prawda dopiero po trzech miesiącach od spotkania z Wilhelmem Jenikiem, lecz za to we w miarę dobrym zdrowiu, głodny, ale nie śmiertelnie zagłodzony, zawszony owszem, ale nie bardziej niż na froncie i zachowawszy taki zapas sił, że mógł zaraz ruszyć do Tychów. Co też uczynił.

Niestety, sporo szybciej od niego, bo jeszcze w marcu, do mieszkania wdowy Botor zapukał listonosz z oficjalnym pismem od Wehrmachtu, w którym z żalem zawiadamiano, iż jej starszy syn Paweł (Paul) Botor kilka tygodni wcześniej poległ bohatersko „za Wodza i Ojczyznę". W tej sytuacji list od Willego odebrała Karolina jako wyjątkowo okrutny policzek od losu.

XXVII

Pociąg z Katowic niemiłosiernie się włókł. Kiedyś, jeszcze przed wojną, był punktualny co do minuty. Teraz to jeździł, jak chciał i jak mu pozwalano — co chwilę musiał przepuszczać inne, pilniejsze składy. Im dalej w wojnę, tym kolejowa maszynka bardziej rozregulowana. Ale przynajmniej jechali, a one, Waleska z Hildą, załatwiły w stolicy śląskiej prowincji wszystko, co sobie zamierzyły. Widerowa spojrzała spod oka na córkę. Ta, oparta czołem o okienną szybę, drzemała, korzystając z tego, że w wózku śpi mały Norbik. Niech śpią! Waleska też by chętnie zamknęła na moment powieki, ale bała się, że przegapią swoją stację. Zamiast tego powróciła w duchu do najświeższych wspomnień.

Matka z córką i maleńkim wnukiem wracali od najlepszego katowickiego fotografa Holasa przy Mollwitzstraße*, w którego atelier, mając za sobą tło z rajskim ogrodem, zasiadła wystrojona w tradycyjny strój Hilda z Norbertem na kolanach. Niemowlak, wyczuwszy widać powagę chwili, wobec

---

* Dziś to ulica Staromiejska.

wpatrzonego w oboje oka aparatu ani się nie wiercił, ani nie płakał, jak to miał na ogół w zwyczaju. Na te pięć minut zachował spokój, by zaraz na powrót głośnym rykiem oznajmić światu: „Oto jestem!". Oj, dawał całej rodzinie popalić pierworodny wnuczek Waleski i Achima. Odkąd przyszedł na świat, niespodziewanie, bo nieco przed czasem, wszyscy chodzili niewyspani, zmęczeni. Ale cieszyli się, bo Norbik nie krzyczał przecież od choroby czy ze złości, tylko dlatego, że jego małe ciałko wprost przepełniała witalna energia. Hilda śmiała się, że ma jej tyle, bo ją do cna wycyckał. Najpierw w ciąży — przez te nieco ponad osiem miesięcy ona sił nie miała wcale, jakby rosnące w niej nowe życie wszystko zagarniało dla siebie. Potem poród. Ten, choć wyczerpujący, przeszedł przynajmniej błyskawicznie — zaczął się nagle i bez ostrzeżenia o północy w domu, a za dwie godziny było już po wszystkim. Nawet jakby chciała, toby pierworódka pewno do lazarytu dokuśtykać nie dała rady. No ale przecież nie chciała. Po co, skoro obok miała matkę i Sroczynę, po którą szybko pojechał Jasiek, za to w szpitalu i tak nie było Rosy... Matka Berka Sroki dobrze znała się na odbieraniu porodów, wszyscy ją prosili do rodzących. I tym razem nie dyskutowała, tylko wsiadła na rower, co jej został po synku, i za chwilę była u Widerów. Zdążyła jeszcze sprawdzić ułożenie dziecka i zaraz urodziła się główka, a za nią reszta. Pępowina, obmycie malca z krwi i śluzu, łożysko i już było po wszystkim. Otulony kocykiem Norbik darł się wniebogłosy. Ucichł dopiero, kiedy mu zatkano usta cyckiem. I tak zostało. Jak mały tylko zakwilił, to Hilda od razu musiała go karmić. Inaczej włączał strażacką syrenę i wył, aż nie poczuł w buzi ciepła maminego mleka.

Tak też było, gdy po wizycie w zakładzie fotograficznym Waleska z Hildą poszły odwiedzić Rosę. Wszystkie razem we trzy, matka z córkami, widziały się pierwszy raz, odkąd Rosa wyjechała za mężem z Tychów. Po długim milczeniu odezwała się wreszcie do rodziny z okazji zbliżającej się Wielkanocy. Wysłała kartkę, na której pod życzeniami podała swój adres; napisała, że tęskni, że czeka i że przed południem jest zwykle w domu, bo nie pracuje. Podpisała się tylko ona, widać korespondencję podjęła bez wiedzy męża, a na kopercie podała jedynie imię matki. Waleska nic nie powiedziała zatem Achimowi. Ponieważ niedługo później, jakoś na początku maja, Widerów odwiedził niejaki Ernest Szmatloch z Mikołowa z żoną i listem od Wilhelma Jenikego, naradziła się z podnoszącą się z połogu Hildą. Postanowiły upiec dwie pieczenie na jednym ogniu — pojadą z Norbikiem do fotografa i od razu do Rosy.

Jak sobie umyśliły, tak zrobiły i teraz, siedząc we wlokącym się niemiłosiernie pociągu, Waleska dumała nad losem najpiękniejszej ze swych córek. Bogiem a prawdą dotąd bardziej martwiła się o Hildę, w ciąży zupełnie nieswoją — ociężałą, zrezygnowaną i pogrążoną w apatii. W dodatku niezamężną. Drżała też o Achima, którego coraz mocniej trzymał w swoich szponach alkohol. Co do tej dwójki miała jednak nadzieję, że wszystko odmieni się wraz z narodzinami nowego członka rodziny. Dobrze czuła. Co prawda zobaczywszy wnuka,

Joachim tak od razu z picia nie zrezygnował, ale nim zdążyli go całkiem wyrzucić z roboty, zaczął się znowu starać. Do Browaru chodził trzeźwy, zaciskał zęby i coś tam przebąkiwał, że może nawet przywrócą go na fermentację. Po fajrancie nadal zachodził do Krupy albo częściej do Strzeleckiego, ale zwykle na jedną, góra dwie wódeczki. Z tym pierwszym dogadać się nie dało, ale z Teofilem Strzeleckim Waleska umówiła się tak, że nalewał on Achimowi ze specjalnej, w połowie rozwodnionej flaszki. Albo się chłop nie zorientował, albo mu to pasowało, bo nic nie mówił... I w porządku. Całkiem nieźle było teraz z Hildą, a odkąd przyszedł list od Willego, to już zupełnie dobrze. Jej radości nie zmąciła na dłużej nawet smutna wieść o śmierci Pawła. Czepiała się słów krzywo skreślonych ołówkiem na zatłuszczonej kartce. Z nich i z siły swego synka czerpała nadzieję na to, że wszystko dobrze się ułoży. Już się układa! Willi żył, pamiętał, kazał czekać. Trzeba mu dać znać o narodzinach dziecka. Trzeba mu synka pokazać! Najlepiej na front wysłać list ze zdjęciem. Adresu Hilda nie ma, ale imię i nazwisko adresata oraz numer jednostki, w której służy, zna. Za kilka dni pocztą dotrą do Tychów odbitki z Katowic, jedną z nich opisze się z tyłu, dołączy zapełniony treścią arkusik papieru i pośle w świat portret Hildy z małym Norbikiem na kolanach i w tradycyjnym pszczyńskim stroju paradnym — długa kiecka, na niej dodający obwodu w pasie fartuch z kiełbaśnicą i rodzaj kaftana, zwanego jaklą, wysoko zapiętego, z zaprasowanymi ostro bufkami rękawów. Oby korespondencja dotarła szczęśliwie!

Tak… Tym teraz żyła Hilda i było to życie dobre, więc na razie o nią Waleska kłopotać się nie musiała. Matczyne serce cierpiało jednak na wspomnienie bladej, wychudłej, zmienionej niemal nie do poznania twarzy Rosy. Że też wcześniej miała dla niej tylko złość! Jak to się stało, że nawet nie pomyślała, iż za milczeniem córki nie stoi bunt przeciw rodzinie ani wyniosłość, ani gniew? Rosa się do matki nie odzywała, bo było jej wstyd. Czuła się współwinna temu, co spotkało Hildę i jej kochanka za przyczyną Ottona. I choć nie przyłożyła ręki do ich nieszczęścia, i tak miała słuszne poczucie, że pretensje Widerów skupią się na niej. Skoro tak się faktycznie stało, tym przychylniej patrzyła na możliwość wyprowadzki do dużego miasta. Nawet z niedawno poślubionym mężem, co do którego zdążyła się już boleśnie przekonać bez żadnych wątpliwości, jaki to człowiek, jaki mężczyzna.

W trakcie wizyty w elegancko urządzonym, obszernym katowickim mieszkaniu Rosy Walesce prostej kobiecinie z Tychów też nie umknęło, kim, także prywatnie, w domowych pieleszach jest jej pożal się Boże zięć, *Herr* Otto Gampig. Pierońskim gizdem, niebezpiecznym dla każdego, na kogo zwrócił nieżyczliwą uwagę. Niedobrym i dla swojej połowicy. Trzymał żonę bardzo krótko, nie pozwalał iść do pracy, choć przecież angaż w jednej z miejscowych lecznic znalazłaby z łatwością, był zazdrosny o każde spojrzenie, jakie Rosie rzucali na ulicy obcy mężczyźni, wydzielał jej pieniądze i ograniczał, jak mógł. Te informacje Waleska wyczytała raczej między wierszami, bo córka otwarcie na męża skarżyć się nie chciała, wspominała tylko, że „Otto sobie tego nie życzy… Otto uważa, że… Otto woli, kiedy ja…". O tym, że jest bita, tym bardziej matce nie mówiła, ale też nie musiała. Mimo półmroku panującego w przesłoniętym gęstymi firanami saloniku katowickiego mieszkania, mimo długich rękawów bluzki, mimo grubej warstwy nałożonego na twarz Rosy pudru Waleska dostrzegła to, co starano się przed nią ukryć. Ślady po wykręcaniu rąk, zanikający siniec pod prawym okiem, opuchniętą wargę… Nie rozmawiały o tym, żadna nie wiedziała, jak zacząć, ale kiedy z głośną pretensją obudził się drzemiący dotąd Norbik i Hilda odeszła nieco na bok, by go nakarmić, Waleska pochyliła się ku drugiej z córek i zapytała:

— A ty kiedy, Różyczko?

— Ja… Ja byłam w ciąży, mamulko. Tylko… — Rosa przerwała i mocno przycisnęła dłoń do nagle wykrzywionych spazmatycznie ust.

— Nie udało się? To się za pierwszym razem zdarza, sama wiesz lepiej ode mnie, spróbujecie jeszcze raz.

— Ja wiem, tylko… Miałam wypadek. Przewróciłam się i… — Powstrzymująca dotąd łzy córka Waleski rozpłakała się teraz na dobre.

Nic więcej nie mówiły, bo i o czym tu gadać? Drążyć, jaki to wypadek? Po co, skoro dobrze wiadomo, jak i za czyją sprawą Rosa straciła dziecko? Zamiast tego Widerowa wstała, podeszła do krzesła córki i zdecydowanym ruchem przyciągnęła do siebie szlochającą. Na to zbliżyła się i Hilda, przytuliła obie bliskie sobie kobiety i tak trwały przez chwilę we trzy.

Gdy przyszła pora się pożegnać, Waleska z Rosą stanęły naprzeciw siebie.

— Mamulko...
— Jedź z nami, Różyczko. Zostaw go i wracaj do domu.
— Nie mogę. To przecież mój mąż...
— Nie w kościele poślubiony!
— Nie mogę, mamo. Nie mogę. Idźcie już, zanim wróci. Proszę!

Poszły zatem. We dwie, Waleska z Hildą, zniosły z pierwszego piętra na chodnik przed kamienicą wózek z niemowlęciem i skierowały się w dół Grundmannstraße* w stronę dworca kolejowego. Skryta za firanką Rosa długo stała w oknie swego reprezentacyjnego salonu, patrząc za matką i siostrą.

— Hilda! Obudź się Hilda, dojeżdżamy!
— To już Tychy?
— Tychy.
— To szybciutko, chodźmy.

Przeciskając się z niemowlęcym wózkiem przez wąski korytarz wagonu, szły do wyjścia. Gęsto ubici w pociągu ludzie sarkali i narzekali na dwie po chłopsku odświętnie ubrane kobiety, ale ustępowali przed młodą matką i znowu krzyczącym niemowlęciem. Jeden ze stojących przy drzwiach mężczyzn nawet wyskoczył na peron i pomógł Hildzie wysiąść. Pomyślała o nim ciepło. Jednak wojna nie zdołała jeszcze całkiem ludzi na złe odmienić!

Idąc w stronę domu, cicho rozmawiały, korzystając z tego, że Norbuś znowu drzemał. Zastanawiały się, jak i czy mogą

---

* Dziś to ulica 3 Maja.

pomóc wyraźnie nieszczęśliwej w małżeństwie Rosie… Tak były zajęte tym problemem, że nie zauważyły na czas zbliżającej się z naprzeciwka Hachułowej. Nie zdążyły skręcić w bok, ocknęły się dopiero, kiedy uśmiechająca się niepokojąco Marta była już bardzo blisko. „Pewno znowu nas zatrzyma i będzie się wdzięczyć do Norbika — pomyślała Hilda. — Niepotrzebnie mamulka kupiła od niej ten wózek" — nie wiedzieć czemu, zimno nagle przebiegło jej po plecach.

Marta Hachuła nadal mieszkała u matki Berka Sroki. Pomagała w gospodarstwie, co przydawało się Sroczynie jeszcze bardziej, odkąd syn zniknął, a męża powołano do wojska. Od swego jedynaka nie miała żadnych wieści, od chopa sporadyczne. Dwie osamotnione kobiety wspierały się więc wzajem, wspólnie gospodarząc, wspólnie płacząc i razem przygotowując paczki dla ślubnego Marty. Czy docierały one do zamkniętego w obozie Auschwitz Stefka? Tego nie wiedziały, bo nigdy nie dostały odpowiedzi, lecz skoro nie przychodziło stamtąd zawiadomienie o śmierci — słały. Chleb, cebulę, smalec, bywało, że cukier albo coś z ubrania, sporadycznie kiełbasę czy inne mięso. Zależy, jak im samym się akurat powodziło. Z czasem było coraz ciężej, musiały wspomagać się wyprzedawaniem sprzętów — a to z domu Sroków, a to Hachułów. Kiedy Hilda wydawała na świat synka, odbierająca poród Agnes Sroka zaproponowała jej matce odkupienie dziecięcego wózka. Nowiusieńki, na wygodnych dużych kołach, sprezentowany został ciężarnej żonie jeszcze przez Stefana Hachułę. Teraz kurzył się w sieni, nieużywany. Póki mąż nie wróci, Marcie wózek na pewno się nie przyda, zresztą ona podobno dzieci już mieć nie będzie… To może Waleska by go wzięła dla wnuka? Cena była dobra, więc Widerowa wózek odkupiła, puszczając tym samym w niepamięć nieprzyjemności, jakie ją wobec sąsiedzkiej społeczności od młodej Hachułowej spotykały, odkąd z Tychów zniknęła Rosa, a wraz z nią budzący strach mąż nazista. Machnęła ręką na komentarze za plecami, na milczenie w jej obecności, na pogardliwe spojrzenia. Narodziny to czas radości. Niech i Marta coś z tego ma. W końcu ją samą spotkało podwójne nieszczęście. Na spacery jeździł zatem Norbik Widera wózkiem, którym powinien jeździć dzieciak Hachułów. Ile razy Hilda spotkała przy tej okazji Martę, tyle razy żałowała maminej hojności. Już by chyba wolała taszczyć syneczka w chuście, niż narażać się na dziwne zachowania współmieszkanki matki Berka. Wydawała się ona czyhać na maleńkiego Norbusia. Za każdym razem pod byle pretekstem zatrzymywała idące z dzieckiem na spacer Hildę albo Waleskę, pchała się z rękami, zagadywała niemowlaka, kilka razy nawet bez pytania go podniosła. Czyniła to mimo wyraźnych protestów starszej i młodszej Widery. Zachowywała się tak, jakby z jakiegoś powodu rościła sobie prawo… Do wózka? Do dziecka?

Hildę bardzo to niepokoiło, ale za każdym razem tłumaczyła sobie, że tylko jej się wydaje, że to jedynie nadmiernie rozbudzona wyobraźnia świeżo upieczonej matki każe jej wszędzie widzieć zagrożenie.

XXVIII

— Kto tu?!
— No przecież ja, a na kogo czekałeś, Jasiek, ty gupieloku? Na utopca?
— Józek! Już myślałem, że nie przyjdziesz.
— Też tak myślałem… Trzymał mnie ten Hiller i trzymał.
— Co chciał?
— Gówno chciał.
— E! No powiedz wreszcie.

Ale Józek Botor więcej nie gadał, tylko sięgnął do bagażnika rowerowego, ściągnął z niego wędkę, przygotował ją, nabił haczyk wijącą się dżdżownicę, usiadł obok Jaśka Widery i w ciszy czekał, aż coś się złapie na taką przynętę. Milczał, choć widać było po nim, że ma jakieś zmartwienie. Długo nie wytrzymał, bo po chwili zaczął się niespokojnie kręcić. Wreszcie sięgnął do kieszeni koszuli i wyciągnął z niej tytoń i bibułę. Zapalił skręconego papierosa. Jaśkowi, jako smarkatemu, nie zaproponował drugiego, ale raz się dał zaciągnąć.

— No? Powiesz, czemu cię *Herr* Hiller maglował czy nie? — spytał, krztusząc się Jasiek. — Masz pozować do jakichś zdjęć na paradzie?

— Nie. Odczep się ode mnie!
— Gadaj.
— Zgłosił mnie na ochotnika do esesmanów.
— Co?!
— Pstro. Mam siedemnaście lat, jestem blondyn, wysoki, wzorowy okaz, sam wiesz, jak on zawsze fanzoli, czas najwyższy, żebym oddał narodowi niemieckiemu to, co od niego dostałem.
— To ty coś dostałeś od Niemców, Józek?
— Figę z makiem. To taka gadka, wiesz, propagandowa. W rzyci to mam razem z tym całym Hillerem, starym ciulokiem — skończył Józek, rzucając niezwykle jak na siebie wulgarną wiązanką.

Przez chwilę znowu siedzieli w ciszy, słychać było tylko plusk wody w paprocańskim stawie, wywoływany przez ryby wyskakujące za owadami nad taflę zbiornika. Wędkowanie im nie szło, atmosfera była ciężka, na koniec znowu wyrwał się Jasiek:

— Ty, Józek, i co zrobisz?

Zagadnięty wzruszył ramionami:

— Co mam robić? Przyszliby po mnie i tak, to wolę się wcześniej sam zgłosić.
— Chcesz iść do tych nazistów?!
— Ała masz? A ty byś chciał iść na front? Jeszcze za esesmana? No, to ja też nie chcę. Ale muszę. Tylko nie wiem, jak to mam matce powiedzieć. Przecież ona mnie zabije!
— Lepiej matka niż Rusy.
— No niby lepiej…

Roześmiali się obaj, pojąwszy absurd wypowiedzianych właśnie słów. Śmiali się, choć przecież żadnemu z nich nie było wesoło.

— Ty, to może pitnij, co? Jak Berek — do leśnych.

— Taaa albo jak kuzyn Willi. Jeden i drugi przepadł.

— Józek?

— Aha?

— Naprawdę nie macie od niego żadnych wieści?

— Naprawdę. Moja matka powiedziała twojej siostrze prawdę. Po tamtym jednym liście, co go przywiózł ten Szmatloch z Mikołowa, już nic Willi nie pisał. Ciotka Frida też nie.

— To może on jeszcze żyje, co?

— Może żyje. A może zginął jak Paweł, tylko my nic o tym nie wiemy?

— Hilda znowu dostaje do głowy.

— No wiem. Byłem dzisiaj u Stabika po tytoń. Strasznie jest smutna. Wierz mi, że gdybym cokolwiek wiedział, to bym pierwszy do twojej siostry poleciał…

Jasiek spojrzał na przyjaciela dyskretnie. Na wspomnienie o Hildzie Józkowi na chwilę roziskrzyły się oczy. „Dalej go trzyma, no!" — pomyślał młody Widera, ale nic nie powiedział. Nie chciał dokuczać druhowi, który i tak sytuację miał niewesołą. Wolał z niego nie kpić także z tego powodu, że Józek Botor, choć na ogół spokojny i nieskory do awantur, łapy miał silne i potrafił nimi w razie czego nieźle młócić.

— Chyba nie mamy dziś szczęścia.

— Nawet na pewno nie mamy. Nie złowiliśmy nawet jednej ryby. Jedziemy z powrotem?

— Jedźmy, bo ciągnie od wody. Zimno idzie.
— Jesień.
— No.
Mało byli tego dnia skorzy do gadki. Wracając leśną drogą do Tychów, też nie rozmawiali. Jechali nie jak zwykle obok siebie, przekrzykując się i śmiejąc, tylko w pewnej odległości jeden za drugim, każdy pogrążony we własnych niewesołych myślach. Jasiek dumał o tym, jak mu się wszystko porozpadało. Trochę ponad rok wcześniej każdą wolną chwilę spędzali we trzech. On, zawsze gotów do błaznowania Berek i starszy od nich Józek, głos rozsądku wołający na puszczy ich chłopięcych szaleństw. Dalekie wycieczki rowerowe, kąpiele w dzikich stawikach, podglądanie dziewuch, głupie kawały robione sąsiadom, ryby. I najfajniejsze — wizyty w leśniczówce Pawła Botora... Sympatyczny Willi Jenike, który niechętnie opowiadał o wojnie, ale za to poproszony ciekawie rozprawiał o samolotach. Jaśka, jak to dorastającego karlusa, temat fascynował, każdy wykład o latających maszynach pozostawiał go z poczuciem niedosytu, apetytem na więcej. Nagłe zniknięcie Willego sprawiło mu więc przykrość nie tylko ze względu na okoliczności, w jakich do niego doszło, i nie tylko z powodu nieszczęścia, jakie przyniosło Hildzie. Aresztowanie Jenikego i starszego z braci Botor, a na dodatek ucieczka Berka Sroki, kumpla ze szkolnej ławy, zburzyło wciąż jeszcze dziecięcą beztroskę Jaśkowego świata. Odebrało mu radość. Potem ta niechęć kolegów w szkole, boje, które musiał toczyć w obronie honoru Hildy i własnej godności, wreszcie wieści o śmierci Pawła. A teraz to. Zabierają mu Józka. Ostatniego

prawdziwego przyjaciela. Wszystko przez cholerną wojnę! „Jeśli potrwa jeszcze trochę, to i mnie zabiorą" — stwierdza nagle nad swój wiek poważnie Jasiek Widera.

Jadący z przodu Józek nie myśli ani o przeszłości, ani o tym, co go czeka na nieustannie głodnym krwi froncie, tylko o czymś zupełnie innym. O kobietach. O matce. O Hildzie Widerze. Boi się o Karolinę. Jak ona zniesie wieści, które za chwilę usłyszy od swojego najmłodszego, ukochanego synusia? Od śmierci Pawła i tak już jest kłębkiem nerwów. Pretensje ma o wszystko i do całego świata, głośno wyrzeka, kłóci się z każdym, kto się jej nawinie, dopiero w domu odpuszcza, poddaje się. Myli się przy szyciu, przedmioty lecą jej z rąk, płacz dopada ją często i bez ostrzeżenia. Źle znosi każdą zbiórkę, na jaką w przymaławym mundurku hitlerowskiej młodzieży wybiera się Józek. Matczyna głowa kiwa: „Tak, oczywiście, idź, skoro musisz", ale oczy proszą: „Zostań!". Niemy apel nigdy nie zostaje wysłuchany, syn faktycznie musi stawić się na wezwanie, w końcu jest teraz podejrzany. Jako kuzyn dezertera i brat ukrywającego owego dezertera on także stanowi element narodowosocjalistycznie niepewny. Ale nic to, skoro rezerwy osobowe Trzeciej Rzeszy się kurczą, a on jest już prawie dorosły, wysoki i nordycki w typie... Nada się doskonale na przymusowego ochotnika Waffen SS. Nie on pierwszy, nie ostatni w tym ponurym roku 1944. Józek się z tym właściwie godzi, od dawna go na to przygotowywano, martwi się tylko o matkę. I o Hildę Widerę.

Dwie najważniejsze dla niego kobiety nie żyją w zgodzie. Wina leży po stronie wdowy Botor, która szukając jakiegoś usprawiedliwienia, sensu w śmierci Pawła, na obiekt niechęci obrała sobie Hildę. To przez nią, przez jej romansowanie z siostrzeńcem Karoliny, żandarmi trafili do Pawłowej leśniczówki i znaleźli Willego. Zabrali obu! A przecież Karolina zrobiła wszystko, żeby uchronić Pawełka przed armią, odpowiednio go ustawić, zapewnić bezpieczną przyszłość. Gdyby tylko Hilda nie rozkładała tak gorliwie nóg przed młodym Jenikem… Gdyby mu się tak nie narzucała, gdyby nie naprzykrzała się Józkowi — weź mnie do leśniczówki, zawieź mnie do Willego… Botorowa jest niesprawiedliwa, jak to pogrążona w głębokiej żałobie matka. Nie da sobie nic przetłumaczyć, choć przecież Józek próbuje, czasem, kiedy się zapędzi w swojej gorliwości, potrafi nawet i krzyknąć na Karolinę. „Daj spokój, to przecież nie jej wina!" — kończy rozmowę podniesionym głosem młodszy syn i wychodzi z domu, trzaskając drzwiami. Wprawia tym wdowę Botor w jeszcze podlejszy nastrój. Zatem wcale jej się nie wydawało. Jej siedemnastoletni Józuś kocha się w Hildzie Widerze. Dwudziestodwuletniej pannie z dzieckiem.

Owszem, Józek kocha Hildę. Wyjątkowo gładki z niego synek, urodę ma bardzo przyjemną, już męską, magnetyczną niczym u amanta filmowego. Gdyby chciał, mógłby pewno mieć każdą dziouchę. Tyle że on nie chce każdej. Ba, właściwie nie chce żadnej. Tylko Hildę. Tak mocno, że na inne kręcące się koło niego dziewuchy właściwie nie zwraca uwagi. Unika raz po raz aranżowanych przez nie sytuacji we dwoje, nie bierze tego, co może łatwo dostać. Usta, ciała, fizyczna miłość — śni o tym, marzy, ale pragnień nie realizuje. Czeka. Na co? Na to samo, na co czeka Hilda Widera. Na list od Wilhelma Jenikego albo wieści o nim. Że żyje, ma się dobrze, cieszy się z syna. Albo — poległ, o czym ze smutkiem zawiadamia nieutulona w żalu ciotka Frida. Józek jest rozdarty na dwoje. Ze względu na Hildę, ale przecież także na kuzyna, którego szczerze polubił, oczekiwałby tej pierwszej wiadomości. Sprawdzając, czy aby nie nadeszła, często zachodzi po sprawunki do sklepu Stabika. Równie gorliwie wypatruje jednak zmierzającego do mieszkania Botorów listonosza. Może przyszedł list od ciotki? Żywiąc nadzieję na to, że Willi nie wróci z wojny, Józek czuje się podle, ale nie przestaje po cichu na to liczyć. Nie przeszkadza mu różnica wieku ani to, że Hilda jest panną z dzieckiem. Samemu sobie obiecuje, że o nią zadba, nie zostawi z niczym. Oświadczy jej się w odpowiednim czasie. Tylko kiedy ten czas nastąpi, skoro każą mu iść precz od niej, od matki i ukochanych rodzinnych Tychów?

Tydzień później — w mundurze, z plecakiem i ciężkim sercem — idzie niechętnie w stronę dworca kolejowego. Jest sam. Matka pożegnała go w domu, nic w niej już nie zostało z dawnej walecznej wdowy Botor — nie czuła się na siłach osobiście oddać ukochanego syna machinie frontowej śmierci, żmii, której wściekle rozwartą paszczę stanowi wagon zmierzającego na wschód pociągu. Jasiek pewno siedzi w szkole, Hilda… A może by tak jeszcze na moment zajrzeć do składu Stabika-Petersa? Eeee, był tam wczoraj, nie wydusił z siebie żadnego ze słów, które podpowiadało mu wściekle łomoczące serce, tylko: „Dzień dobry, wezmę to-to-i to, ile się należy, do widzenia". Dziś też nie powiedziałby więcej. Zresztą ona i tak będzie czekać przecież nie na niego, tylko na Willego. Józek ostatecznie nie zbacza z drogi, spuszcza głowę i noga za nogą wlecze się na dworzec. Odprowadzają go nieżyczliwe spojrzenia współmieszkańców. Ten mundur! Esesmanów wszyscy się boją — i słusznie, wszyscy ich nienawidzą. Ktoś spluwa. Ktoś ciska w młodego Botora wiązanką przekleństw. Józek nie reaguje. Kuli się tylko jeszcze bardziej. Przełyka ślinę, a wraz z nią łzy, którym nie pozwolił spłynąć po zaczerwienionych od upokorzenia policzkach. Czuje się strasznie nieszczęśliwy.

XXIX

Styczeń roku 1945 wraz z zimnym wschodnim wiatrem przygnał wojnę także na Śląsk. Tym razem już nie tylko w postaci opowiadań mężczyzn urlopowanych z Wehrmachtu, pesymistycznego widoku beznogich czy bezrękich kalek oraz wydłużającej się stale listy poległych. Około 19 stycznia czołówki pancerne 1. Frontu Ukraińskiego, dowodzonego przez marszałka Iwana Koniewa, przekroczyły granice Rzeszy. Rozpędzone, natrafiając na niewielki tylko niemiecki opór, w niektórych miejscach dotarły aż do brzegów Odry, grożąc tym samym północnym skrzydłom 17. Armii, która miała bronić między innymi okręgu przemysłowego. Pozostający na czele 17. Armii generał piechoty Friedrich Schulz stanął przed dylematem — z jednej strony naciskano, by utrzymał teren, z drugiej, chcąc ochronić swoje jednostki na północy, powinien się wycofać. Ostatecznie nakazano mu walczyć, co też czynił, jednocześnie kawałek po kawałku ustępując wrogowi pola. Tego samego 19 stycznia, kiedy to pierwsze oddziały radzieckie stanęły nad Odrą, Niemcy oddali Kraków. Zaciekłe walki w rejonie Brzezinki i Krasów trwały do 26 stycznia. Równocześnie z natarciem z kierunku wschodniego podjęto próbę okrążenia Górnego Śląska od północnego zachodu. 22 stycznia należąca do 1. Frontu Ukraińskiego 21. Armia zdobyła Tarnowskie Góry, a dwa dni później Gliwice.

27 stycznia Sowieci dotarli do przedmieść Katowic, bronionych jedynie przez garstkę nazistowskich fanatyków, wśród nich policjanta pionu śledczego miejscowej komendy Ottona Gampiga, który — podobnie jak jego *Kameraden* z oddziału — nie dożył wieczoru. Tego samego dnia żołnierze Armii Czerwonej wyzwolili hitlerowski *Konzentrationlager* Auschwitz. W tym koszmarnym, nieludzkim miejscu czekały na nich ruiny wysadzonych krematoriów, góra trupów i jedynie około siedmiu tysięcy żywych więźniów w obozach: Auschwitz I, Auschwitz II-Birkenau oraz Auschwitz III-Monowitz. Resztę, mniej więcej sześćdziesiąt pięć tysięcy ludzi, esesmani pognali w pieszych kolumnach ewakuacyjnych dalej na zachód. Tysiące z nich zmarło po drodze z zimna, z wycieńczenia i od kul strażników. Wśród „szczęściarzy", którzy pozostali w obozie, znajdował się półżywy z głodu, chory na tyfus Stefan Hachuła. Wielu więźniów, ale także wyzwalających ich żołnierzy płakało. Ci pierwsi z radości. Drudzy z przerażenia.

Ze zgrozy płakali też Ślązacy i Ślązaczki. Kim dla *krasnoarmiejca* był tutejszy autochton? Niemcem! W kolejnych przechodzących w radzieckie ręce miejscowościach rabunkom i gwałtom na cywilach nie było więc końca. Nierzadko zdarzały się morderstwa. Budzące grozę wieści o nadchodzącym losie docierały wraz z uciekinierami do wciąż w miarę spokojnych okolic okręgu przemysłowego. W tym także do Tychów.

Na trzy doby przed końcem stycznia wojska radzieckie opanowały wszystkie większe miasta regionu. Należąca do 17. Armii niemieckiej część 48. Korpusu Pancernego została odcięta w rejonie na północ i północny zachód od Mikołowa. Południową drogę odwrotu przez tę miejscowość utracono 27 stycznia. Od wschodu pierścień okrążenia domykały oddziały sowieckiej 60. Armii. Jej 15. Korpus niebezpiecznie zbliżył się do Tychów… Otoczone siły niemieckie podjęły rozpaczliwą próbę przebicia się na południe od Mikołowa. Większej ich części zamiar ten powiódł się, choć za cenę wielu zabitych i porzucenia całego ciężkiego sprzętu. Bardziej traf niż taktyczne zamierzenia sztabów obu walczących stron sprawiły, że areną starć resztek 17. Armii z Sowietami stał się właśnie rejon Mikołowa i Tychów. W założeniu nie biegła tędy bowiem niemiecka linia obrony. Wojsko rosyjskie wbiło się tu po prostu w kolumny zaopatrzeniowe Wehrmachtu, służby tyłowe i rzekę uciekinierów, w żaden sposób nieprzygotowaną do stawiania oporu. Kto mógł, chował się po domach, w zabudowaniach gospodarczych albo piwnicach. Niedobitki niemieckich oddziałów kryły się po lasach. Kto nie mógł, nie chciał albo nie miał się jak schronić, walczył. Wycofująca się armia pozostawiła za sobą na tyskich ulicach setki trupów, uzbrojenia, niewystrzelonej amunicji i dymiące, pouszkadzane czołgi.

28 stycznia, po zaciętych nocnych walkach, Sowieci wkroczyli do Tychów. Do tej pory pod względem infrastruktury

miasto ucierpiało stosunkowo niewiele — naliczono dwadzieścia sześć zburzonych zabudowań oraz zniszczoną wieżę wodociągową. Za tę cenę z tyszan zdjęto hitlerowskie kajdany, by zaraz, tak jak i reszcie Ślązaków, nałożyć im inne — stalinowskie. Wkrótce miejscowych mieszkańców, wcześniej karanych za każdy przejaw polskości, straszonych wysłaniem do hitlerowskich obozów koncentracyjnych, bez dyskusji wcielanych do niemieckiego wojska i na siłę zniemczanych w duchu narodowego socjalizmu, zaczęły dotykać nowe prześladowania: rabunek mienia prywatnego i sprzętu z fabryk, wywózki górników do kopalń Donbasu, łapanki wśród ludności i osadzanie w ubeckich obozach pracy tych, których słusznie, ale równie często niesłusznie nowa władza podejrzewała o sprzyjanie poprzedniej. Czasem polityka nie miała z tym nic wspólnego. Ot, wystarczył fałszywy donos złośliwego sąsiada, dobrze osadzonego w strukturach komunistycznego reżimu. Straszne czasy przyjść miały w miejsce czasów okropnych.

Zanim jednak to wszystko nastąpiło, tuż po wyzwoleniu, w tłumie uciekinierów ciągnących od strony Katowic do rodzinnego miasta powróciła Rosa.

Pojawiła się w Tychach bez zapowiedzi, wraz ze zmierzchem 28 stycznia. Sama, bez bagaży, nie licząc cienkiej, ukrytej pod ubraniem koperty, którą mocno do siebie przyciskała. Szła ciężkim krokiem, z trudem, jakby liczyła sobie nie niespełna dwadzieścia trzy, ale co najmniej siedemdziesiąt lat. Dawny sąsiad czy nawet bliższy znajomy, który spotkałby ją tamtego wieczoru, mógłby nie poznać w tym nieszczęsnym, trzęsącym się na całym ciele, zgarbionym i brudnym bożym stworzeniu dawnej Rosy Widery. Najpiękniejszej tyskiej panny. Chluby rodziny.

Nieudane małżeństwo nie przysłużyło się Rosinej urodzie. Na nieszczęście nie zdołało jej całkiem zgasić. Rosa Gampig, choć smutniejsza, chudsza i bledsza od Rosy Widery, wciąż była kobietą kuszącą. Pięknie zbudowaną blondynką o klasycznych rysach. Nie dało się tego ukryć nawet pod zimowymi ubraniami. Nawet pod nietwarzową czapką. Nawet pod grubą warstwą sadzy z pieca, którą uczernione zostały czoło, nos i policzki pani Gampig. Wdowy Gampig, bo uchodząc rankiem w pośpiechu z własnego mieszkania, Rosa natknęła się w jego pobliżu na podziurawione kulami ciało męża. Nie zdążyła się zastanowić nad tym, jak bardzo i czy w ogóle żałuje Ottona, kiedy drogę zagrodziło jej trzech wyglądających z azjatycka żołnierzy w mundurach Armii Czerwonej. Musieli to być maruderzy, skoro siły sowieckie dobre kilka godzin wcześniej opuściły centrum Katowic, pozostawiając tylko gdzieniegdzie słabo obsadzone posterunki. Widać Radzieccy czuli się dość bezpiecznie w porzuconym przez Niemców mieście. Ci trzej, na których wyszła zza rogu Rosa, emanowało pewnością siebie podsyconą dużą ilością alkoholu. Mimo mrozu szli porozpinani, wyśpiewując wniebogłosy jakąś rzewną wschodnią pieśń. Każdy dzierżył w lewej dłoni butelkę zdobycznego koniaku, w prawej zaś pistolet. Na gest uczyniony przez jednego z umundurowanych mężczyzn Rosa posłusznie podniosła ręce. W spokoju pozwoliła się też obszukać — czy nie ma zegarka, czy nie ukryła gdzieś alkoholu albo papierosów. Zaprotestowała dopiero, gdy zrozumiała, że nie uniknie tego, czego się od początku obawiała. Wyrywała się więc, krzyczała. Z pewnością ktoś ją usłyszał. Może znaleźli się i tacy, którzy zza firanek obserwowali scenę zbiorowego gwałtu na młodej kobiecie. Nikt jednak nie wybiegł, by jej pomóc, by odciągnąć od niej oprawców. Kto miałby to zrobić, skoro prawo stało po stronie bezprawia?

Obracając się na brzuch, podnosząc na kolana, a wreszcie na nogi i usiłując doprowadzić się na powrót do jako takiego porządku, Rosa myślała gorzko, że i tak ma szczęście. Mogli ją zabić, a nie zabili. Mogło ich być pięciu, dziesięciu, dwudziestu, a było tylko trzech. Mogli ją powlec za sobą do kompanów, a nie zrobili tego, porzucając ją jak zepsutą zabawkę w studni katowickiego podwórka. Mogli wreszcie zabrać schowane w staniku dokumenty. Przepustkę do powrotu na łono rodziny Widerów. Nie trafili na rozgrzaną od jej ciała kopertę, bo ciało Rosy interesowało ich tylko od pasa w dół. Zadarli jej jedynie spódnicę, ściągnęli grube rajtuzy i majtki. Płaszcza, swetra ani ciepłej koszulki nie ruszyli.

Zdążyli jednak Rosę nieźle oszpecić, fizycznie zmienić, o czym przekonała się, kontynuując upartą wędrówkę wzdłuż głównej ulicy. Spojrzawszy na moment w oczy swemu odbiciu w ocalałej szybie wystawy eleganckiego sklepu z damską konfekcją, ujrzała kobietę pochyloną ku ziemi, nagle postarzałą, o spuchniętej od uderzeń twarzy, rozgorączkowanych z przerażenia oczach i brzydko wykrzywionych, do krwi pozagryzanych ustach. „I dobrze — pomyślała Rosa. — Może przynajmniej nikt więcej nie zwróci na mnie uwagi". Szanse miała na to całkiem spore. Co prawda na katowickim dworcu dosłownie roiło się od ludzi, ale każdy zajęty był swoimi sprawami. Wszyscy myśleli tylko o tym, by się wydostać z miasta. Ich nadzieje były płonne — pociągi nie kursowały. Tą drogą Rosa nie dostanie się do domu. Zrezygnowana usiadła pod ścianą dworca i wzniosła zapłakane oczy ku niebu. Chyba posłuchało ono niemej modlitwy uciekinierki. Obok Rosy wolno przetaczał się ambulans. W środku siedział doktor Krusche i jedna z zakonnic z tyskiego szpitalika. Oboje zostali wezwani do stolicy górnośląskiej prowincji kilka dni wcześniej, gdy Rosjanie ruszyli do ofensywy na okręg przemysłowy. Teraz, podobnie jak wielu innych, usiłowali się wydostać z miasta. Doktorowi było śpieszno do własnej lecznicy, ale przede wszystkim niepokoił się o rodzinę. Milcząca siostra Kryspina także wolałaby wrócić do swojej małej izdebki, którą na poddaszu tyskiego lazaretu współdzieliła z inną zakonnicą ze swego zgromadzenia. Pasażerowie karetki przypadkiem wypatrzyli i cudem rozpoznali Rosę pośród tylu gnieżdżących się na zimnie osób. Kazali kierowcy zatrzymać samochód, a Helmut Krusche szybko wyskoczył z szoferki i zagarnął do środka dawną pracownicę. Mimo blokad na drodze, dzięki sprawności prowadzącego i respektu, jakim nawet w czasie chaosu cieszył się wymalowany na drzwiach ambulansu znak Czerwonego Krzyża, bez większych przygód dotarli do Tychów. Doktor Krusche chciał zabrać Rosę do szpitala, zbadać ją, opatrzyć w razie potrzeby, ale ona odmówiła. Śpieszno jej było do rodziców, do Hildy, Jaśka,

Trudki i małego Norbika. Podziękowała zatem doktorowi, obiecała zgłosić się niebawem do przychodni i pokuśtykała do domu.

Pukanie do drzwi zelektryzowało wszystkich zgromadzonych w kuchni. Achim wstał, ale Waleska chwyciła go za rękę i pokręciła głową. „Zostań, siadaj, może pójdą. Hilda ma klucz, sama by sobie otworzyła". Stary Widera dołączył więc na powrót do reszty przycupniętej w napięciu rodziny. Jednak czekający na zewnątrz przybysz był uparty. Nie ustawał w wysiłkach, walił teraz w drewniane deski obiema pięściami na zmianę. Uderzenia nie były jednak zbyt mocne, jakby wyprowadzane raczej przez kobietę niż mężczyznę.

— To chyba nie Iwany — stwierdził Joachim. Wziął w rękę ogarek świecy i poszedł do sieni sprawdzić, kto się tam włóczy w zapadającej ciemności.

— Panbóczku — wyszeptał. Szeroko odemknął drzwi i podał rękę stojącej za nimi Rosie. Ta, przekroczywszy próg, osłabła i runęła na Achima całym ciałem.

— Cóż to jest, Roso?

— Dokumenty. Z tyskiego magistratu. To o tacie. Że się bił w powstaniu, jaki miał stopień... Wszystko. Otto mnie nimi szantażował. Zabrałam te papiery, gdy uciekałam. Chyba niepotrzebnie, skoro on nie żyje, ale...

— Szantażował cię?

— Tak. Tym i jeszcze... Wiedział, że wywieźliście z obozu pana Zarębę. Ja... nie miałam wyjścia. Musiałam pójść za niego za mąż. Musiałam!

— Już dobrze, kwiatuszku, już dobrze. — Pobladły Achim drżącą ręką niezdarnie głaskał po włosach zanoszącą się od płaczu córkę.

Rosa siedziała przy stole, łokcie oparła o blat, a twarz ukryła w dłoniach. Próbowała się uspokoić, ale nie mogła. Na widok tylu bliskich ukochanych twarzy coś w niej pękło, przelała się czara goryczy, samotności i strachu. Łkała więc na oczach matki, ojca, Jaśka i Trudki. Wkrótce z kąta, w którym spał w kołysce, zawtórował ciotce mały Norbik. Dopiero na dźwięk dziecięcego głosu Rosa otrząsnęła się z własnego nieszczęścia.

— A gdzie jest Hilda? — spytała, zdjęta nagłą trwogą o siostrę.

— Hilda! Jezderkusie, przecież ona miała tylko na moment do tego sklepu polecieć! — krzyknęła Waleska.

— Do sklepu?

— No tak. Będzie parę dni, jak Peters zabrał rodzinę i uciekł przed Rusami. Chciał wziąć też teścia, ale stary Stabik odmówił. Został pilnować interesu… Przed wyjazdem Karl z żoną poprosili Hildę, żeby do niego zaglądała. Dzisiaj sobie wymyśliła, że go tu na noc przyprowadzi. Nawet nie zapytała nas o zgodę, tylko pobiegła!

— Dawno?

Waleska spojrzała na zegar:

— Godzinę temu…

— Idę po nią!

— Stój, Rosa, dokąd to?

— Wracaj!

Ale ona już nie słyszała ani matki, ani ojca, ani brata. Czując w ciele przypływ nowych sił, gnała w dobrze sobie znanym kierunku. Do centrum miasta, gdzie tuż obok kościoła św. Marii Magdaleny mieścił się sklep Augustyna Stabika. Śpieszyła na spotkanie z siostrą bliźniaczką.

Po chwili znowu stała przed zawartymi na głucho drzwiami. W budynku, w którym mieścił się punkt handlowy i mieszkanie właścicieli, było całkiem ciemno. Do uszu Rosy przez chwilę nie dobiegał żaden dźwięk, ale gdy zapukała, z półpięterka odpowiedziało jej szuranie obutych w papucie stóp, dźwięki stawianych z trudem na schodach kroków, wreszcie zgrzyt zamka.

— Panie Stabik, czy jest tu Hilda?
— Rosa? Mój Boże, no tak, to przecież ty, dziecko. Skąd tyś się tu... Ale wejdź, bo zimno, wejdź proszę. Hilda jest, zabezpiecza w piwnicy towar.

Wyminąwszy starego sklepikarza i ostrożnie stawiając stopy w ciemności, Rosa zeszła na dół. W nikłej smudze światła latarki ujrzała krzątającą się siostrę, która gorączkowo przekładała zgromadzone dobra z przednich półek na tylne. Z dołu do góry.

„Jaki to ma sens — pomyślała Rosa. — Jeśli zechcą, Rosjanie i tak wszystko znajdą i zabiorą".

— Kto tam?
— Hilduś, to ja.
— Różyczko! Kochana! Wróciłaś! Pokaż no się. Boże, co ci się stało? Kiedy przyjechałaś?
— Dzisiaj. Niedawno. Byłam w domu, a teraz przyszłam po ciebie. Rodzice się niepokoją, synek ci płacze...

— O Jezu, która godzina?

— Późno, powinnyśmy iść z powrotem. Żołnierze są w mieście?

— Są.

— No to się zbieraj, szybko idziemy, nie powinnyśmy wychodzić po nocy.

„Właściwie w dzień też nie powinniśmy…" — dodała gorzko w myślach Rosa, ale nie powiedziała tego na głos. Nie chciała przerażać siostry opowieścią o tym, co ją tego dnia spotkało. Nie tutaj, nie teraz. Teraz trzeba iść. Zdecydowanym gestem pociągnęła więc Hildę za rękę.

— Tak, tak, chodźmy. Panie Augustynie! Proszę się ubierać, zabieramy pana do nas do domu.

Stary kupiec zszedł do piwnicy. Rozejrzał się po wnętrzu składu, omiótł wzrokiem półki, walające się po podłodze kartony, zwoje materii, rozsypane śrubki i gwoździe. Machnął ręką i rzekł:

— Dziękuję ci, Hildo, za propozycję, ale ja jednak zostanę. Dokończę pakowanie, na noc pójdę do farorza Osyry na parafię…

— Sam pan pójdzie, panie Stabik?

— A pewno. Blisko to jest. Dwa kroki.

Hilda stała pośród chaosu sklepowych dóbr niezdecydowana. Z jednej strony śpieszno jej było do dziecka. Z drugiej nie chciała zostawiać swego szefa bez opieki. Niemłody już był, z trudem chodził. Do parafialnego budynku droga wiedzie pod górkę, jeszcze się pan Augustyn poślizgnie na lodzie, wywróci, nogę złamie…

Hilda spojrzała pytająco na Rosę. Rosa powoli skinęła głową.

— Idź, ja zostanę — odezwała się nieznoszącym sprzeciwu tonem. — Przyjdę potem albo rano, jeśli i mnie ksiądz Osyra zgodzi się przenocować...

— Ale...

— Idź! Twoje dziecko płacze za matką.

— To... Panie Augustynie, to ja polecę, dobrze? Moja siostra z panem zostanie. Pomoże.

— Pomogę. Hilda! — krzyknęła Rosa w ślad za wspinającą się po schodach bliźniaczką, a gdy ta na moment przystanęła, pochyliła się i obejrzała za siebie, dodała: — Tylko leć prosto do domu. Nie zatrzymuj się, jakby cię ktoś wołał. Nawet po rosyjsku. Szczególnie po rosyjsku. Zasłoń się dobrze, skul się w sobie i biegnij!

Tym razem to Hilda kiwnęła głową. Nie wiedząc, że czyni to po raz ostatni w życiu, szybko wymieniła z siostrą spojrzenia. Rosa wyglądała na smutną. Całkiem zrezygnowaną. Jakby coś przeczuwała.

Co się stało tej nocy w sklepie Augustyna Stabika, tego nigdy do końca nie ustalono. Czy jego i Rosę zamordowali szukający wojennego łupu radzieccy żołnierze? Zastrzelili oboje, a może zakłuli bagnetami? Czy to oni splądrowali skład, a potem go podpalili? Prawdopodobnie, ale pewności nie ma, skoro nie znalazł się ani jeden świadek tragicznych wydarzeń nocy z 28 na 29 stycznia 1945 roku. Wskutek pożaru budynek częściowo runął, przygniatając ciała właściciela i Rosy gruzem i walącymi się belkami stropu. Ci, co następnego ranka przyszli na pogorzelisko, odkopali szczątki obojga, niczego jednak z nich nie wyczytali, tak bardzo były spalone. Ustalili tylko miejsca, gdzie umarli — ona w piwnicy, między półkami, on bliżej wejścia, na schodach. Czy Augustyn Stabik bronił dostępu do towarów, czy do ukrywającej się między nimi Rosy Gampig, z domu Widery? Może jedno i drugie? Nie wiadomo.

XXX

Ludzie wyjeżdżali, ludzie wracali. *Reichsdeutsche* uciekali — to oczywiste — po pierwsze.

Z miejscowych, co opuścili Tychy wiosną i latem 1945 roku, wspomnieć należy na pewno obecnego w tej opowieści rolnika Ernesta Schotta. Temu posiadaczowi sporej ilości ziemi i znacznego majątku nowe władze nie pozostawiły wyboru — albo spakuje się w podręczny bagaż i wynocha, albo wraz z całą rodziną wyląduje w obozie pracy jako ten, który gorliwie współdziałał z niemieckim okupantem. Schott, świadom powagi groźby, nie dyskutował. Co mógł, oddał w pieczę sąsiadom, zagonił na dworzec kolejowy oboje swoich stareńkich już teściów, Schottową, dzieciaki i wszystkich razem wsadził do jadącego na zachód pociągu. Osiedli w Bawarii, gdzie udało im się wydzierżawić pole od samotnej wdowy, matki dwóch zabitych na wojnie synów, i kamyczek po kamyczku jakoś odbudować na nowo życie.

Ledwo swoje gospodarstwo osierocił Ernest Schott, do miasta zawitał jego przyjaciel, dawno w okolicy niewidziany Rudolf

Zaręba. Przyjechał, mimo oporu żony, i z miejsca wziął się do roboty. Z początku jako zastępca burmistrza, organizując od podstaw pracę urzędów gminnych. Potem powrócił do tego, do czego czuł się najbardziej powołany. Starał się więc odtworzyć w Tychach polskie szkolnictwo. Uczył z początku w udostępnionych dzieciom pomieszczeniach tyskiego Browaru, jako że gmach szkoły zajmowali kwaterujący w mieście radzieccy żołnierze, gdy zaś Rosjanie zwolnili budynek, 27 kwietnia 1945 roku uroczyście i ze wzruszeniem wprowadził swoich podopiecznych na stare śmieci. Dosłownie — śmieci, gdyż doprowadzenie szkoły do stanu pełnej używalności wymagało wielu starań i ogromu pracy. Rudolf Zaręba kierował nią do roku 1953. W mieście pozostał aż do swojej śmierci w 1975, patronem Szkoły Podstawowej nr 1 w Tychach ogłoszono go w roku 1984. Kierownika Zarębę zapamiętano jako społecznika i cenionego działacza oświatowego.

O doktorze Helmucie Kruschem także pamiętano, pamięta się i dziś jako o człowieku dobrym, dla wszystkich grzecznym i skromnym. Ponieważ jednak oprócz wielu zalet miał jedną wadę — mimo wieloletnich i wielorakich związków z Polską i polskim Śląskiem Helmut Krusche czuł się Niemcem i za Niemca był uważany przez władze nazistowskie — jako takiego potraktowano go także za nowego porządku. Wraz z żoną i dwójką dzieci musiał zatem doktor, dyrektor miejscowego szpitala opuścić pacjentów, lecznicę i willę, którą otrzymał w koszmarnym spadku po swoim przyjacielu Wilhelmie Richterze (nawiasem mówiąc, tyski dentysta do miasta nigdy nie powrócił, w roku 1946 uznany został za zmarłego; przypuszczalnie, podobnie jak miliony europejskich Żydów, padł ofiarą oszalałej machiny hitlerowskiej eksterminacji). Wyjazdowi dobrego doktora świadkowało wielu żegnających go współmieszkańców. Krusche przeniósł się do wschodnich Niemiec, na tereny, które później znalazły się w granicach NRD.

Powrót do domu Stefana Hachuły poprzedziły listy wysyłane do żony z jednej z doraźnych oświęcimskich lecznic dla chorych na tyfus, których wiele powstało w tym przeklętym przez nazistów mieście po uwolnieniu KL Auschwitz. Stefan, z powodu skrajnego wycieńczenia, pisał z początku krótko i oszczędnie, potem, w miarę jak jego stan się poprawiał, wymiana korespondencji między nim a Martą stała się częstsza, a słane do Tychów koperty pogrubiały. Agnes Sroka obserwowała z zadowoleniem, jak wciąż pomieszkująca u niej Marta ponownie rozkwita. Czekając na powrót męża, będąc pewną, że Stefek żyje i ma się coraz lepiej, Hachułowa także zdawała się wracać do dawnej siebie. Rzadziej zachowywała się dziwnie. Mniej mamrotała pod nosem, właściwie nie wspominała już o synku Hildy Widery... Agnes darowała sobie wizyty u Widerów. Może jej się tylko wydawało, że Marta jakoś zagraża małemu Norbikowi? Eee, Sroczyna sama nie miała się najlepiej, drżała o losy swoich mężczyzn — ślubnego i jedynaka, przewrażliwiona była, to i wszędzie widziała zagrożenie. A do Hildy i tak poszłaby bardzo niechętnie. Z tą to dopiero ciężko gadać, gorzej jeszcze niż z żoną Stefka, odkąd zginęła

Rosa, a potem jeszcze to z Józkiem… Agnes zostawiła więc dla siebie spostrzeżenia na temat Hachułowej, zresztą jakoś tak na początku kwietnia w progu jej domu stanął Stefan Hachuła we własnej osobie. Chudszy, mizerniejszy, niż go Sroczyna zapamiętała, o ledwo-ledwo odrośniętych po chorobie włosach, ale biorąc pod uwagę to, co przeżył, rzec można, że zdrów i cały. Podziękował sąsiadce serdecznie za opiekę nad żoną i zabrał Martę do domu. Choć fizycznie wciąż jeszcze słaby, byłby nawet gotów ruszyć od razu w leżące odłogiem pole, ale zwiedziawszy się o powrocie Hachuły, odwiedził go Rudolf Zaręba. Pamiętał, że przed wojną Stefan uczył się w szkole dla przyszłych urzędników administracji, gorąco go więc namawiał, by spróbował swoich sił, pracując dla gminy. Dlaczego nie? Posada państwowa, nie nazbyt męcząca, w sam raz dla posthitlerowskiego ocaleńca. Pieniądze może niewielkie, ale za to w miarę pewne, a to przecież luksus w tych czasach! Stefan się zgodził. Jego entuzjazm wobec nowych porządków w Tychach okazał się zresztą tak wielki, że zapisał się on nawet do Polskiej Partii Robotniczej i zaangażował w organizację lokalnych struktur milicyjnych. Wszędzie przyjmowano go z otwartymi ramionami, bo choć niby za Niemca należał do NSDAP, to przecież wiadomo, że nieszczerze, skoro ponad półtora roku przesiedział w obozie. Jako były farbowany nazista i były konspirator Stefan mógł się przydać. Wiedział o różnych ludziach różne rzeczy. Szybko stał się w mieście kimś niebezpiecznym, kimś, z kim należało się liczyć. Stało się tak zupełnie wbrew woli i wbrew oczekiwaniom, jakie wobec Hachuły miał Rudolf Zaręba.

*

Powroty...

Podobnie jak do jej podopiecznej Marty Hachuły, także do Agnes Sroki szczęście się uśmiechnęło, i to od razu podwójne. Oto ojciec i syn całkiem przypadkiem spotkali się na drodze wiodącej ku domowi na Glince i razem, pod koniec maja pamiętnego roku 1945, wrócili do żony i matki. Pierwszy, Gustaw Sroka, w solidnie złachmanionym mundurze Wehrmachtu, w którego szeregach dosłużył na zachodnim froncie aż do ogłoszenia końca działań wojennych; drugi, szesnastoletni Bernard Sroka, odziany niczym pełnoprawny, dorosły żołnierz Ludowego Wojska Polskiego. Do oficjalnych sił zbrojnych trafił drogą okrężną. Po tym, jak w lipcu 1943 roku czmychnął do lasu przed Ottonem Gampigiem i towarzyszącymi mu żandarmami, czternastoletni wówczas Berek schronił się wśród akowców. Był najmłodszy w oddziale, a dowódca uznał, że jest za smarkaty na to, by ginąć w partyzanckiej wojnie, więc jeszcze przed zimą przerzucono go najpierw do pomocy w majątku pod Kielcami, potem w okolice Warszawy, aż wreszcie latem 1944 dotarł do samej polskiej stolicy. Walczył w powstaniu, przeżył je i wraz z ocalałą ludnością miasta pomaszerował do obozu w Pruszkowie. Uciekł z tego tragicznego dla mieszkańców stolicy miejsca i ponownie znalazł się w lesie. Błąkając się po okolicy, przesypiając tu i tam u miejscowych chłopów, któregoś zimowego dnia wyszedł wprost pod lufy żołnierzy w polskich mundurach. Został z nimi aż do końca wojny, pełniąc zwykłą dla siebie rolę błazna, śląskiego filozofa wesołka, ale przecież i tego synka, co bronił Warszawy.

Nieco wcześniej i w innej części wyzwalanego właśnie kraju na Polaków z lasu wylazł także przyjaciel Berka Sroki, Józek Botor. Spotkał ich niedługo po tym, jak go wyszkolono w koszarach ćwiczebnych SS w okolicach Norymbergi i zaraz z powrotem wysłano na wschód — na front. Gdy dowiedział się, że w okopach naprzeciw niemieckich linii obronnych siedzą nie Rosjanie, a Polacy, Józek Botor postanowił do nich uciec. Na ochotnika, po zmroku wziął dodatkową wartę, z której się niepostrzeżenie ulotnił, porzucając hełm, elementy uzbrojenia i amunicję. Zdając sobie sprawę z tego, że nie może pokazać się drugiej stronie w esesmańskim mundurze, jeszcze tej samej nocy odwiedził miejscowego gospodarza, na którego podwórku suszyły się cywilne robocze ubrania. Choć marzł w listopadowym deszczu, zabrał jedynie to, co uznał za niezbędne — koszulę i galoty. Własny mundur i pistolet ukrył w zamaskowanym liśćmi dole, sobie zostawił tylko dobre, bo skórzane i ciepłe buty. Szedł, modląc się cicho o to, by Polacy zechcieli go wysłuchać, nim zaczną strzelać. Póki co Panbóczek nad Józkiem czuwał. Nie tylko udało mu się szczęśliwie dotrzeć do celu, ale jeszcze na miejscu spotkał prawdziwą zbieraninę chłopaków z różnych stron dawnej Polski — od Wilna i Lwowa na wschodzie, aż po Gdynię, Poznań i Rybnik na zachodzie. W takim mieszanym towarzystwie jego śląska mowa nikogo nie raziła. Tłumaczenie, że uciekł od Niemców, że się ukrywał i wyszedł, skoro usłyszał swoich, też przyjęto nadspodziewanie łatwo. Nikt Józka o nic zanadto nie wypytywał. Nie ze swojej woli był we wrogim wojsku, zdezerterował, teraz jest w polskim. Chce walczyć, jest w porządku. Dali mu mundur, broń, nakarmili, ogrzali i zabrali ze sobą — dalej ku wyzwoleniu.

Tak ostatnie tygodnie roku 1944 i pierwsze roku kolejnego lał Józek Botor tych, do służby którym przygotowywał się przez kilka poprzednich lat, najpierw w Hitlerjugend, potem w ramach przeszkolenia wojskowego. Okazał się żołnierzem dobrym, bitnym i w granicach swego spokojnego rozsądku — odważnym. Zdobyte u Niemców umiejętności strzeleckie chętnie wykorzystywał przeciw nim, licząc tylko na to, że pod lufę broni nie podlezie mu żaden przebrany za sołdata karlus z Podlesia czy innego Kobióra. Tak przecież bywało między Ślązakami na tej wojnie, że brat strzelał do brata. Albo kuzyn do kuzyna. O to, że któregoś dnia przez przypadek zabije Willego Jenikego, Józek też się bał, tym bardziej że gdzieś tam w głębi duszy po cichutku życzył kuzynowi... No, śmierci to nie, ale żeby jednak nie pojawił się więcej w Tychach, żeby z jakiejś przyczyny zrezygnował z Hildy Widery... To on, Józek Botor, miał do niej wrócić, w polskim mundurze, niczym bohater. Okazja nadarzyła się szybko, bo już na początku lutego 1945 roku. Na wieść o tym, że w uwolnionych od hitlerowców Katowicach formowane są polskie jednostki, które mają pomóc radzieckim w stabilizowaniu sytuacji w regionie (czytaj: bronić domów i ludności przed krzywdą ze strony „wyzwolicieli"), niemal wszyscy Ślązacy z oddziału zgłosili do nich akces. Byli niedaleko, bo w okolicach Krakowa. Dowódca wyraził zgodę; kilkunastu chłopaków, w tym także Botora, odkomenderowano do Katowic. Podróżując w rodzinne strony na naczepie rozklekotanej ciężarówki, Józek myślał o tym, że chyba naprawdę ktoś tam u góry nad nim czuwa, ktoś mu sprzyja, skoro tak szybko udało się wrócić z wojny do domu.

Ledwo się zameldowali w przejętych po Niemcach katowickich koszarach, Józek zwrócił się do przełożonych o kilkudniowy urlop. Wybłagał zaledwie jedną dobę wolnego na to, by jechać do Tychów. Co z matką? Co z Hildą? Czy Willi się do niej odezwał? Czy żyje? A jeśli nie? Gadać z nią na poważnie czy jeszcze poczekać? To się zobaczy na miejscu, na razie jaka to radość stać sobie w otwartym oknie pociągu, płowy łeb wystawić na zimny lutowy wiatr i wdychać przepełnione węglowym pyłem i fabrycznymi dymami powietrze domu! Radość z powrotu była w nim nadal, gdy szybkim krokiem przemierzał miasteczko. Trupy niemieckich żołnierzy już uprzątnięto, ale ślady rosyjskiego szturmu na wycofujący się Wehrmacht pozostały w tkance tyskiej zabudowy. Idąc, Józek co rusz przekręcał głowę to w prawo, to znowu w lewo, odnotowując tu i ówdzie dziury po pociskach, ukruszenia muru. Wreszcie z niepokojem obejrzał grożące całkowitym zawaleniem ruiny rodzinnego gniazda i sklepu Augustyna Stabika.

Budynek, w którym znajdowało się mieszkanie Botorów, ostał się w całości. Na parterze wybito zaledwie jedną szybę, na piętrze nawet szkła wojna nie naruszyła. W środku, jak dawniej, w samym sercu kuchni tkwiła Karolina. Zmizerniała od zmartwień, całkiem pozbawiona zwykłej dla siebie witalnej energii, palcami drżących rąk raz po raz dotykała twarzy swego najmłodszego dziecka.

— Josef — mówiła matka. — Józuś. Józeczku. — Stwarzała go dla siebie od nowa kolejnymi mianami, jakich kiedyś używało się wobec tego wysokiego i przystojnego młodego mężczyzny w domu, w którym, zdawałoby się, żadnych więcej mężczyzn nie uświadczysz.

Karolina opłakiwała go, odkąd przebrany za nazistę Józek wyruszył na front. Po tym, jak otrzymała zawiadomienie o śmierci Pawła, złe przeczucia dotyczące losu drugiego syna jej nie opuszczały. Wszak i wcześniej odczuwała niepokój na myśl o jego przyszłości, ze wszystkich swoich dzieci to właśnie o niego martwiła się najbardziej. Słuchając o tym, co Józka spotkało, rejestrując, że wojna dla niego właściwie się skończyła, że stacjonować będzie teraz blisko, bo w Katowicach, że nie będzie już walczył w bitwach, ale raczej pilnował porządku, Karolina Botor odczuwała niewypowiedzianą ulgę. A także wyrzuty sumienia — Józek jest bystry, Józek ma szczęście w życiu, Józek sobie poradzi. To nie nad nim, a nad Pawłem unosiło się fatum. To o starszego syna powinna była się bardziej martwić, więcej za niego modlić, mniej go narażać. Wszak to ona, ona sama sprowadziła na Paulka nieszczęście i to od razu w dniu, w którym do jej domu zawitał siostrzeniec ze swym szalonym pomysłem dezercji. Willi Jenike zażądał od Botorów stawienia wraz z nim czoła niebezpieczeństwu, a Karolina bez wahania wystawiła na nie ich wszystkich, ale głównie jednak — Pawełka. Jakiż to brak rozsądku... Prawda, że Józek także uciekł z niemieckiego wojska, ale o ile mądrzej to zrobił! No i wrócił szybko, bez jednego draśnięcia, w dodatku w mundurze, którego nie trzeba chować przed przedstawicielami nowej władzy.

Chwilę jeszcze Karolina rozsmakowuje się w nagle odzyskanym szczęściu, zaraz jednak mrozi ją to, o co pyta syn. Raz — o kuzyna. Czy matka nie wie, co z Willim? Odzywał się? (nie) Żyje? (nie wiadomo) Może pisał do Hildy Widery? (o tym także Botorowa nie ma pojęcia) O właśnie, a co u Hildy? Józek wyrzuca z siebie zdania nienaturalnie szybko i z każdym kolejnym znakiem zapytania policzki pokrywa mu mocniejszy rumieniec. Matka nie drąży, ale przecież wszystkiego się domyśla. Chwilę patrzy uważnie na syna; ten nie ustępuje pod jej wzrokiem, widać, że jest na coś zdecydowany i nie ustąpi, choćby nie wiadomo co odpowiedziała. Karolina tłumi w sobie głupią pokusę, by mu nazmyślać, powiedzieć cokolwiek — że się Hilda z kimś zaręczyła albo że się na lewo i prawo puszcza z Iwanami. Zresztą po co kłamać, skoro prawda i tak zaraz wyjdzie na jaw?

— U Widerów nie najlepiej, synuś. Rosa zginęła… Ludzie gadają, że Hilda bardzo to przeżyła. Nie dziwne, w końcu były bliźniaczkami — mówi Karolina, wbrew sobie łagodnie, ze współczuciem w głosie.

Józek rozumie, potakuje. Wstaje, bierze na ręce kota, siada przy oknie. Chwilę bawi się ze zwierzakiem, niby z zainteresowaniem patrzy przez grubą firanę na tyski krajobraz w smutnej, zimowej szacie, ale tak naprawdę obchodzi go coś całkiem innego niż przysypany warstwą sadzy śnieg na pustej ulicy. Kręci się na stołku, wzdycha, mamrocze pod nosem. Wreszcie zrywa się tak gwałtownie, że zrzucony z kolan kot protestuje głośnym, obrażonym miauknięciem.

— Idę — zwraca się Józek do matki. W oczach znowu ma stal i żelazo, ten sam wyraz zdecydowania co przedtem.

— Dobrze — odpowiada Karolina, choć ma ochotę krzyczeć, by nie szedł, żeby został, zamknął się w domu i zabarykadował. Mówi jednak tylko „dobrze", ponieważ nie znajduje żadnego rozumowego powodu, dla którego miałby tak zrobić. Bękart po Willim Jenikem i osobista niechęć Botorowej to argumenty, które z pewnością nie odwiodą Józka od pomysłu odwiedzin u Hildy Widery.

XXXI

— Botorowo! Otwórzcie! Otwórzcie, prędko!
— Jasiek? To ty?
— Ja, szybko!
— Co się stało?!
— Józka chcą rozstrzelać!
— Jezusie Maryjo!

Karolina tak jak stoi, z gołą głową, bez chusty i płaszcza, wybiega na klatkę schodową; dopiero tam wdziewa buty i pędzi w dół schodów, przez bramę i dalej, główną tyską ulicą za chłopakiem od Widerów w stronę gminnego więzienia. O nic Jaśka już nie pyta. Raz, że szkoda jej na to oddechu, dwa, że i tak pewno nie byłaby w stanie wydobyć z siebie słowa, skoro gardło paraliżuje jej śmiertelny strach o syna. Nie upłynęła nawet godzina, odkąd Józek poszedł rozmówić się z Hildą Widerą. Co się w tym czasie stało? Kto i za co chce zabić dziecko Karoliny?

Stało się tak: Józek Botor dotarł do Widerów nieniepokojony, nawet nikogo nie minął. Tyskie drogi były w lutym 1945 roku raczej opustoszałe. Porządni ludzie jak mogli, unikali spotkań ze stacjonującymi w miasteczku sowieckimi żołnierzami. Kto nie musiał, z domu nie wychodził, kto musiał, przemykał szybko, ze spuszczoną głową, na boki ani na innych przechodniów się nie oglądał. Podniesienie oczu na sołdata albo i na któregoś z bliskich nowej władzy sąsiadów mogło się skończyć w obozie pracy. W miejsce napływowych Niemców, którzy zdołali umknąć przed frontem, chętnie brano do niego Ślązaków. Tyszan, jak za nazistów, tak i teraz przerażała nazwa miejscowości Wesoła. Za Hitlera mieściła się tam filia obozu w Oświęcimiu — Fürstengrube. Za Stalina miejsce także pracowało. Kaci się zmienili, ofiary nie bardzo. Na aresztowanie i zsyłkę do osławionego miejsca kaźni nadal narażeni byli przede wszystkim ci spośród mieszkańców okolicy, których z jakiegoś powodu aktualna władza uznawała za podejrzanych. Nie zmieniło się również to, że rolę oczu i uszu owej władzy chętnie pełnili zazdrośni albo złośliwi sąsiedzi oraz konfidenci. Taki na przykład szpitalny palacz Groschek. Ten sam, z którym dwa lata wcześniej Willi Jenike grywał w karty. Z początkiem lutego Groschek zmienił nazwisko na Groszek. Trzydzieści lat wcześniej brał udział w Wielkiej Wojnie, rosyjskiego się w jej trakcie jako tako nauczył, do nowych barbarzyńców przylgnął łatwo. Zaprzyjaźnił się szczególnie z jednym enkawudzistą, także namiętnym karciarzem, w połowie Ukraińcem, w połowie Polakiem. Groszek punktował u niego, typując, kogo i za co można by aresztować, przekazać polskiej ubecji, wywieźć na rosyjski wschód albo na przykład na miejscu rozstrzelać. Józka Botora palacz dojrzał z daleka, jak w polskim mundurze chłopak raźno maszeruje ulicą Damrota w stronę Sienkiewicza. W polskim mundurze! A przecież Groszek pamiętał, że na front młodziak ten odjeżdżał w całkiem innych barwach... Ciekawe, dokąd to podąża ten przefarbowany hitlerek... Czyżby do Widerów?

Przyszli po Józka, zanim zdążył się rozmówić z Hildą. Co prawda nawet gdyby zrobili mu tę uprzejmość i jeszcze trochę poczekali, do decydującej rozmowy i tak by nie doszło. Karolina Botor miała rację — Hilda była w głębokiej żałobie po śmierci Rosy. Z początku uradowała się z tego, że Józek cały i zdrów wrócił z wojny, ale cieszyła się jakoś tak... niemrawo. Zaraz też wymówiła się dzieckiem i bez słowa zniknęła za drzwiami sąsiedniego pokoju, skąd faktycznie zgromadzonych w kuchni dobiegł płacz niemowlęcia. Młody Botor rozglądał się nieco bezradnie po gospodarzach. Wszyscy wydali mu się na poły uśpieni. Trudka nie zwracała na niego wcale uwagi, bawiąc się chuchaniem na szybę i mazaniem fantazyjnych wzorów w parze osadzonej na zmarzniętym szkle. Waleska mieszała coś w stojącym na piecu garnku i niby odwzajemniła Józkowe spojrzenie, ale tak naprawdę patrzyła gdzie indziej, gdzieś za nim, przez niego... Achim milczał uparcie. Bezwiednie podkręcał wąsa, kiwając przy tym głową. Chyba był lekko pijany. Tylko Jasiek w obecności przyjaciela starał się wydobyć na chwilę z marazmu. Może miał dosyć grobowej atmosfery panującej w rodzinnym domu? W każdym razie na niemy apel Józka wstał, zrobił dwa kroki w jego stronę i wyraźnie chciał mu coś powiedzieć. "Chodźmy stąd, pogadamy gdzie indziej"? Zdążył tylko otworzyć usta, gdy ktoś głośno, zdecydowanie załomotał do drzwi. Kolbą karabinu. Widerowie struchleli. Józek, jako oficjalny przedstawiciel polskiego wojska, odważnie wstał i poszedł otworzyć.

— Józef Botor, syn Karoliny i Franciszka?
— To ja, a o co chodzi?
— Tak, to ten. To on był w Waffen SS.
— Dobrze, Groszek, świetnie się spisaliście. A ty — pójdziesz z nami.
— Ja? Ale... za co?
— *Zakroj jebało! Idti! Ruki, ruki!**

Widząc wymierzoną w siebie broń, Józek Botor podniósł ręce. Pobladły wyszedł na podwórze, tak jak nakazał mu enkawudzista. Na to Achim Widera ocknął się wreszcie z letargu:

— Panowie! Panowie żołnierze! Gdzie zabieracie tego chłopaka?! — krzyknął i wybiegł w ślad za czerwonoarmistami.

Dostał w twarz tak mocno, że aż się zatoczył i przewrócił w śnieg. Leżącemu najpierw poradzono, by się w nie swoje sprawy nie wtrącał, ale potem łaskawie wyjaśniono, dokąd wiodą tego nazistowskiego psa. Na posterunek i do aresztu, gdzie czeka go los należny wściekłym zwierzętom. Śmierć przez rozstrzelanie.

Mocno trzymany przez dwóch radzieckich sołdatów Józek Botor tylko szarpnął się bezradnie, a przywołany do porządku uderzeniem lufą karabinu w plecy zawył z bólu i półprzytomnym wzrokiem powiódł po zgromadzonych. Przerażony zatrzymał spojrzenie na Widerzance, którą od dziecka oderwało

---

* Zamknij mordę! Idź! Ręce, ręce! (ros.).

zamieszanie na podwórku. Nie mogąc nic więcej dla niego zrobić, Hilda szepnęła Jaśkowi, by pobiegł po Karolinę Botor. Sowieci odeszli, prowadząc ze sobą Józka. Hilda powierzyła synka opiece Waleski, pomogła wstać Achimowi i razem z ojcem czym prędzej ruszyła śladem żołnierzy. W stronę milicyjnego posterunku. W miarę jak się do niego zbliżali, rosła grupa podążających za nimi tyszan. W pewnym momencie na czoło złowrogo szemrzącego pochodu wybiła się głośno rozpaczająca matka skazańca. Hilda próbowała ją jakoś pocieszyć, podtrzymać, ale Karolina odepchnęła dziewczynę od siebie histerycznym gestem. Wyraźnie nie życzyła sobie jej słuchać ani nawet widzieć. Rzuciła tylko w jej stronę kilka zawstydzająco grubych słów i pognała do przodu.

Scena już czekała, aktorów ustawiono. W samym centrum, oparty plecami o mur więzienia, znajdował się Józek. Nogi i ręce miał związane. Był bez czapki, zdarto z niego wojskowy szynel i kurtę, zdjęto owe wygodne niemieckie buty, z którymi nie zdecydował się rozstać podczas frontowej ucieczki do Polaków. Odrobinę za długie, jasne włosy Józka rozsypały się wokół jego głowy. Jaśniała też kredowo biała twarz. Nie płakał. Nie prosił o litość. Nie wzywał interwencji stojących za plecami egzekucyjnego plutonu tyszan. Zrezygnował. Pogodził się z losem. Patrzył na wszystkich niemo, przenosząc niezwykle jak na tę sytuację spokojne spojrzenie między jednym a drugim sąsiadem. Od tego do tamtego towarzysza dzieciństwa. Był piękny i dumny, jakby wcale się nie bał. A przecież odczuwał strach, jak każdy, komu zaraz odbiorą życie. „Jak Romek Musioł, który w tym samym miejscu zginął od kul niemieckich żandarmów — przeszło przez głowę Jaśkowi Widerze. — Romkowi wtedy nikt nie pomógł. Dzisiaj Józkowi też nie da rady pomóc".

Na rozkaz krasnoarmiejcy wycelowali.
Na rozkaz odbezpieczyli broń.
Na rozkaz wystrzelili.
Wszystkie kule dosięgły celu.
Józek Botor głośno krzyknął: „Mamo!".
Patrzył przy tym jednak nie na matkę, a na Hildę Widerę.

Martwe ciało osunęło się wzdłuż szorstkiego muru więzienia. Wdowa Botor zaskowyczała. Lud zaszumiał, wzburzył się. Żołnierze odwrócili się od zwłok, wycelowali ponownie karabiny, tym razem w zgromadzonych wokół gapiów. Trwało to chwilę, ale przecież było wiadomo, za kim stoi racja siły. Dyskretnie, bo wstydliwie i z poczuciem niespełnionego obowiązku, tyszanie jeden po drugim zaczęli oglądać się w stronę swoich domów. Matka z płaczem padła na kolana przy zwłokach syna. Pochyliła się nad nią wstrząśnięta Hilda Widera. Czując dotknięcie na ramieniu, Karolina Botorowa obróciła głowę.

— To przez ciebie! — krzyknęła. — To do ciebie szedł, to przez ciebie zginął! Obaj moi synkowie przez ciebie zginęli, ty wywłoko, ty szmato! *Raus!*

Ludzie się rozstąpili i ustawili w dwóch szeregach, między którymi, zanosząc się szlochem, precz uciekła brzydsza z Widerowych bliźniaczek. Nikt jej nic złego nie powiedział, ale każdy swoje pomyślał.

XXXII

Wrzesień. Nowy rok szkolny 1945/1946. Co przyniesie Rudolfowi Zarębie? Tyszanom? Polsce? Nieśmiałe pytanie wyrwało kierownika szkoły z zamyślenia.

— Można, panie Zaręba?
— Achim Widera! Pewno, że można, wchodźże!

Zaproszony słowem i gościnnym gestem Joachim szerzej odemknął drzwi gabinetu, zrobił kilka kroków, wreszcie zasiadł na krześle naprzeciw biurka, za którym rezydował Rudolf Zaręba. Biurko było dębowe, solidne, zostało po tym nazistowskim giździe, zięciu Widery, Ottonie Gampigu, niech mu ziemia lekką będzie… Mebel się po nim ostał, zniknęły za to wiszące na ścianie w tle portret Hitlera i faszystowskie symbole, na powrót zastąpione białym orłem.

— Znowu wygląda to tak, jak powinno, prawda, Joachimie? — widząc, z jakim wzruszeniem gość patrzy na polskie godło, zagadnął go gospodarz.

Widera ledwie zauważalnie kiwnął głową. Westchnął i przeniósł spojrzenie na swego rozmówcę. W oczach miał łzy, gdy ponownie się odezwał:

— Panie Zaręba...
— Jeśli mogę prosić — Rudolfie. Mówmy sobie po imieniu! Zawdzięczam ci życie, Achimie. Mój Boże, ja ci chyba nawet jeszcze osobiście nie podziękowałem!
— Eeee, to nie ja sam, przecież to i Szot, i Pająk, i Strzelecki, i młody Sroka. Doktor Krusche...
— I twoje córki. Tylu dobrych ludzi... Wielu z nich już nie zdołam się odwdzięczyć... O właśnie. — Rudolf Zaręba nachylił się w stronę Widery. — Co cię sprowadza, Joachimie?
— Hilda.
— Ta sprawa z twoim wnukiem?
— Mhm.

Marta Hachuła porwała Norbika. W gorący sierpniowy dzień, przechodząc obok domu Widerów, dojrzała w ogrodzie bawiącego się malca. Był niby pod opieką Trudki, ale ta, zaczytana w przygodach Ani z Zielonego Wzgórza, prawdę mówiąc, nie zwracała na siostrzeńca zbyt wielkiej uwagi. Zresztą dlaczego miałaby szczególnie go pilnować? Z ogródka usunięto wszystkie potencjalnie niebezpieczne przedmioty, furtkę zamknięto, a chłopaczek był tego przedpołudnia wyjątkowo grzeczny. Poprzedniego wieczoru dostał od dziadka Achima drewniane klocki. Bawił się nimi od samego rana, wtykał w piasek, wkładał i wysypywał z wiklinowego koszyka. To zajęcie całkowicie go pochłaniało.

Marta obserwowała go z pewnej odległości, wyczekując odpowiedniego momentu. Chwila ta nadeszła, gdy w ślad za turlającym się klockiem Norbik zbliżył się do płotu. Ogrodzenie

nie było wysokie. Starczyło się schylić, wyciągnąć ręce i sięgnąć po dziecko. Hachułowa chwyciła go pod paszki, uniosła w górę i szybko, nim zaskoczony dzieciak zdążył wydać z siebie jakikolwiek dźwięk, przytuliła go do siebie, i dłonią zatkała buzię malca. Pędem ruszyła w stronę Glinki. Trudka zdała sobie sprawę z tego, co zaszło, dopiero gdy porywaczka znikała już za zakrętem ulicy. Trzynastolatka w pierwszym momencie spanikowała. W domu była sama z Norbikiem — ojciec i Hilda w pracy w Browarze, Waleska na zakupach... Co robić? Wybiegła wreszcie na ulicę i ruszyła śladem Marty. Nogi miała mocne, szybkie. Dogoniła Hachułową, krzyknęła na nią, szarpnęła, ale tamta, której szaleństwo przydało nadludzkiej wręcz siły, odepchnęła dziewczynę łatwo niczym piórko i uciekła, nie zwracając uwagi na jej dramatyczne wołanie.

Trudka pobiegła więc po siostrę do Browaru. Stary Ignac Zawada, który jak dawniej tkwił w stróżówce przy zakładowej bramie, wpuścił ją bez zbędnych ceregieli, znał przecież całą rodzinę Joachima Widery — za Niemca pracownika, obecnie kierownika fermentowni. Zagadnięty o Hildę, wskazał wyraźnie spanikowanej dziewuszce pomieszczenia administracji.

— Pierwsze piętro! — krzyknął.

Widerzanka pędziła na górę, przesadzając naraz po dwa, trzy kamienne stopnie klatki schodowej. Z impetem otworzyła drzwi do sali, w której urzędowały księgowe, i skierowała się w stronę skupionej nad pracą siostry.

— Marta Hachuła porwała Norbusia! — oznajmiła i w głos się rozbeczała.

Zrobiło się zamieszanie. Przerażona Hilda natychmiast chwyciła torebkę i ruszyła do drzwi. Pozostałe kobiety zgromadziły się wokół Trudki, pocieszając ją, uspokajając i jedna przez drugą wypytując o to, co się dokładnie stało.

Hilda kierowała się do domu Hachułów na Glince. Ona nie traciła czasu na dyskusje ze smarkatą siostrą. Nie musiała jej o nic dopytywać, skoro przecież już wcześniej wiedziała. Przeczuwała, że Marta czegoś od Norbika chce. Zbyt często ich zatrzymywała podczas spacerów. Za intensywnie się w dziecko wpatrywała. Natarczywie. Dziwnie. I te jej zawsze wyciągnięte w jego kierunku ręce, te słowa! „Mój malutki, mój śliczny syneczek", mamrotane ni to do siebie, ni to do niego, jakby z jakiegoś powodu uważała Norbusia za własne dziecko. Hilda wielokrotnie omawiała ten temat z matką. Obie doszły ostatecznie do wniosku, że Waleska niepotrzebnie odkupiła od Hachułowej niemowlęcy wózek… Szybko przestały z niego korzystać, a idąc gdzieś z małym, omijały Martę szerokim łukiem, pilnowały go. Na koniec jednak nie upilnowały. Nie należało godzić się na księgową w Browarze! Trzeba było siedzieć w domu! Z drugiej strony, żyć za coś trzeba… Boże, byleby tylko Norbikowi nic nie było!

Nic mu się nie stało, o czym Marta Hachuła poinformowała ją z daleka, stojąc z dzieckiem na rękach w otwartym kuchennym oknie. Mały na widok matki rzewnie się rozpłakał. Hilda chciała ruszyć na pomoc, ale nie mogła nawet przekroczyć bramy Hachułowego podwórza. Powróciwszy z obozu, Stefek sprawił sobie dwa groźne owczarki, które dzień i noc strzegły obejścia. Nikt już nigdy nie wejdzie do jego domu bez pozwolenia! Hilda musiała więc ustąpić, usiąść pod płotem w pyle bitej drogi i poczekać na Stefana.

Ten nadszedł nawet dosyć szybko. Mimo wyraźnej osobistej niechęci, którą odczuwał wobec Joachima Widery — nie wyratował go z obozu razem z Zarębą! — a rozciągał na całą jego rodzinę, wysłuchał dziwnej opowieści jego starszej córki i obiecał oddać dziecko. Do domu wszedł jednak sam, Hildzie kazał czekać. Co się działo w środku, tego na zewnątrz dokładnie nie było słychać, bo Stefek, nim rozmówił się z żoną, na głucho pozamykał wszystkie okna. Coraz bardziej zaniepokojona młoda matka zarejestrowała więc prowadzoną podniosłymi głosami rozmowę, ale nie jej treść. Płacz, szarpanina, trzaśnięcie drzwi wewnątrz domu, wreszcie Stefek na powrót ukazał się w progu. Sam, bez Norbika. Podszedł do Hildy i rzekł zdecydowanie:

— Odejdź. Dzisiaj ci dziecka nie oddam.

— Jak to — nie oddasz?! Nigdzie nie pójdę, póki nie odzyskam syna!

— Dzisiaj nie da rady.

— Co ty mi tu będziesz gadał, puszczaj!

Hilda szarpnęła furtkę, przekroczyła ją i nie zważając więcej na Stefka, ruszyła w kierunku domu. Wpadła do środka, wyrwała Norbika z ramion zdezorientowanej Marty i wybiegła z nim na podwórze. Daleko nie uszła, gdy drogę zagrodziły jej oba wielkie, wściekle warczące psy. Zatrzymała się w miejscu, zdjęta lękiem. O synka i o siebie.

— Ostrożnie — odezwał się półgłosem Hachuła. — Podaj mi malca. O, tak, dobrze. A teraz cofaj się krok po kroku.

Brutus! Morus! Siedzieć! Podejdź do furtki. Otwórz ją bez obracania głowy. Wyjdź. I do widzenia.

— Ale… Na miłość boską, oddaj mi przecież dziecko, Stefan!

— Oddam. Nie dzisiaj, ale oddam.

— Na milicję pójdę!

— A idź, jak chcesz, droga wolna.

Poszła, a jakże. Zaraz prosto od Hachułów wróciła do centrum miasteczka i skierowała kroki na posterunek. Młody milicjant, którego zastała w komisariacie, nie był z Tychów; do służby na Śląsku ściągnięto go gdzieś z centralnej Polski. Nawet jej wysłuchał i z początku zdawało się, że gotów jest przyjąć zgłoszenie, ale wycofał się z tego natychmiast, gdy padło nazwisko Hachuły. Od swego powrotu Stefan zdążył się dobrze umościć w strukturach nowej władzy. Należał teraz do tych, których nie powinno się zaczepiać. Czyje jest dziecko? Hildy Widery. Ojciec? Wilhelm Jenike. Niemiec? No… Czy dziecku stała się jakaś krzywda? Nie, ale… Pan Hachuła potwierdził, że zwróci nieletniego Norberta Widerę matce? Tak, ale… W takim razie proszę nie robić zamieszania, iść do siebie i spokojnie czekać.

Hilda opuszczała komisariat załamana i roztrzęsiona. W domu na moment odzyskała nadzieję, gdy matka oznajmiła jej, że ojciec już o wszystkim wie i sam poszedł do Hachułów. Wrócił milczący, raz po raz podkręcając jedną stronę sumiastego wąsa. Druga jego ręka zwisała wzdłuż ciała, skryta w poszarpanym rękawie kurty. Zatem Stefan wypuścił na Joachima psy! Waleska przemocą posadziła protestującego męża przy kuchennym piecu, obejrzała pogryzienia, opatrzyła je i zadecydowała, żeby sprawę odłożyć do jutra.

— Matka ma rację — rzekł Joachim do protestującej Hildy. — Późno już dziś jest, nic nie załatwimy. Jutro pójdę do księdza, dobrze, córuś?

Tu opowiadanie Widery nagle się urwało.

— I co, byłeś u proboszcza Osyry, Achim? — spytał swego gościa Rudolf Zaręba.

— Dyć. Ale nic nie załatwiłem.

— Ksiądz nie pomógł?

— Gadał to, co ten milicyjny synek. Radził czekać. No i być ostrożnym. Bo Hachuła teraz dużo może, a my niby że *Volksdeutsche*, Norbik nieślubny, za ojca ma Niemca, wiele nie trzeba, żeby dzieciaka nam na zawsze zabrać, a nas…. Wiadomo, do obozu.

— A ten lotnik? Ten… Jakże mu było… Jenike, o! To jest jakaś rodzina od Botorowej, prawda?

— Syn jej siostry Fridy. Taki on Niemiec. Nie odzywa się. Albo nie żyje, albo… Nie wiem.

„Albo po prostu dawno już o Hildzie zapomniał i nie zamierza tu wracać" — pomyślał Zaręba. Biedni ci Widerowie. Zawsze byli porządni ludzie i co z tego, skoro teraz nikt nie chce im pomóc? Nie dziwota — najpierw Rosa i ten jej hitlerowski mąż, potem Karolina Botor… Zanim po śmierci Józka wyjechała do córki do Starego Bierunia, zdążyła każdemu, kto tylko zechciał słuchać — a wielu takich było — nagadać na Hildę. Że puszczalska, że nieszczęście na chłopów sprowadza.

No i panna z dzieckiem do tego. Niejeden sobie pewno pomyślał, że dla jej synka będzie lepiej, jak go Hachuły wezmą. A i dla niej może. Młoda jest, jeszcze by sobie życie zdążyła ułożyć, choć pewno nie tutaj…

— Ile to już czasu? Dwa tygodnie, mówisz, Achim? Jak to znosi twoja córka?

— Źle. — Joachim wzrusza ramionami, drapie się w zakłopotaniu po brodzie. — Ciągle płacze. Przestała chodzić do roboty, to ją zwolnili… Ani się do niej odezwać, bo i tak nie odpowie. Zaniemówiła prawie. Tylko „Norbik i Norbik" gada. „Oddajcie mi synka" — powtarza. Codziennie łazi pod chałupę Hachułów. Wystaje tam od świtu do zmierzchu, chyba że ją psami pogonią. W nocy nie może spać, nie je. Cień kobity się z niej robi.

Kierownik szkoły odchylił się na krześle. Przymknął oczy. Pod powiekami zobaczył niewyraźną, rozmazaną twarz pochylającej się nad nim z troską dziewczyny. Rudolf jest półprzytomny z bólu, majaczy. Hilda robi mu zastrzyk z morfiny. Zbawienie…

— Spróbuję pogadać ze Stefanem w waszej sprawie — zdecydował Zaręba. — Niczego nie obiecuję — ostudził radość, która nagle wygładziła pooraną głębokimi zmarszczkami twarz Achima Widery. — Nie obiecuję, że cokolwiek załatwię, ale chociaż się z nim rozmówię.

XXXIII

Kierownik tyskiej szkoły Rudolf Zaręba nie zdążył zainterweniować w sprawie Norbika Widery. Nie dlatego, żeby się ociągał. Po prostu nie zdążył, bo prędzej z wojny do Tychów wrócił ojciec chłopca.

Co działo się z Willim, odkąd za pośrednictwem kalekiego gońca posłał ze wschodniego frontu jedyny list do Hildy? Tak jak prorokował mu to Ernest Szmatloch, ślad po postrzale w boku Wilhelma Jenikego zasklepił się szybciej, niż z Niemiec dotarł kolejny transport fabrycznie nowych czołgów. Stwierdziwszy, że pacjent jest w stanie samodzielnie ustać na dwóch nogach, nie traci przy tym przytomności, mówi do rzeczy, a rana mu się nie otwiera, kierujący polowym szpitalem lekarz bez zbędnej zwłoki odesłał Jenikego do dalszej walki.

Po przybyciu do macierzystej jednostki Willi ze smutkiem stwierdził, że nie ma w niej żadnego z dotychczasowych towarzyszy broni. Same nowe, bardzo młode albo przeciwnie — zbyt wiekowe twarze. Rozglądał się, szukał, pytał, ale z dawnych kamratów nikt na niego nie czekał. Nawet Paweł Botor. Co się stało z kuzynem? To akurat świeży rekruci i starzy weterani poprzedniej wojny dobrze wiedzieli, bo widzieli, jak ginął kuzyn Jenikego. Umarł najbardziej banalnie, jak można na wojnie. W trakcie szturmowania niemieckich pozycji przez żołnierzy wroga. Pluton Pawła wykonywał rutynową robotę karnej jednostki — osłaniał odwrót reszty dywizji. Z trzydziestu ludzi przydzielonych do tego zadania dwunastu poległo, a wśród nich Paweł Botor. Kuzyn i przyjaciel Wilhelma Jenikego. Ostatni z tych, z którymi Willi przeszedł piekło esesmańskiego obozu dla niepoprawnie myślących synów Trzeciej Rzeszy.

Wiadomość o śmierci kuzyna podziałała na Willego jak najgorzej. Mimo że otaczali go ludzie z uzupełnień, czuł się straszliwie wprost samotny. Był sam i miał o to pretensje do całego świata. Tak do żołnierzy, nad którymi, jako najstarszy bojowym stażem, otrzymał z miejsca operacyjny nadzór, jak i do kryjących się za linią wrogich okopów Rosjan. Póki miał obok siebie Pawła, Willi strzelał do nich z musu. Teraz zmienił się w łowcę. Nawet wtedy, gdy jego jednostka odpoczywała między kolejnymi potyczkami, on spędzał całe godziny, leżąc cierpliwie w dole strzeleckim i seriami z automatycznego karabinka reagując na najmniejsze choćby ślady ruchu… Także potem, kiedy 27. zmechanizowana dywizja została ponownie uzbrojona w ciężkie czołgi, Jenike nie zaprzestał swoich polowań. Gdy stanął na czele załogi nowego „Tygrysa", chętnie osobiście kierował wozem. Tor jazdy wybierał tak, by potężnymi gąsienicami miażdżyć jak najwięcej ciał. Żywych czy martwych? Nie dbał o to. Niegdysiejsze, przepełnione wyrzutami sumienia sny o zabijanych z powietrza kobietach dawno poszły w niepamięć. Willi chciał niszczyć. Chciał mordować. Chciał przeżyć tę pieprzoną wojnę i wrócić z niej do domu.

Do Hildy.

Jeszcze bardziej, odkąd dostał od niej list ze zdjęciem. Na fotografii odziana w tradycyjny śląski strój Hilda trzymała na ręku pulchnego niemowlaka. Norbert. Dziecko. Syn. „Jestem ojcem! Ojcem jestem, do jasnej cholery, niech ten koszmar się już wreszcie skończy, ja muszę wracać!" Każdy kolejny martwy Iwan przybliżał Wilhelma Jenikego do cywila. Tak mu się wówczas — całkowicie wbrew faktom, wbrew nieustannemu cofaniu się własnych jednostek — wydawało. Odhaczał trupy, jak więzień przekreśla następne kreski na ścianie celi. Kreska to miniony dzień. Dzień bliżej do wolności. Trup… co oznacza następne zabrane istnienie? Najwyraźniej coś oznacza, skoro marzący o zakończeniu wojny Willi z taką ochotą wysyła wrogów na tamten świat. Sięga za pazuchę, z kieszeni na piersi wojskowej bluzy wyciąga złożoną wpół fotografię, coś do niej mamrocze, przemawia z czułością, potem na powrót składa ją, chowa. Twarz mu poważnieje, tężeją rysy. Wyrzuca z siebie rozkaz. Warczy na swoich ludzi, krzyczy na nich, gotów jest im ubliżać, bić ich, strzelać nad głową albo pod nogi przy najmniejszej niesubordynacji. Wydawałoby się więc może, że trzech podległych mu młodych chłopców i jeden zaawansowany w latach chłop powinni nienawidzić swego dowódcy. Z początku faktycznie, gdy mieli pewność, że ich nie słyszy, narzekali na niego, skarżyli się głośno na jego surowość, gburowatość i szkołę, jaką im daje. Ale szybko zmienili zdanie. Wciąż żyli. Spośród załóg innych „Tygrysów" z 27. dywizji niewiele było takich, które tych kilka kolejnych miesięcy przetrwało w nienaruszonym stanie osobowym. Jak wszyscy inni, także podwładni Wilhelma Jenikego chcieli żyć. Przestali zatem szemrać, robili, co kazano i praktykowali frontową magię — jesteśmy bezpieczni, nic złego się nie stanie, póki jest z nami dowódca. Bardzo więc wstrząsnęło nimi jego zniknięcie.

Napady na pełniących nocną służbę wartowniczą były zwykłą praktyką walczących po obu stronach wschodniego frontu. Permanentnie przemęczeni żołnierze po zmierzchu, nawet mimo szczerych chęci, by czuwać, często przysypiali, stając się łatwym celem nieprzyjacielskich ataków. Nieraz taka nieuwaga kończyła się śmiercią i zmiennik zastawał pechowego kolegę z poderżniętym skrytobójczo gardłem albo nożem w sercu. Czasem znajdował jedynie ślady walki wręcz. Był to dla reszty oddziału sygnał, by mieć się na baczności, skoro nieprzyjaciel porwał jednego z naszych i pewno właśnie go przesłuchuje. Jakie stosuje metody, by wyciągnąć z niego informacje dotyczące naszej pozycji, liczebności, uzbrojenia i morale? Lepiej się nie zastanawiać…

Świadom tego, co go czeka, jeśli nie zacznie gadać, Wilhelm Jenike milczał krótko, ot tyle, by dać kolegom szansę na znalezienie się bliżej serca własnej dywizji. Gdy uznał, że załoga jego „Tygrysa" powinna być już bezpieczna, zaczął mówić. Czas był po temu najwyższy, bo Willi miał wrażenie, że jeszcze jeden cios w żołądek, a zwymiotuje swemu oprawcy na buty. Za to dopiero dostałby baty! Jak za starych dobrych czasów esesmańskiej reedukacji... Gestem ręki poprosił o chwilę na odzyskanie oddechu, zapalił zaoferowanego papierosa i z lubością wydmuchując dym, wyspowiadał się przed przesłuchującym go oficerem. Z zadawanych sobie pytań wywnioskował, że nawet mówiąc całą prawdę, wiele niemieckim siłom nie zaszkodzi. Po pierwsze, jako żołnierz oddziału karnego orientację taktyczną i operacyjną miał niezbyt szeroką; po drugie, Rosjanie sami wiedzieli bardzo dużo. Zagadnięty o powody, dla których trafił do karnego plutonu, Willi bez zastanowienia odparł, że umieszczono go w nim za poglądy polityczne. Za komunizm mianowicie. Cóż, skoro tak, to niech jeniec powie, co sądzi o idei centralnego planowania jako podstawie socjalistycznej gospodarki?

Lekcje marksizmu-leninizmu, jakie Willi pobierał swego czasu u nieżyjących już frontowych towarzyszy, bardzo mu się w niewoli przydały. Niemal tak bardzo, jak znajomość śląskiego, którym kulawo, bo kulawo, ale jakoś tam można się było z radzieckimi porozumieć, no i talent do kart. Dotąd zabijał Rosjan, teraz musiał nauczyć się między nimi funkcjonować. Trafiając do kolejnych miejsc koncentracji jeńców, Jenike wszędzie szybko zjednywał sobie strażników. Łamanym śląsko-ukraińsko-rosyjskim, jak mógł, dyskutował z nimi o nieuchronnym radzieckim zwycięstwie nad Hitlerem. Gdy był głodny albo spragniony, ogrywał ich w pokera. Gdy chciał ugłaskać panów swego życia i śmierci, przegrywał z nimi w durnia. Starał się ze wszystkich sił, mimo pretensji innych jeńców fraternizował się z Sowietami na potęgę, bo wciąż przyświecał mu jeden i ten sam cel: wrócić. Do domu, do Hildy i do dziecka.

Okazja nadarzyła się dopiero z końcem wojny. Otóż 9 maja 1945 roku powszechnie świętowano zwycięstwo nad Trzecią Rzeszą. Także wśród nadzoru solikamskiej* kopalni, do pracy w której ostatecznie Willego skierowano, panował nastrój ogólnej radości i wyjątkowej życzliwości wobec Niemców. Wszystkim dano tego dnia wolne. Tym, którzy szczerze bądź nieszczerze, ale za to głośno wyrażali zadowolenie z powodu upadku nazistów, szczodrze polewano wódki, częstowano ich kiełbasą i zagarniano do zabawy przy gigantycznych rozmiarów ogniskach. W budynkach kopalnianej administracji oficerowie ze stacjonującego w mieście garnizonu urządzili zaimprowizowany burdel i kasyno. Wygrywano i przegrywano tam pieniądze, zegarki, prawo do spędzenia miło czasu z dziwką albo… życie. O nie grali doproszeni do kart Niemcy. Zasada była taka: jeśli jeńcowi się poszczęści, będzie mógł wrócić do domu. Jeśli będzie miał pecha, zginie. Proste. I w miarę uczciwe, skoro nie wszyscy przegrywali. Na przykład Wilhelm Jenike. Sam się zgłosił, usiadł przy po-

---

* Solikamsk — miasto we wschodniej Rosji, na zachodnich stokach Uralu. Było jedną z wysp tzw. Archipelagu Gułag. Przemysł górniczy związany jest tu z wydobywaniem soli potasowych i magnezowych. Podczas rządów Stalina w okolicach miasta rozstrzelano i pochowano tysiące represjonowanych. Następnie przywieziono niemieckich jeńców wojennych oraz tzw. zdrajców, czyli byłych żołnierzy Armii Czerwonej, którzy najpierw dostali się do hitlerowskiej niewoli, a następnie zostali z niej uwolnieni.

kerowym stole i zgarnął całą pulę — zwolnienie z obozu, przepustkę pozwalającą udać się dowolnym sposobem w stronę granic Kraju Rad, cywilne ubranie, nawet kieszonkowe na drogę.

Nie czekając, aż radziecki komendant wytrzeźwieje i być może zmieni zdanie, jeszcze tego samego dnia cała grupa byłych jeńców wojennych udała się w stronę stacji kolejowej. Biletów nie mieli, wystarczających środków na ich zakup także nie, losowo wybrali więc jeden z tych składów towarowych, których lokomotywy węszyły nosami z czerwoną gwiazdą w kierunku zachodnim. Chyłkiem i pojedynczo wdrapywali się do wnętrz pustych wagonów. Niejeden domyślił się pośród panującego wewnątrz półmroku, co wieźć musiał wcześniej ów pociąg. Gołe, nieoheblowane deski podłogi pokrywały plamy smaru, benzyny, oleju silnikowego. Tu i tam walały się pogubione śruby, sprężyny, drobne elementy maszyn. Na wielu odczytać można było napisy i oznaczenia fabryk. Wszystko po niemiecku… W trakcie swego jenieckiego życia Willi był kilkakrotnie świadkiem odbierania podobnych przyjeżdżających na Ural transportów. Sowieci masowo wywozili wyposażenie niemieckich zakładów produkcyjnych, by wykorzystać je na potrzeby własnego przemysłu. Uświadomiwszy sobie, iż właśnie znalazł się w jednym ze służących temu procederowi składów kolejowych, szczerze się ucieszył. Pociąg z pewnością szybko wróci po kolejną partię towaru! „A ja z nim" — pomyślał Wilhelm Jenike, wsunął pod głowę zwitek przesiąkniętej metalicznym zapachem słomy i zamknął oczy. Musiał odespać emocje Dnia Zwycięstwa.

Ocknął się dopiero w drodze. Wypuszczeni z niewoli Niemcy dobrze wybrali środek transportu. Pociąg towarowy pędził przez rosyjski kraj w kierunku zachodnim. Naiwny byłby jednak ten, kto na widok szybko mijanych krajobrazów pomyślałby, że prostą drogą wróci do domu. Obsługa składu gdzieś między Ufą a Samarą zorientowała się, że ma na pokładzie pasażerów na gapę. Tylko radość z powodu zwycięstwa sprawiła, iż z miejsca ich nie rozstrzelano ani nie wysadzono w bezludnej pustce, lecz pod strażą zgromadzono w jednym wagonie i odtransportowano do Samary. Tam mieli radzić sobie dalej sami. W mieście byli jeńcy rozdzielili się. Większość chciała ponownie próbować szczęścia na kolejowych torach. Nieliczni udali się w stronę portu na Wołdze. Może uda się zaczepić na którejś z pływających po rzece barek?

Willi dołączył do tej drugiej grupy. Był głodny. Skąpe zapasy chleba i suszonych ryb, jakie zabrał na drogę z kuchni jenieckiego obozu, zdążyły niemal całkowicie stopnieć. Schowanych za pazuchą watowanej kurty rubli miał bardzo niewiele. Powinien je zachować na czarną godzinę, a tymczasem… W niewoli poznał trochę rosyjski, z prostymi ludźmi się dogada, warto rozejrzeć się za robotą. Jedzenie, spanie i transport w stronę domu w zamian za szorowanie pokładu płaskodennej barki? Czemu nie? Kapitan jednostki przewożącej drewniane dechy aż do samej Moskwy łatwo przystał na propozycję. Wojna zabrała miliony ludzi. Cywilnej marynarce brakowało młodych, silnych mężczyzn. Każda para rąk się przyda. Niechże nawet będą to ręce niemieckie. Wraz z trzema innymi zwolnionymi z Gułagu Willi zaokrętował się zatem na jednostkę, najpierw wolno płynącą w górę rzeki Wołgi, potem równie nieśpiesznie posuwającą się do celu Kanałem imienia Moskwy. Kanał ów, długości 128 kilometrów, wydrążony został w latach 1932–1937 rękami więźniów radzieckich łagrów. „Ciekawe, ilu z nich padło przy tej robocie? — myślał Jenike, spoglądając w spokojny nurt wody. — Komunizm, cholera. Ani trochę nie jest lepszy od faszyzmu, tak samo żywi się ludzką krzywdą…"

Do sowieckiej stolicy dotarli bez większych przygód. Kapitan barki był tak bardzo zadowolony z pracy swych przygodnych załogantów, że przed zejściem na ląd dodatkowo nagrodził ich finansowo. Otrzymanych niespodziewanie rubli starczyło Willemu akurat na zakup biletu. Tym razem pociąg był osobowy, z przedziałami i jechał w z góry znanym kierunku. Na zachód, w stronę polskiej granicy, która, o czym ze zdumieniem przekonał się Jenike, zdążyła się nieco przesunąć w stosunku do tego, jak przebiegała przed 1939 rokiem. Także granica polsko-niemiecka zmieniła podobno położenie. Cóż, przegrani nie mają racji!

Podróżowało się w ścisku. Pierwsze lato bez wojny było czasem wędrówki ludów. Ze wschodu na zachód i odwrotnie — z zachodu na wschód, przemieszczały się niezliczone rzesze zdemobilizowanych żołnierzy i uwolnionych jeńców, powracających do swoich domów cywili oraz tych, których właśnie z owych domów wygoniono. Skład linii Moskwa–Terespol, maksymalnie wydawałoby się obsadzony już na początkowej stacji, na każdej kolejnej jeszcze bardziej się zapełniał. Jechało nim sporo Niemców, nieco Rosjan,

Białorusini, ale większość stanowili Polacy, całymi rodzinami wysiedlani z terenów, które sześć lat temu były Polską, teraz zaś, na mocy międzynarodowych ustaleń, przypaść miały w udziale Białoruskiej Republice Radzieckiej. Wysiedleńcy nie wiedzieli, że wysyła się ich w tym samym kierunku, w którym dąży pilnie przysłuchujący się ich rozmowom były jeniec Wilhelm Jenike — na Śląsk. Wygnańcy z okolic Pińska i Grodna mieli zająć domy opuszczone przez wygnańców spod Wrocławia i Opola.

Czas podróży upływał Willemu na spaniu, kombinowaniu czegokolwiek do zjedzenia, podsłuchiwaniu polskich sąsiadów (dziwiąc się, jak mocno ich śpiewny język odbiega od twardszego, bliższego niemieckiemu śląskiego, starał się wyłapywać i zrozumieć wypowiadane przez nich słowa) i na rozmyślaniach. Do wojennych przeżyć póki co wracać nie chciał. Nie miał na to ani siły, ani odwagi, ani ochoty. Zastanawiał się za to nad swoją obecną sytuacją i snuł plany na przyszłość. Przeżył — to było najważniejsze. Miał syna — to dwa. Hildę… Napisał do niej z wojny tylko jeden, jedyny raz. Po tym, jak odpisała, odsyłając mu swoje zdjęcie z Norbikiem, planował usiąść i skreślić prawdziwy, długi i szczery list. Planował, ale na planach się skończyło. Najpierw układał słowa w głowie, ale przelać ich na papier nie potrafił. Wychodziło za prosto, zbyt patetycznie albo nazbyt strasznie. Bez sensu. Zniechęcony i wściekły odkładał przybory do pisania. Zamiast nich brał karabin i ruszał z nim w pole. Strzelanie szło mu lepiej niż pisanie. Potem po wielekroć żałował swojej głupoty. Z radzieckiej niewoli listów się nie wysyłało. No ale — Hilda. Skoro ma z nim dziecko, skoro dała mu znać o synu, to, zakładał Willi, pewno wciąż na niego czeka. Nim ruszy się więc dalej, do domu, do matki, trzeba zatrzymać się w Tychach. Z ciężkim sercem myślał o odwiedzinach u ciotki Karoliny. Czy wie o Pawle? Pewnie tak… „Do ciotki pójdę z Hildą! Tak będzie raźniej — decyduje Willi Jenike. — Z Hildą się ożenię, ją i dziecko zabiorę do domu. Jak nas ojciec nie wyrzuci, dobrze, jak wyrzuci, trudno. Może zamieszkamy na Śląsku? Nawet chyba byłbym za tym…" — myślał.

W Terespolu na byłych jeńców czekała niemiła niespodzianka. Wszystkich aresztowano i zagoniono do prac remontowych. Kolejne tygodnie Willi pracował przy odbudowie polskich dróg i linii kolejowych. Gdy wreszcie pozwolono mu wsiąść do następnego pociągu, tym razem jadącego w stronę Katowic, był koniec sierpnia.

XXXIV

„Raz, dwa i trzy" — odliczył Willi, po czym zeskoczył na peron. Wylądował na prawej nodze, ciężko, niezgrabnie, aż odezwały się stare rany w boku. Jęknął, ale potem zaraz się do siebie uśmiechnął. „Jakbym cofnął czas — pomyślał. — Teraz wyjdę z dworca, pójdę w kierunku domu ciotki, usłyszę rowerowy dzwonek i wjedzie we mnie Hilda". Znalazłszy się na ulicy wiodącej do centrum Tychów, rozejrzał się zatem uważnie, ukłonił kilku osobom, które przyglądały mu się wyraźnie zaskoczone, lecz nigdzie nie dostrzegł znajomej, nieco zbyt pulchnej sylwetki młodej kobiety na bicyklu. „Chaos w ubraniu, rozwiane włosy — cała ona! Ale teraz to może nie rower, raczej wózek, a w nim… moje dziecko". Wydłużył krok i skręcił w ulicę Henryka Sienkiewicza, dawniej Horsta Wessela. Tak mu było śpieszno do upragnionego celu, że nawet nie zwrócił uwagi na ruiny, jakie pozostały po sklepie Augustyna Stabika, a widniejącą w oddali kamienicę, gdzie na pierwszym piętrze mieszkał niegdyś u wdowy Botor, obrzucił tylko szybkim zawstydzonym spojrzeniem. „Przyjdę do ciebie, ciotko Karolino. Jeszcze dzisiaj przyjdę, tylko najpierw pójdę przywitać się z Hildą i moim synkiem".

Dom Widerów stał cichy w łagodnym wrześniowym słońcu. Nikogo nie było na podwórku, choć Willi ze wzruszeniem odnotował porzucone tu i ówdzie dziecięce zabawki. Zdało mu się, że żywej duszy nie zastanie także w środku — okna pozamykane, gardiny szczelnie zasunięte, z wnętrza nie dobiega ani jeden dźwięk. Czyżby się Widerowie nagle i w pośpiechu wyprowadzili? „E, dzieciaki pewno w szkole, Achim w robocie, Hilda z matką może na spacerze z małym?" Mimo wszystko Willi mocno, energicznie zapukał w futrynę. Nic. Zapukał raz jeszcze. Znowu to samo. Już miał zrezygnować i odejść, kiedy posłyszał szuranie, potem dźwięk odmykanej zasuwy, wreszcie w szparze drzwi ukazała się głowa Widerowej.

— Kto tam? — zapytała słabym głosem, mrużąc zaczerwienione oczy. Płakała?

— To ja, Wilhelm Jenike. Wracam z wojny — odparł po prostu Willi, bo nic mądrzejszego nie przyszło mu akurat do głowy. Zorientowawszy się, że Waleska patrzy na niego tak, jakby go wcale nie rozpoznała, jakby z jakiegoś powodu kompletnie nie przyjmowała do siebie informacji, zapytał szybko. — Zastałem Hildę?

— Jezderkusie! — Widerowa wreszcie się ocknęła. — Syn Fridy! To naprawdę ty, Willuś?!

— No ja. Cały i zdrowy, ale… Gdzie jest Hilda? Gdzie mój chłopczyk?

— Jezusie, Maryjo — kobieta ponownie wezwała na pomoc siłę wyższą. — Hilda z rana poszła do Hachułów. Ty tam nie leć! Wejdź, muszę... Powinieneś coś wiedzieć — skończyła tonem tak poważnym, że szykujący się już do drogi ku Glince Jenike z miejsca zawrócił i posłusznie poszedł za Widerową do kuchni.

Tam Waleska postawiła przed nim szklankę, nalała do niej solidną porcję wódki i dopiero zaczęła opowiadać, co i jak. Nic nie mówił, tylko słuchał i pił. Siedział nieruchomo, obiema rękami ściskając szklankę, lecz jego spokój był pozorny. Targały nim sprzeczne emocje. Z jednej strony czuł ulgę, bo po takim wstępie, jaki mu zafundowano, był przygotowany na coś ostatecznego. Śmierć albo... albo na przykład na to, że Hilda nie czekała, tylko wyszła za mąż. Śmierci mu co prawda nie oszczędzono — Rosa, Stabik, Józek, inni. Wiadomość o tym, że nie żyje ten przeklęty Otto Gampig, nie przyniosła Willemu ukojenia. Żadnej satysfakcji z unicestwienia wroga, skoro tyle się tu wydarzyło krzywdy. Skoro także teraz, po wojnie, można sobie ot tak zabrać czyjeś dziecko i pozostać bezkarnym. „Ani milicja, ani nawet ksiądz nic nie poradzą — płakała Waleska. — Ja tam chodzę, Achim chodził, Hilda całe dnie siedzi u Hachułów pod płotem i nic! Znikąd pomocy! Każdy radzi czekać".

— Jak nikt człowiekowi nie chce pomóc, to człowiek musi pomóc sobie sam — przerwał monolog Widerowej Jenike i wstał.

— Dokąd biegniesz, Willuś?! Poczekaj!

Ale on dłużej nie mógł czekać. On, który tyle przeżył, który o własnych siłach wyrwał się z piekła wojny i koszmaru niewoli, pragnął tylko jednego. Zaznać na koniec spokoju.

Wrócić na dobre, złe zagrzebać w niepamięci, ożenić się i wychować syna. Kto mu stanie na drodze? Dwa zawszone kundle? Wariatka, której one pilnują? Mąż wariatki?

Lekko tylko szumiała mu w głowie wypita wódka, kiedy biegiem zmierzał ku Glince.

— Oddaj mi dziecko.
— Idź stąd, bo psem pogonię.
— Marto! Oddaj mi synka!
— Poszła won!
— Proszę cię, przecież tak nie można! Zobacz, on płacze, boi się, chce do matki!

Trzaśnięcie drzwiami, ujadanie psów. Hilda cofa się spod furtki. Nie ma odwagi dalej Marty gonić, widziała przecież, jak się te dwie półdzikie bestie obeszły z ojcowską ręką. Boi się, że i na nią się rzucą, gdy tylko wejdzie za płot Hachułowego obejścia.

— Marto, zlituj się! — woła raz jeszcze w stronę zamkniętych drzwi.

Skrzypnięcie zawiasów, na moment otwiera się okno w sieni. Stoi w nich Hachułowa z płaczącym Norbikiem na ręku.

— Wynoś się stąd, ty motyko! To jest moje dziecko, słyszysz? Moje! Za nic ci go nie oddam, ty szmato, ty hitlerowska kurwo jedna! Obyś zdechła, jak twoja siostra!

Okno zamyka się z trzaskiem, psy szaleją z wściekłości, próbując dosięgnąć Hildy Widery, która z głośnym zawodzeniem osuwa się w dół po sztachetach płotu. Szlocha, wzywając na pomoc Boga.

Bóg milczy, nieczuły na matczyne nieszczęście, ale reaguje ktoś inny. Willi Jenike w osłupieniu obserwował całą scenę. Wybiegając zza zakrętu, widział zmierzającą ku domowi Martę z Norbikiem na ręku i czepiającą się jej Hildę. Słyszał płacz synka, wyraźnie przestraszonego sytuacją, patrzył, jak dziecko desperacko wyciągało rączki ku matce, jak Hachułowa go od niej na powrót oddzieliła, jak dla siebie zagarnęła i szybko wbiegła na własne podwórko. Tam na moment przystanęła, czując się pewnie pod ochroną dwóch potężnych wilczurów.

— Oddaj mi dziecko — prosiła Hilda.

— Idź stąd, ty szmato, ty hitlerowska kurwo — krzyknęła Marta.

Willemu robi się czerwono przed oczami. Wściekły odnajduje w sobie to, co, jak sądził, na zawsze opuściło go gdzieś w drodze między Samarą a Moskwą. Znowu jest gotów zabijać. Bez słowa mija zaskoczoną Hildę i nie zważając na psy, wpada na podwórko Hachułów. Jeden z wilczurów podbiega do niego, warczy, szaleńczo ujada, ale tylko przez chwilę. Pies jest wielki, dobrze odżywiony, Willi niewysoki, chudy, wręcz na granicy zagłodzenia. Mimo to wyprowadzone celnie kopnięcie odrzuca boleśnie skamlące zwierzę daleko, aż pod płot. Druga bestia nie ryzykuje. Kładzie się na ziemi i popiskuje cicho, niczym przerażony szczeniak. Jenike wali pięściami w drzwi, szarpie klamkę. Marta nie reaguje. Zabarykadowała się w swojej twierdzy. Znalezionym na podwórzu kawałkiem cegły Willi wybija zatem okno w sieni i tą drogą dostaje się do środka.

Skamieniała Hilda pozostała sama za płotem. Patrzy. Nasłuchuje. Nieruchoma. Niema. Stoi, ręce zwiesiła wzdłuż ciała.

Czas zdaje się rozciągać w nieskończoność, gdy czeka, aż Willi Jenike ponownie pokaże się w drzwiach domu Hachułów. Wreszcie słyszy. Donośne „Neeein!", męskie i kobiece krzyki, odgłosy uderzeń. Potem na chwilę znowu zapada cisza. Na koniec drzwi otwierają się z hukiem, pojawia się w nich Willi z synkiem. Niesie go jakoś tak nienaturalnie, na wyciągniętych w przód, wyprostowanych rękach. Wychodzi na podwórze. Mija struchlałe psy. Idzie w stronę czekającej za płotem.

Hilda Widera otwiera furtkę. Porusza się wolno, jak automat. Odbiera dziecko z rąk Willego. Przytula je do piersi i siada z nim w pyle drogi. Wilhelm Jenike obok. We dwoje pochylają się nad nieruchomym ciałkiem. On płacze. Ona milczy.

W stronę obojga czołga się poszarpana, powtarzająca coś niezrozumiale Marta Hachuła. Trzyma się za głowę, z jej rozbitej skroni kapie krew.

Drogą od strony Tychów nadchodzi jej mąż, Stefan. Ma dobry humor, pogwizduje. Jeszcze nie wie o tym, że jego żona bez reszty popadła w szaleństwo.

EPILOG

Hilda zaniemówiła w dniu, w którym Hachułowa udusiła jej dziecko. Willi Jenike nie zdążył powstrzymać Marty. Za późno wbiegł do pokoju, w którym nachylała się nad łóżeczkiem Norbika. Gdy wreszcie udało mu się odepchnąć na bok bełkoczącą kobietę, malec już nie oddychał.

Co było dalej?

Po Martę Hachułę przyjechała karetka ze szpitala dla psychicznie chorych, a po Norberta Widerę karawan. Hilda pozostała niema. Potem był pogrzeb. Hilda nic nie mówiła. Kiedy Willi zapytał, czy pojedzie z nim do Niemiec, tylko kiwnęła głową. Po dotarciu do domu Jeników milczeniem przyjęła wiadomość o tym, że oboje rodzice Willego nie żyją (zmarli nie od wojny, a zwyczajnie — któregoś dnia zasłabła i zaniemogła Frida, zaraz potem Ottokar). Kiwnięciem głowy potwierdziła też formułkę małżeńskiej przysięgi. Rok później, po tym, jak urodziła córkę Ullę, Hilda odblokowała się i zaczęła wypowiadać pojedyncze słowa — głównie do dziecka i tylko po niemiecku. W pierwszym okresie wspólnego życia Willi zachęcał żonę do rozmowy także po śląsku, ale szybko przestał.

Każda taka próba wyprowadzała ją z równowagi, uwalniając potoki lamentu, zalegające na co dzień płytko pod powłoką pozorów stabilności. Jedyne, co wówczas działało, jedyne, co powstrzymywało histerię Hildy, przerywało płacz i powtarzane w kółko zawodzenie: „Norbuś, syneczku, Norbuś, syneczku kochany, Norbuś!", to uderzenie otwartą dłonią w policzek.

Nie chcąc uciekać się do przemocy, Jenike jak mógł, starał się izolować żonę od styczności z ojczystym językiem i pozostawioną w Tychach rodziną. Wieści od Achima i Waleski, nawet te pisane po niemiecku, także źle na Hildę działały. Poprosił zatem listownie teściów, żeby zaniechali kontaktu. Wymiana korespondencji między Śląskiem a Zagłębiem Ruhry ustała na kilka kolejnych dziesięcioleci.

Willi zatrudnił się w przemyśle motoryzacyjnym, aż do emerytury pozostając pracownikiem fabryki Opla w Bochum. Hilda zajmowała się córką, domem i ogrodem, a potem, kiedy Ulla poszła do szkoły, znalazła pracę sprzedawczyni w miejscowej piekarni. Jakoś trwali, choć prawdę mówiąc, to on holował przez życie ich oboje, ona zwykle płynęła w stronę, którą jej wskazał. Lata obcowania z bezwolną i obojętną, funkcjonującą na poły we własnym świecie żoną uczyniły z Wilhelma Jenikego domowego tyrana. Patrzył na siebie w lustrze z niesmakiem. Coraz bardziej upodabniał się do własnego ojca… Chociaż tyle, że nie pił. Żonę bił jedynie w stanie najwyższej konieczności — precyzyjnie wymierzał jej policzek, czym natychmiast zatrzymywał atak histerii. Z czasem coraz rzadziej musiał sięgać po przemoc fizyczną. Na starość wystarczyło zwykle na Hildę krzyknąć. Na córkę na ogół wcale nie podnosił głosu, nigdy jej też nie uderzył.

O tym, by pod koniec lat osiemdziesiątych odnowić kontakt z rodziną żony, zdecydował wujek Willi. Adres moich dziadków, Bernarda i Trudy Sroki, z domu Widera, spisał z polskiej książki telefonicznej. Zamówił rozmowę międzynarodową, upewnił się, że trafił na właściwych ludzi, a potem położył przed ciotką kartkę i długopis, usiadł obok i podyktował jej słowa pierwszego listu do siostry. Oczywiście w języku niemieckim. Ani do śląskiego, ani do polskiego ciotka już nigdy nie powróciła. Czy naprawdę zapomniała, czy tylko udawała, że nie rozumie?

Nie mam pojęcia. Tychów i w ogóle rodzinnego kraju Hilda Jenike nigdy nie zdecydowała się odwiedzić.

POSŁOWIE

Przedstawiona w książce historia Willego i Hildy jest fikcyjna. Jednak… Jeden z moich pradziadków pracował w tyskim Browarze… Moja babcia miała na imię Gertruda, mój dziadek Bernard… Oboje urodzili się i mieszkali w obrębie dzisiejszych Tychów… Starsza siostra mojej babci wyszła za pilota Luftwaffe, wyjechała do Zagłębia Ruhry i zaniemówiła. Zapomniała polskiego i gwary śląskiej, porozumiewała się wyłącznie po niemiecku.

Z ważniejszych postaci w mojej głowie zrodzili się: pozostali Widerowie i Jenike'owie, cała rodzina Botorów, Marta i Stefan Hachułowie, Agnes i Gustaw Sroka oraz Ernest Schott. Kierownik szkoły Rudolf Zaręba, dyrektor szpitala Helmut Krusche, właściciel sklepu Augustyn (August) Stabik, jego zięć Karl Peters, proboszcz Jan Osyra oraz restaurator Teofil Strzelecki to ludzie, którzy faktycznie byli związani z Tychami. Jeśli chodzi o Ottona Gampiga, jego zdjęcie, imię i nazwisko oraz informacje o pełnionej w mieście funkcji odnalazłam w szóstym Tyskim Zeszycie Historycznym autorstwa

Mirosława Węckiego pt. *NSDAP w Tychach 1939–1945* (wyd. Muzeum Miejskie w Tychach). Charakter Gampiga, losy tej postaci oraz problemy, jakie sprawiała Ottonowi matematyka — zmyśliłam.

Czytelnikowi należy się także wyjaśnienie dotyczące opisanych w książce wydarzeń. Tak jak wspomniałam, historia dwojga głównych bohaterów to literacka fikcja. Jednak… Roman Musioł z Cielmic zginął jako pechowy akordeonista przygrywający na weselu. Pretekstem do jego rozstrzelania było to, że w zaufaniu zwierzył się któremuś z biesiadników, iż nie chce wracać na front… Kierownik szkoły Rudolf Zaręba dwa razy trafił do obozu koncentracyjnego (Sachsenhausen i Dachau, następnie Auschwitz), dwa razy w sprawie jego zwolnienia interweniowali tyszanie, a po wojnie wrócił do miasta i nadal pełnił swą funkcję… Śmierć Augustyna Stabika w ruinach sklepu jest faktem, ale wciąż pozostaje sprawą nie do końca wyjaśnioną. Czy zabili go Rosjanie, czy może zginął z ręki miejscowych szabrowników? Nie wiadomo… Scena ze Ślązakami jadącymi na front w mundurach Wehrmachtu i śpiewającymi polski hymn nie jest tyska, ale jest prawdziwa. Wyczytałam ją w książce Ryszarda Kaczmarka *Polacy w Wehrmachcie* (Wydawnictwo Literackie)… Podobnie rzecz ma się z mundurową karierą Józka Botora oraz jego smutnym końcem. Józek narodził się w mojej głowie, ale wcielenie siłą do Waffen SS, ucieczka od Niemców i dalsza walka w polskim mundurze wydarzyły się naprawdę, tyle że innemu, anonimowemu Ślązakowi. Podobnie jak śmierć przez rozstrzelanie na oczach rodziny. Osobie, która opowiedziała mi tę historię — dziękuję.

*

Tam, gdzie to tylko było możliwe, starałam się poruszać w granicach prawdy historycznej. By uczynić powieść wiarygodną, często sięgałam do odpowiedniej literatury. Szczególnie pomocne podczas pisania okazały się publikacje Muzeum Miejskiego w Tychach (m.in. *Tychy w czasach wojen. Materiały II Tyskiego Sympozjum Historycznego*, 2009), poświęcone miastu dzieło autorstwa Ludwika Musioła z roku 1939 — *Tychy. Monografia historyczna*, wspomniane wyżej opracowanie *Polacy w Wehrmachcie*, wojenne wspomnienia duńskiego żołnierza karnej jednostki niemieckich wojsk lądowych Svena Hassela (*Legion potępieńców*, Wydawnictwo Arkadiusz Wingert) oraz liczne teksty wyszperane w prasie i w internecie. Ich Autorów, z racji wielkiej liczby, nie sposób wymienić z imienia i nazwiska.

Dziękuję wszystkim, którzy służyli mi podczas pisania otuchą, radą i wsparciem merytorycznym.

Tyszan, mogących doszukać się w książce nieścisłości w opisach oraz historii miasta, proszę o wybaczenie. Pewnych zmian dokonałam celowo, inne… Cóż, piszcie do mnie na adres: justynamaria.wydra@gmail.com, poprawię w wydaniu drugim ;)

Gliwice, grudzień 2017